Petra Wüst **Schüchtern war gestern**

Petra Wüst

Schüchtern war gestern

Der Schlüssel zu mehr Ausstrahlung, Selbstvertrauen und Lebensfreude

orell füssli Verlag

5. Auflage 2016

Lektorat: Esther Hürlimann
Korrektorat: Thomas Reichert
Umschlaggestaltung und Motiv: Hauptmann & Kompanie Werbeagentur, Zürich
Druck und Bindung: CPI books GmbH, Leck

ISBN 978-3-280-05477-2

Bibliografische Information der Deutschen Nationalbibliothek: Die Deutsche Nationalbibliothek verzeichnet diese Publikation in der Deutschen Nationalbibliografie; detaillierte bibliografische Daten sind im Internet über http://dnb.d-nb.de abrufbar.

FSC
www.fsc.org
MIX
Papier aus verantwortungsvollen Quellen
FSC® C083411

Inhalt

Vorwort

Wie gewinnt man Menschen für sich, wird zu einem geschätzten Freund, einer interessanten Gesprächspartnerin, einem gern gesehenen Gast? So trivial diese Fragen zunächst scheinen, so schwierig sind sie für viele zu beantworten. Denn souverän mit anderen Menschen umzugehen ist eine natürliche Gabe, die nur wenige besitzen. Die meisten müssen sich diese Fähigkeit hart erarbeiten. Dies gilt besonders für Menschen, die im Umgang mit anderen gehemmt sind.

Ich befasse mich seit vielen Jahren mit der Frage, wie sich Menschen in ihrem sozialen Umfeld sympathisch und erfolgreich in Szene setzen und dadurch mehr Aufmerksamkeit und Anerkennung erhalten. Als selbstständige Trainerin und Beraterin für Self Branding, Selbstmarketing und Kommunikation zeige ich meinen Kundinnen und Kunden, wie sie sich mit einem gesunden Maß an Selbstprofilierung und Selbstbehauptung in der Wahrnehmung anderer Menschen ganz vorne positionieren. Nicht arrogant oder prahlerisch, aber selbstbewusst und zielsicher. Dabei habe ich immer wieder beobachtet, dass es vielen Menschen schwerfällt, die geplanten Maßnahmen in die Tat umzusetzen. Das Problem liegt nicht darin, dass sie die Aufgaben nicht verstehen, sie nicht umsetzten wollen oder ihnen der Antrieb fehlt. Ganz im Gegenteil. Aber sie trauen es sich nicht zu oder haben Angst, abgewiesen zu werden und sich zu blamieren. Und diese Ängste ersticken jegliche Aktivität im

Keim. Gut gemeintes Zureden im Stil von: »Aber das ist doch ganz einfach, Sie müssen es nur probieren!«, oder: »Viele Leute vor Ihnen haben dies auch schon gemacht!«, hilft dabei wenig.

Heute ist mir klar, dass viele Menschen erst dann erfolgreich an ihrem Selbstmarketing und ihrem Auftritt arbeiten können, wenn sie zuvor ihre sozialen Ängste überwinden. Und genau davon handelt dieses Buch. Es zeigt schüchternen Menschen, wie sie ihre Zurückhaltung ablegen, an Ausstrahlung gewinnen, selbstbewusster auftreten und Freunde finden – und dadurch zu einer neuen, positiveren und glücklicheren Sicht ihres Lebens gelangen.

Schüchtern war gestern! Mit der Lektüre dieses Buches können Sie sich in Richtung eines Lebens bewegen, von dem Sie schon immer geträumt haben: freier, sicherer und glücklicher.

Ich wünsche Ihnen viel Freude und Erfolg auf dem Weg zu Ihrem neuen, selbstbewussten Ich.

Ihre
Petra Wüst

Prolog

Hannah schaut sich im Restaurant um. Obwohl sie absichtlich einige Minuten zu spät kommt, sind ihre Freunde noch nicht da. Ein Lächeln huscht über ihr Gesicht. »Früher wäre ich schon fünfzehn Minuten vor dem Termin hier gewesen, um bloß nicht zu spät zu kommen. Aber früher war vieles anders«, denkt sie glücklich.

Da kommt auch schon Gianni, der Besitzer des Ristorante Da Gianni, auf sie zu und ruft: »Ciao Hannah, schön, dich zu sehen. Wie geht es dir denn?«

Noch vor einigen Monaten hätte sie sich bei so viel Überschwänglichkeit geniert. Heute freut sie sich darüber. »Sehr gut, danke. Wir haben etwas zu feiern heute. Hast du unseren Lieblingstisch für mich reserviert?«

»Aber sicher doch, was denkst denn du?«, versichert Gianni fröhlich und geht gleich voraus. Der Tisch ist wunderschön gedeckt, mit einem weißen Tischtuch, weißen Servietten und einem edlen Kerzenständer aus Silber.

»Acht Plätze, wie bestellt«, erklärt Gianni, während er für Hannah den Stuhl zurechtrückt. »Möchtest du etwas trinken?«

Sie bestellt eine Flasche Prosecco. Dann nimmt sie sieben kleine Geschenke aus ihrer Tasche und legt eines auf jeden Platz. Jedes der Geschenke ist anders eingepackt, hat eine andersfarbige Schleife.

Während Hannah den Wirt beobachtet, wie er den Prosecco und die Gläser bereitstellt, denkt sie über die letzten Monate nach. Schon ver-

rückt, wie sich das Leben ändern kann. Noch vor einem Jahr hätte sie nie so locker mit einem Mann gesprochen. Überhaupt hätte sie nicht so entspannt in einem Restaurant gesessen. Sie wäre schnell und ohne sich umzusehen in die hinterste Ecke gehuscht und hätte sich hinter einem Buch versteckt. Wenn sie überhaupt in ein Restaurant gegangen wäre. Denn unter so vielen Leuten fühlte sie sich immer unwohl. Genauso ging es ihr auch im persönlichen Umgang mit anderen Menschen: Sie sprach kaum mit jemandem, und schon gar nicht mit jemandem, den sie nicht kannte. Ein harmloser kleiner Flirt mit dem Kellner? Unmöglich!

Heute ist das anders. Zwar beschleichen sie manchmal noch die alten Gedanken und Ängste: »Ein Stück Schüchternheit ist wohl immer noch in mir und wird es auch bleiben. Aber heute weiß ich, wie ich mit meiner Angst umgehen muss«, denkt sie ganz selbstbewusst.

Hannah genießt ihr neues Leben. Sie hat Freunde, geht aus, lernt immer wieder neue Leute kennen, lacht mit ihnen, diskutiert. Sie ist sogar dabei, sich zu verlieben. Sie ist lebensfroh, fühlt sich wohl in ihrer Haut und strahlt dies auch aus.

Als Gianni die Getränke hinstellt, fragt er: »Was feiert ihr denn? Hat jemand Geburtstag?«

Hannah lacht. Es ist ein glückliches, befreites Lachen. »Nein, viel besser: Wir feiern mein neues Leben!«

Gestalten Sie Ihr Leben neu

Der kleine Briefumschlag auf meinem Telefon blinkt rot. »Hallo Petra, hier spricht Tom Arnold. Bitte ruf mich zurück, ich möchte etwas mit dir besprechen.«

Tom ist ein ehemaliger Arbeitskollege. Seit ich das Unternehmen verlassen habe, um meine eigene Firma zu gründen, haben wir uns ein paarmal getroffen, über aktuelle Projekte und die alten Zeiten geredet. Diesmal hat er jedoch ein Anliegen: »Meine Schwester ist vor einem halben Jahr in deine Stadt gezogen. Sie hat einen neuen Job. Nun mache ich mir ein bisschen Sorgen. Nicht wegen der Stelle, das läuft, glaub ich, ganz gut. Aber Hannah hat kaum Freunde. Sie ist so schüchtern, dass es ihr schwerfällt, mit Menschen in Kontakt zu kommen. Als wir das letzte Mal telefoniert haben, war sie ziemlich niedergeschlagen. Sie will es zwar nicht zugeben, aber ich glaube, sie ist sehr einsam.«

Wir beschließen, dass er seiner Schwester vorschlägt, sich bei mir zu melden. Ich bin zwar skeptisch, da solche »Verkupplungsversuche« nach meiner Erfahrung selten gelingen. Aber wer weiß?

Bevor wir auflegen, meint Tom noch: »Weißt du, Hannah könnte so viel mehr Spaß haben und glücklicher sein, wenn sie nicht so schüchtern wäre.«

Wer selbstbewusst ist, hat mehr vom Leben. Denn selbstbewusste Menschen wissen, dass sie wertvoll sind und für das, was sie sind, ihre Person und ihren Charakter, geliebt werden. Sie gestalten ihr

Leben selbstbestimmt, sie vertrauen sich und lassen ihre Wünsche nach Anerkennung, Freundschaft und Nähe wahr werden.

Schüchterne Menschen dagegen stehen häufig abseits. Sie können die Regeln, wie Leute miteinander umgehen, nicht einfach, ohne darüber nachzudenken, erfüllen. Sie müssen zuerst über ihren Schatten springen, um auf andere zuzugehen. Und dies ist ein Handicap in einer Zeit, in der das Aus-sich-heraus-Gehen und der souveräne Auftritt als das Maß aller Dinge gelten.

Unsere Gesellschaft ist auf extrovertierte Persönlichkeiten fokussiert. Sie belohnt kommunikative, teamorientierte Menschen, welche die Anforderungen des Alltags mit Durchsetzungsfähigkeit und sozialer Offenheit anpacken. Angesagt ist, wer sich spontan und dynamisch zeigt, sich gerne unter Menschen begibt und freimütig nach außen öffnet. Glücklich und sozial angesehen ist, wer viele Freunde hat, gesellig und begeisterungsfähig ist – und selbstbewusst auftritt.

Was vielen als ganz selbstverständlich erscheint, ist für schüchterne Menschen unglaublich schwierig. Sie leben in der ständigen Angst, den Ansprüchen ihrer Mitmenschen nicht genügen zu können, von ihnen negativ beurteilt und abgelehnt zu werden. Sie fühlen sich wie Akteure auf einer Bühne mit ihren Mitmenschen als Publikum, das sie kritisch beobachtet und beurteilt. Jede Begegnung ist eine Prüfung, und sie sind überzeugt, dass sie diese nicht bestehen werden. Deshalb sind sie im Kontakt mit anderen scheu und zurückhaltend. Ihre Devise lautet: Bloß nicht auffallen! Geschweige denn, sich selber in den Vordergrund stellen. Denn wer sich exponiert, läuft Gefahr, sich zu blamieren.

Übrigens: Schüchtern ist nicht gleich introvertiert. Schüchterne und introvertierte Menschen vermeiden gesellschaftliche Aktivitäten aus unterschiedlichen Gründen: Introvertierte sind gerne für sich alleine, sie ziehen ihre eigene Gesellschaft der Gesellschaft anderer vor. Wenn sie jedoch sozial aktiv sein müssen, sind sie dazu durchaus in der Lage. Schüchterne dagegen wünschen sich Kontakte, ihre

Hemmungen und Ängste erschweren dies jedoch oder machen es unmöglich.

Sie sind nicht allein

Schüchterne Menschen leben in einem inneren Konflikt: Sie wünschen sich soziale Kontakte und möchten von ihren Mitmenschen geschätzt und geliebt werden, fürchten aber, den Begegnungen mit anderen nicht gewachsen zu sein. Mit prekären Folgen für ihr Privat- und Berufsleben: Sie gehen nicht auf Partys, da sie befürchten, andere könnten sich über sie lustig machen; über ihre Kleidung oder darüber, dass sie allein und verloren herumstehen, während sich scheinbar alle anderen amüsieren. Sie beteiligen sich nicht an Diskussionen und scheuen persönliche Gespräche, da sie befürchten, man halte sie für langweilig, gedankenlos oder gar dumm. Wenn sie eine Rede halten sollen, sind sie schon Tage vorher nervös, aus Angst, sich zu verhaspeln oder den Text zu vergessen. Sie getrauen sich nicht, andere um Unterstützung zu bitten, weil sie überzeugt sind, diese fühlten sich dadurch belästigt. Sie fordern keine Lohnerhöhung, da sie das Gespräch mit dem Chef fürchten. Und wenn sie nachts nicht schlafen können, weil der Nachbar die Stereoanlage in voller Lautstärke aufgedreht hat, schlucken sie ihren Ärger lieber herunter, als eine Konfrontation zu riskieren.

Geht es Ihnen auch so? Oder zumindest ansatzweise? Dann sind Sie nicht alleine. Denn es gibt sehr viel mehr schüchterne Menschen als gemeinhin angenommen. Nur spricht niemand darüber – am allerwenigsten die Schüchternen selbst.

Wer sich im Beisein anderer unwohl fühlt, wer sich für keinen besonders begabten Gesprächspartner oder Redner hält, wer ständig das Gefühl hat, einen Fehler zu machen und peinlich aufzufallen, wird diesen Umstand tunlichst für sich behalten. Wer möchte schon mit dem Stigma »gehemmt« rumlaufen? Zudem sind schüchterne Menschen die Letzten, die sich als sozial ängstlich »outen« würden, denn es fällt ihnen schwer, über sich selber und ihre Gefühle zu sprechen.

Sind Sie schüchtern? Dann sind Sie nicht alleine. Es gibt viel mehr schüchterne Menschen, als wir gemeinhin meinen.

Hannah Arnold sitzt mir gegenüber. Ich schätze sie auf etwas über dreißig. Sie ist auffallend hübsch, mit schulterlangen, dichten dunkelbraunen Haaren. Viel habe ich von ihrem Gesicht bisher allerdings noch nicht gesehen, denn sie unterhält sich mehr mit der Tischplatte als mit mir.

»Ich freue mich sehr, dass wir uns kennenlernen«, eröffne ich das Gespräch. »Ich war etwas skeptisch, ob Sie sich darauf einlassen werden. Deshalb freut es mich umso mehr, dass es geklappt hat.« Ich versuche, das Gespräch so entspannt wie möglich zu beginnen.

Sie lächelt und sagt leise: »Ja, Tommy kann sehr überzeugend sein.«

Dieses Stichwort greife ich gleich auf: »Tom hat mir gesagt, dass Sie hierhergezogen sind, weil Sie einen neuen Job haben. Was arbeiten Sie denn?«

»Ich bin juristische Mitarbeiterin bei einer Versicherung«, antwortet sie der Tischplatte. Ihre Stimme hat einen angenehmen, melodiösen Klang.

»Und, gefällt Ihnen der Job?«

»Der Job ist in Ordnung. Vielseitiger und interessanter als der vorhergehende. Und ich habe in den letzten sechs Monaten viel gelernt. Das ist mir wichtig.«

Trotz dieser Beteuerung ist die Niedergeschlagenheit in ihrer Stimme nicht zu überhören. »Sie klingen aber nicht sehr glücklich«, wende ich behutsam ein.

Sie errötet. »Nun ja, ich ... ich habe in den letzten Monaten noch nicht so richtig Fuß gefasst hier, privat meine ich. Ich ... habe keine Freunde, das ist zumindest das, was Tommy immer wieder kritisiert.«

»Und im Job«, will ich wissen, »haben Sie da schon nette Leute kennengelernt?«

Sie zögert, ihr Hals färbt sich noch röter. »Nein. Aber das war mir in den letzten Monaten auch nicht so wichtig. Ich habe mich auf meine Arbeit konzentriert.« Ihre Antwort klingt trotzig – oder ist es eher der Ärger über sich selbst?

Wir sitzen einige Sekunden schweigend da. Da platzt es aus ihr heraus: »Also gut. Ich kann nicht länger leugnen, dass ich das Gefühl habe, eine Versagerin zu sein.«

Diese Reaktion überrascht mich. »Warum denn das?«, frage ich erstaunt.

»Ich muss mir wohl eingestehen, dass ich das, was ich mir erhofft hatte, nicht erreicht habe – und wahrscheinlich nie erreichen werde.« Hannah macht eine resignierte Handbewegung. »Ich habe davon geträumt, endlich meine Schüchternheit abzulegen. Ich habe mir so sehr gewünscht, an meinem neuen Wohnort nette Leute kennenzulernen und mir einen Freundeskreis aufzubauen. Und dieser Umzug sollte mir den nötigen Schwung dazu geben. Ich wollte wirklich hart dafür arbeiten, diesen Traum zu verwirklichen. Nun muss ich mir eingestehen, dass ich es einfach nicht schaffe.«

Schüchternheit hat viele Facetten

Fast alle von uns sind in bestimmten Situationen schüchtern. Zum Beispiel wenn wir vor Publikum eine Rede halten, einen attraktiven Mann, eine unbekannte Frau oder eine höhergestellte Person ansprechen, in einer Diskussionsrunde einen interessanten Gedanken einbringen wollen oder auf eine Party mit vielen Leuten eingeladen sind. Da ist plötzlich dieses Angstgefühl, das uns lähmt, uns erröten oder unser Herz rasen lässt.

Ich selber gehöre nicht zu den Menschen, die man gemeinhin als schüchtern bezeichnet. Die Menschen in meinem Umfeld halten mich sogar für ausgesprochen selbstsicher. Es fällt mir leicht, vor großem Publikum eine Rede zu halten – obwohl ich in dieser Situation durchaus Herzklopfen habe. Allerdings erlebte und erlebe auch ich immer wieder Situationen, in denen ich gehemmt war oder bin. Wenn ich beispielsweise jemanden anrufen will, den ich nicht kenne, schiebe ich diesen Anruf immer wieder vor mir her, weil ich mich dabei unwohl fühle. Genauso erging es mir lange Zeit beim Besuch von Veranstaltungen oder Treffen, bei denen ich niemanden kannte. Wenn ich den Raum betrat und all die fremden Menschen sah, wäre ich am liebsten auf der Stelle umgekehrt. Mittlerweile habe ich so häufig an solchen Terminen teilgenommen, dass ich gelernt habe, die anfängliche Hürde zu überwinden. Wenn ich das unangenehme Gefühl aushalte und diese Hürde erst einmal genommen habe, kann es ein interessanter Abend werden. Diese belohnende Erfahrung werden Sie ebenfalls machen, wenn Sie den Anregungen in diesem Buch folgen.

Übrigens ist Schüchternheit keine Frage des Geschlechts. In unserer Geschichte ist Hannah eine Frau. Schüchternheit trifft Männer jedoch genauso wie Frauen. Vielleicht ist sie für Männer sogar noch gravierender, denn die traditionelle Rollenerwartung, wonach Männer initiativ, leistungsstark und erfolgreich sind, gilt nach wie vor. Jungen lernen von klein auf, dass es wichtig ist, ihre Emotionen zu kontrollieren und ihre Ängste nicht zu zeigen. Deshalb fällt es Männern schwerer als Frauen, über ihre Hemmungen zu sprechen und Hilfe zu suchen.

Sind Sie generell eine schüchterne Person, die sich in den meisten sozialen Situationen gehemmt fühlt und Mühe hat, mit Menschen zusammen zu sein? Oder fühlen Sie sich lediglich in bestimmten Situationen unwohl und versuchen deshalb, diese zu vermeiden? Wann schränkt Ihre Zurückhaltung Sie in Ihrem täglichen Leben ein? Inwiefern verringert sie Ihr Lebensglück?

Es gibt keinen allgemeingültigen Maßstab für Schüchternheit. Was zählt, ist einzig und allein, wie Sie empfinden. Wenn Sie schüchtern sind und Sie dies weder stört noch behindert, wenn Sie sich durch Ihre Zurückhaltung also nicht benachteiligt oder einsam fühlen, dann brauchen Sie im Grunde nichts weiter zu unternehmen. Es ist vollkommen in Ordnung, wenn Sie schüchtern sind. Die Welt wäre sehr viel ärmer, wenn es keine stillen, sensiblen und bescheidenen Menschen gäbe. Doch es ist nicht in Ordnung, wenn Sie unter Ihrer Schüchternheit leiden. Wenn Sie Ihre Zurückhaltung als Mangel wahrnehmen und das Gefühl haben, im Leben nicht das erreichen und erleben zu können, was Sie gerne möchten; wenn Ihre Schüchternheit Sie daran hindert, Einladungen anzunehmen, Kontakte zu knüpfen, Ideen einzubringen oder Ihr Recht einzufordern, dann sollten Sie handeln. Dieses Buch zeigt Ihnen, wie.

Dabei wäre es vermessen, zu behaupten, dass Sie sich mit der Lektüre zu einer draufgängerischen Person wandeln werden, die sich wagemutig und lustvoll ins soziale Leben stürzt. Denn Sie werden Ihre Schüchternheit wahrscheinlich nie ganz ablegen können. Aber Sie werden lernen, besser mit Ihren Ängsten umzugehen und schwierige Situationen gelassener und mit mehr Selbstvertrauen anzugehen.

Keiner ist daran schuld, dass Sie schüchtern sind. Aber Sie sind der einzige Mensch, der diese Schüchternheit ablegen kann.

»Was ich nicht verstehe«, wende ich ein, »ist, warum Sie überhaupt weggezogen sind, wo es Ihnen doch so schwerfällt, neue Leute kennenzulernen. Nur wegen dem neuen Job? Oder gab es da noch einen anderen Grund?«

Hannah schweigt lange, ganz so, als wäge sie ab, was sie antworten soll. Schließlich sagt sie: »Darüber spreche ich nur sehr ungern. Es ... ich ... mein damaliger Freund und ich haben uns getrennt ...«

Sie wägt ab, ob sie mich ins Vertrauen ziehen will. Schließlich fährt sie fort: »Ich war schon immer schüchtern. Als ich noch mit meinem Freund zusammen war, war das nicht so schlimm, denn er übernahm den sozialen Part in unserer Beziehung. Während ich im Beisein anderer gehemmt und unsicher bin und kaum ein Wort herausbringe, war er aufgeschlossen, witzig, charmant und nie um eine originelle Bemerkung verlegen. Er konnte ganz locker auf Menschen zugehen und sie in ein Gespräch verwickeln. Und ich stand daneben und war froh, wenn mich niemand ansprach.« Traurig fügt sie an: »Was sowieso selten der Fall war, dazu war mein Freund viel zu unterhaltsam – und ich viel zu unscheinbar.«

»Und dann haben Sie sich getrennt?«

»Ja. Er hat sich von mir getrennt, um genau zu sein.«

»Und dann?«, frage ich weiter.

»Die Zeit, die auf die Trennung folgte, war schlimm. Mein gesamter Freundeskreis war auf ein Minimum zusammengeschrumpft. Außer Tommy hatte ich so gut wie niemanden mehr. Ich war allein – was ich durch meine Schüchternheit selbst verschuldet hatte.« Hannah klingt verbittert.

»Und die neue Stelle?« Ich verstehe immer noch nicht.

»Ich wollte weg! Ich wollte in einer neuen Stadt neu anfangen. Mit einem neuen Job, neuen Freunden, einem neuen Leben. Und jetzt ist mein Leben ein einziger Scherbenhaufen!«

Die meisten wertvollen Dinge in unserem Leben fallen uns nicht in den Schoß. Die Arbeit, die nötig sein wird, bis Sie Ihr selbstbewusstes Ich gefunden haben, wird viel Zeit und Energie in Anspruch nehmen. Eine schnelle und bequeme Lösung kann ich Ihnen leider nicht anbieten. Wenn Sie sich auf den Prozess einlassen, durch den ich Sie auf den folgenden Seiten führe, werden Sie viele Erkenntnisse und Einsichten über sich selber gewinnen. Sie lernen, wie Sie Ihre negative Haltung sich selber gegenüber auflösen, mit Ihrer Unsicherheit besser umgehen, auf fremde Menschen zugehen und Freunde gewinnen. Und Sie lernen, sich nicht mehr zu verstecken, sondern selbstbewusst zu zeigen.

Das Üben, das Sich-etwas-Zutrauen und -Zumuten sind wesentliche Bestandteile auf Ihrem Weg zu größerem Selbstbewusstsein und Durchsetzungsvermögen.

Auf dieser Entdeckungsreise werden Sie bisher unbekannte Wege betreten. Sie werden Dinge tun, die Sie sich bisher nicht zugetraut haben – und dadurch sich selber wie auch Ihr Umfeld neu erfahren.

Dabei werden Sie schädliche Denk- und Verhaltensmuster ablegen und hilfreiche erlernen. Sie werden sich ein neues Verhalten antrainieren. Dies ist kein einfacher Prozess. Das eigene Denken und Handeln zu verändern erfordert Energie und Zeit. Es ist ein Kampf gegen innere Überzeugungen und Ängste, eingeschliffene Verhaltensweisen und liebgewonnene Gewohnheiten. Dazu brauchen Sie die Bereitschaft, sich selbst zu hinterfragen, althergebrachte Selbstverständlichkeiten über Bord zu werfen und sich auf Neues einzulassen.

Aber keine Bange. Sie werden sich nicht kopfüber ins Abenteuer stürzen, sondern langsam und stetig Neues ausprobieren und erlernen. Es ist die Methode der kleinen Schritte: Sie machen einen ersten kleinen Schritt, dann den nächsten und immer weitere.

Schritt für Schritt in ein neues Leben

Dieses Buch ist keine psychologische Abhandlung über das Thema Schüchternheit. Es ersetzt auch keine Therapie oder medizinischen Maßnahmen für Menschen mit starken sozialen Ängsten. Dieses Buch soll Ihnen auf anschauliche und leicht nachvollziehbare Art zeigen, was Sie gegen Ihre Schüchternheit unternehmen können. Es zeigt Ihnen, wie Sie sich Schritt für Schritt aus Ihrer Isolation lösen und Selbstvertrauen sowie Vertrauen in Ihr Handeln aufbauen; wie Sie auf Menschen zugehen, Freunde gewinnen und sich auf dem sozialen Parkett sicher und mit Freude bewegen.

Mein Wunsch ist, dass Sie diese Reise zu Ihrem selbstbewussten Ich spielerisch angehen. Dass Sie neue Spielzüge auszuprobieren und etwas über sich selbst und Ihr Leben lernen. Dabei werden Sie häufig als strahlende Siegerin oder stolzer Sieger vom Platz gehen, manchmal aber auch mit einem blauen Auge. Zweifeln Sie deshalb nicht gleich an sich, sondern nehmen Sie es sportlich: Die nächste Chance kommt bestimmt.

An diesem Nachmittag rede ich noch lange mit Hannah über ihre Schüchternheit und ihre Möglichkeiten, etwas dagegen zu tun. Sie ist sehr skeptisch, hat den Glauben an eine Verbesserung ihrer Situation schon fast aufgegeben.

Zum Glück nur fast. Es gelingt mir, sie davon zu überzeugen, dass sie sich entwickeln und ihre Schüchternheit ablegen kann. Schritt für Schritt.

»Mehr Selbstvertrauen, Ausstrahlung und Lebensfreude können Sie sich erarbeiten«, versichere ich ihr. »Alle Werkzeuge, die Sie dazu brauchen, befinden sich bereits in Ihrem Besitz: Es sind Ihre Gedanken, Ihre Persönlichkeit, Ihre Ausstrahlung und Ihr Esprit, also all die Eigenschaften, die Sie zu der wertvollen Person machen, die Sie sind. Ich werde Ihnen zeigen, wie Sie diese Werkzeuge nutzen können, um Ihre Wünsche und Ziele zu erreichen.«

Finden Sie Ihr Herzensziel

Im Verlauf des Morgens erhalte ich von meiner Freundin Charlotte eine SMS:

»können wir uns heute abend treffen? brauche deine hilfe.«

»klar. worum geht es?«

»nerviger nachbar.«

»aha. 19 Uhr im da gianni?«

»lieb von dir. ich reserviere.«

Um 15 Uhr an diesem Tag treffe ich Hannah wieder. »Wie ist es Ihnen ergangen seit unserem letzten Gespräch?«, frage ich gespannt.

Sie zögert: »Unser Gespräch letzte Woche hat mich aufgewühlt. Ich habe erkannt, dass meine Schüchternheit nicht mehr eine unabänderliche Tatsache ist, sondern eine Eigenschaft, die ich überwinden kann. Das ist ein schönes Gefühl.« Nachdenklich fährt sie fort: »Auf der anderen Seite macht es mir aber auch Angst. Was, wenn ich es nicht schaffe? Wenn ich kläglich versage und mich komplett lächerlich mache? Dann bin ich noch mehr über mich enttäuscht, als ich es jetzt schon bin. Das hat mich verunsichert. Ich frage mich: Warum soll ich denn überhaupt etwas ändern? Es geht mir doch gut. Ich habe einen interessanten Job, ein vernünftiges Einkommen und eine schöne Wohnung. Ich lese fürs Leben gerne Krimis und bin eigentlich ganz gerne allein. Langweilig ist mir auf jeden Fall nie.«

Diese Bedenken sind typisch für schüchterne Menschen. Auf der einen Seite möchten sie ihre Schüchternheit ablegen, gleichzeitig macht ihnen der Gedanke, ihr Verhalten zu ändern und sich der unangenehmen Situation zu stellen, Angst. Was, wenn ich versage? Wenn ich mich blamiere? Wenn keiner etwas mit mir zu tun haben will?

Ich kann diese Angst gut verstehen – sie ist momentan jedoch unbegründet. Denn in diesem ersten Schritt geht es noch gar nicht darum, rauszugehen und sich wagemutig in die Menge zu stürzen. Dafür ist es noch zu früh. Zunächst muss das Feld bestellt werden, erst dann folgt die Aussaat und schließlich die Ernte.

Dies erkläre ich auch Hannah. Mein Versprechen, dass ich sie nicht gleich losschicke, um auf der Straße wildfremde Menschen anzusprechen oder vor versammelter Mannschaft eine Rede zu halten, beruhigt sie.

Wir einigen uns darauf, dass sie sich auf einen ersten Schritt einlässt: Sie überlegt, welche Veränderungen sie sich in ihrem Leben wünscht und formuliert ein attraktives Ziel, auf das sie hinarbeiten kann.

Im Anschluss daran kann sie entscheiden, ob sie den zweiten Schritt tun möchte.

Schüchtern war gestern. Und was ist heute?

»Wie wär's, wenn wir gemeinsam ein kleines Gedankenexperiment durchführen?«, schlage ich Hannah vor. »Stellen Sie sich vor, Sie gehen heute Abend wie gewohnt zu Bett. Und wenn Sie am Morgen aufwachen, ist alles anders. Alles, was Sie sich bezüglich Ihrer Schüchternheit wünschen, hat sich erfüllt. Schüchtern war gestern. Von heute an führen Sie genau das Leben, das Sie sich schon immer erträumt haben.«

Ein kurzes Lächeln huscht über ihr Gesicht. Zuerst zögerlich, dann immer angeregter beschreibt sie ihr neues Leben: »In meinem neuen Le-

ben habe ich viele Freunde und bin beliebt. Ich werde zu Partys eingeladen und treffe interessante Leute. Ich kann gut reden, die Leute hören mir zu und finden, was ich sage, interessant. Ab und zu sage ich etwas Lustiges, dann lachen die Leute. Es ist ein anerkennendes Lachen, kein Auslachen oder so.«

Während Hannah von ihrem neuen Leben spricht, beginnt sie zu strahlen. Sie erzählt, wie sie selbstbewusst auf Menschen zugeht und Kontakte knüpft, wie sie das Wort ergreift und eloquent und mit Witz Gespräche führt; und wie sie sich mit ihren neuen Freundinnen trifft, um über Beziehungen, Beruf, Politik und was sie sonst noch so interessiert zu tratschen: »So ein bisschen wie in ›Sex and the City‹ – aber mit etwas weniger Sex«, wie sie es ausdrückt. Und dann gibt es in Hannahs neuem Leben auch einen Mann: Er ist gebildet, tolerant und fröhlich. »Und er ist ein fantastischer Koch, der nicht nur mich verwöhnt, sondern auch unsere Gäste.«

»Und warum ist das so wichtig?«, will ich wissen.

»Weil ich schon als Kind davon geträumt habe, andere Kinder zum Spielen zu uns nach Hause einzuladen und eine gute Gastgeberin zu sein.«

Als sie mit ihrer Erzählung fertig ist, notiert Hannah in ihrem Tagebuch:

Mein neues Leben:

- Ich kenne viele nette Leute.
- Die Leute mögen mich.
- Ich bin eine unterhaltsame Gesprächspartnerin.
- Ich erhalte Anerkennung und Zuneigung.
- Auf Partys muss ich nicht mehr allein herumstehen und mir dumm vorkommen.
- Ich muss nicht mehr allein ins Kino, Theater, etc. gehen.
- Ich bin attraktiv und begehrenswert.
- Ich habe einen interessanten und zärtlichen Partner.
- Mein Bruder ist stolz auf mich.

Jeder Mensch ist anders. Und genauso einzigartig wie Sie selber sind Ihre Bedürfnisse und Wünsche. Nur wenn Sie sich bewusst sind, welche Wünsche Sie bezüglich Ihres selbstbewussten Ichs haben, und sich ein klares und motivierendes Ziel setzen, wird es Ihnen gelingen, auch tatsächlich eine Änderung herbeizuführen.

Wie sieht Ihr neues Leben aus?

Vielleicht ergeht es Ihnen ähnlich wie Hannah und Sie möchten mehr Zuneigung und Anerkennung. Vielleicht haben Sie aber auch ganz andere Wünsche, zum Beispiel, dass Sie sich besser durchsetzen und Ihre Bedürfnisse besser zum Ausdruck bringen können. Vielleicht haben Sie genug vom Gefühl, sich zu blamieren oder von anderen bloßgestellt zu werden. Vielleicht möchten Sie auch die körperlichen Symptome der Unsicherheit wie Unwohlsein, Erröten, Zittern oder Schwitzen in den Griff bekommen.

Notieren Sie Ihre Wünsche. Ich gebe Ihnen die gleiche Anregung wie Hannah:

Stellen Sie sich vor, Sie gehen heute Abend wie gewohnt zu Bett. Wenn Sie am Morgen aufwachen, haben sich alle Wünsche, die Sie bezüglich Ihrer Schüchternheit hatten, erfüllt. Sie leben genauso, wie es für Sie stimmt. Ihre Kräfte und Kompetenzen, Ihre Stärken und Potenziale können sich voll entfalten. Sie fühlen sich sicher und lebensfroh.

Visualisieren Sie Ihr neues Leben. Malen Sie gedanklich ein möglichst klares und detailliertes Bild Ihrer neuen Situation.

Nehmen Sie dann Ihr Tagebuch zur Hand und schreiben Sie so detailliert wie möglich auf, wie Ihr neues Leben aussieht. Dabei helfen Ihnen folgende Fragen:

- Wie sieht meine Lebens- und Wohnsituation aus? Was tue ich in meiner Freizeit? Mit welchen Menschen bin ich da zusammen? Wie verhalte ich mich diesen Menschen gegenüber?
- Wie ist meine berufliche Situation? Was und wo arbeite ich? Mit welchen Menschen bin ich beruflich zusammen? Wie verhalte ich mich im beruflichen Umfeld?
- Was ist mir in meinem neuen Leben besonders wichtig?
- Kenne ich jemanden, den ich für seine offene und selbstsichere Art bewundere? Was kann ich von dieser Person lernen?

Nun schauen Sie sich Ihre Liste an. Ist sie vollständig? Fehlt etwas? Vielleicht möchten Sie die Liste auch einen Tag weglegen und sie später ergänzen.

Seien Sie unbescheiden in Ihren Wünschen – wenigstens sich selbst gegenüber – und schränken Sie sich nicht ein mit Selbstzensur oder der Angst, aus der Rolle zu fallen.

Fällt es Ihnen schwer, Ihre Wünsche zu benennen? Das ist gut möglich, denn manchmal sind wir so sehr mit unseren Problemen beschäftigt, dass wir verlernt haben, uns vom Leben etwas zu erträumen.

Lassen Sie sich Zeit. Vielleicht ist es für Sie hilfreich, wenn Sie in den nächsten Tagen und Wochen alles, was Sie gerne tun würden, sich jedoch nicht getrauen, in Ihrem Tagebuch notieren. Sie möchten bei der nächsten Teamsitzung gerne den aktuellen Stand Ihrer Arbeit präsentieren? Ihrem Nachbarn sagen, er solle künftig sein Auto nicht mehr auf Ihrem Parkplatz abstellen? Am 40. Geburtstag

Ihrer besten Freundin einen kleinen Rückblick über die gemeinsamen Jugendjahre präsentieren? Oder mit dem neuen Arbeitskollegen zu Mittag essen gehen? Das sind alles völlig legitime Wünsche. Schreiben Sie sie auf. Mit der Zeit bekommen Sie Übung, auf Ihre Bedürfnisse zu achten.

Wenn Wünsche wahr werden

Hannah ist zufrieden mit ihrer Beschreibung.

»Und«, frage ich: »Gibt es in dieser Aufzählung einen roten Faden? Ein dominierendes Thema, das die verschiedenen Aspekte zusammenfasst?«

Sie studiert ihre Liste mehrere Minuten lang. Schließlich meint sie: »Alles dreht sich um andere Menschen. Um mein Bedürfnis, nicht mehr allein zu sein, dazuzugehören, Anerkennung und Zuneigung zu erhalten. Ob ich Teil einer Clique bin, mit einer Freundin in die Ferien fahre oder mit einem Mann zusammen bin, spielt eigentlich keine Rolle. Letztendlich möchte ich nette Leute in meinem Leben haben, mit denen ich mich austauschen und mein Leben teilen kann.« Bei dieser Erkenntnis beginnt ihr Gesicht zu leuchten. »So gesehen ergeben sich viele Wünsche ganz von selbst, wenn ich erst mein Ziel erreicht habe. Wenn ich Freunde oder gar einen Partner habe, bekomme ich automatisch mehr Zärtlichkeit, und allein ins Kino muss ich dann auch nicht mehr. Dann wird auch Tommy stolz auf mich sein.«

»Und was ist mit: Ich bin eine unterhaltsame Gesprächspartnerin?«, hake ich nach.

»Das ist eher Mittel zum Zweck. Wenn ich eine unterhaltsame Gesprächspartnerin bin, werde ich viel leichter Freunde gewinnen. Das Endziel ist es aber nicht.«

Sie schreibt in Ihr Tagebuch: »Mein größter Wunsch: Ich möchte nicht mehr einsam sein.«

Was steht auf Ihrem Wunschzettel?

Sie haben nun eine Liste mit Wünschen in Bezug auf Ihr neues, selbstbewusstes Leben vor sich liegen. Schauen Sie sich diese Liste nochmals an: Können Sie darin ein Muster erkennen? Gibt es ein dominierendes Thema, welches alle oder zumindest einen Großteil der genannten Aspekte auf einen Nenner bringt?

Hannah hat für sich einen übergeordneten Wunsch festgelegt. Doch was tun Sie, wenn Sie nicht nur ein übergeordnetes Thema finden, sondern zwei? Dann empfehle ich Ihnen, sich für ein Thema zu entscheiden und sich das zweite für später aufzuheben.

Ihre Schüchternheit ist bereits seit Jahren Teil Ihrer Persönlichkeit. Deshalb dürfen Sie nicht erwarten, dass sich alle Schwierigkeiten auf einen Schlag aus dem Weg räumen lassen. Gehen Sie langsam vor, machen Sie einen Schritt nach dem anderen. So laufen Sie nicht Gefahr, sich zu überfordern und resigniert aufzugeben. Gönnen Sie sich genügend Zeit und genießen Sie die beglückende Erfahrung, Ihr Leben zum Besseren wenden zu können.

Unter Umständen löst sich Ihr zweites Problem auch ganz von selbst, wenn Sie das erste aus dem Weg geräumt haben.

Emotionen fliegen hoch

»So kann es einfach nicht weitergehen!«, ruft Charlotte und macht eine verzweifelte Handbewegung. »Ich muss endlich den Mut finden, ihm zu sagen, dass das so nicht geht.«

Charlotte und ich sitzen im Ristorante Da Gianni. Vor uns stehen ein dampfender Teller Pasta und ein Glas Rotwein. Wie so oft in den letzten Wochen entrüstet sich Charlotte über ihren neuen Nachbarn.

»Warum gehst du nicht einfach mal klingeln und bittest ihn, etwas leiser zu sein?«, will ich wissen.

»Weil er mir vermutlich die Türe vor der Nase zuknallen würde.«

»Warum bist du so überzeugt davon, dass er dir die Türe vor der Nase zuknallen wird?« Ich bin leicht genervt, weil Charlotte bereits zum gefühlt hundertsten Mal an diesem Abend das asoziale Verhalten ihres Nachbarn anprangert. Mein Plan, erst einmal zuzuhören, bis sie Luft abgelassen und sich beruhigt hat, fruchtet nicht. Also wechsle ich die Strategie: »Das ist doch bloß eine Ausrede. Du traust dich nicht.«

Charlotte sinkt in sich zusammen wie ein Ballon, bei dem man die Luft rauslässt. Da war ich wohl etwas zu direkt. »Okay, ich habe dich absichtlich provoziert«, räume ich ein. »Es tut mir leid. Aber es hilft wirklich rein gar nichts, wenn du immer nur vor dich hinschimpfst und das Problem nicht anpackst.«

Charlotte ist den Tränen nah. »Du kennst mich doch. Es ist nicht meine Stärke, mich durchzusetzen. Ich finde Konflikte so unangenehm. Warum lasse ich mir immer alles gefallen? Manchmal hasse ich mich selber, weil ich so feige bin!«

Emotionen fliegen hoch. Sie sind so mächtig, dass unser Verstand dagegen auf verlorenem Posten steht. Warum versuchen viele Leute jahrelang, das Rauchen aufzugeben oder ein paar Pfund abzuspecken? Und warum rauchen und essen sie weiter, obwohl sie sich bewusst dagegen entschieden haben?

Genauso geht es unsicheren Menschen. Sie möchten bereits seit Monaten die attraktive Nachbarin zum Essen einladen – und tun es dennoch nie. Sie möchten endlich den Chef um eine Lohnerhöhung bitten – und tun es dennoch nie. Sie möchten ihren Kollegen mit seinem unfairen Verhalten konfrontieren – und trauen sich dennoch nicht.

Sicher haben Sie sich schon dutzendmal vorgenommen, etwas gegen Ihre Schüchternheit zu unternehmen: »Ich muss häufiger zu Veranstaltungen gehen und Leute kennenlernen«, oder: »Ich darf im

Gespräch nicht auf den Boden schauen«, sind Beispiele für solche Vorsätze. Und waren Sie erfolgreich? Wohl kaum. Denn die entsprechenden Handlungen führen wir nicht freiwillig aus – im Gegenteil: Wir müssen uns dazu zwingen. Wenn Sie sich bei Treffen mit vielen fremden Menschen unwohl fühlen oder zu gehemmt sind, Ihrem Gesprächspartner in die Augen zu schauen, brauchen Sie viel Überwindung und Selbstdisziplin, es dennoch zu tun.

Wenn wir solche Vorsätze in die Tat umsetzen wollen, brauchen wir eine gehörige Portion Willenskraft, um unsere wahren Wünsche zugunsten anderer Handlungsvorsätze zurückzustellen.

Herz im Kopf

»Weißt du noch, während unserer Studienzeit«, frage ich Charlotte, »als wir für das Diplom gebüffelt haben? Obwohl wir genau wussten, dass wir in zwei Monaten Abschlussprüfungen haben, haben wir lieber im Schwimmbad in der Sonne gelegen, statt zu Hause über den Büchern zu brüten.«

Der Gedanke an unsere jugendlichen Abenteuer muntert sie etwas auf. »Ja, das war eine tolle Zeit! Wir haben zwar immer Bücher mitgeschleppt, gelernt haben wir aber herzlich wenig. Und dann der sexy Bademeister, der uns immer die besten Stühle reserviert hat«, meint Charlotte schwärmerisch. »Aber was hat das mit meinem Nachbarn zu tun?«

»Wart's ab. Warum sind wir ins Schwimmbad gegangen, obwohl wir genau gewusst haben, dass wir doch lernen sollten?«

»Weil es einfach viel mehr Spaß gemacht hat!«

»Genau. Und obwohl wir wussten, dass wir nächtelang durcharbeiten müssen, um die verpasste Zeit aufzuholen, haben wir das gemacht, was mehr Spaß macht. Genauso ist es auch mit deinem Nachbarn: Obwohl du weißt, dass du mit ihm Tacheles reden solltest, gehst du einem Gespräch aus dem Weg, weil es dir unangenehm ist.«

Wir sind häufig der Meinung, zum Erreichen von Zielen sei das Wollen entscheidend. Stellt sich der Erfolg nicht ein, nehmen wir an, wir hätten uns nicht genügend angestrengt. Dabei gibt es viele Menschen, die eine persönliche oder berufliche Veränderung wirklich wollen – aber eben nur mit dem Verstand.

Das rationale Wollen ist zwar eine wichtige Grundvoraussetzung für das Ausführen einer Handlung, genügt allein jedoch nicht. Um einen Vorsatz in die Tat umzusetzen, ist das emotionale Wollen erforderlich. Erst wenn auch mein Herz »ja« zu einer Handlung sagt, wird es mir gelingen, ohne Zwang und ohne unangenehme Gefühle Dinge zu tun, die ich mir vorgenommen habe.

Wie ist es möglich, dass wir mit dem Kopf das eine wollen und mit dem Herzen etwas ganz anderes? Natürlich kommen Wünsche nie wirklich aus dem Herzen; das Herz ist ein Organ, welches das Blut durch unseren Körper pumpt. Ein äußerst wichtiges Organ, ohne Zweifel, aber nicht verantwortlich für unsere Wünsche. Vielmehr handelt es sich bei »Kopf« und »Herz« um zwei Systeme, die nebeneinander agieren und für die Willensbildung verantwortlich sind: den Verstand und das Unbewusste. Umgangssprachlich sprechen wir im Zusammenhang mit dem Unbewussten gerne vom »Bauchgefühl«.

Diese beiden Systeme sind natürlich nicht nur in Bezug auf die Schüchternheit relevant, sondern für alle Handlungen, für die eine Willensbildung und -durchsetzung erforderlich ist. Sei dies beim wöchentlichen Besuch im Fitnesscenter, beim Frühjahrsputz, beim Büffeln von mathematischen Formeln oder englischen Vokabeln oder beim Erledigen langweiliger Routinearbeiten im Büro.

Ob Party, Konfrontation mit dem Nachbarn oder Referat: Wer schüchtern ist, erlebt tagtäglich, wie viel Überwindung es kostet, wie viel Willenskraft, Zwang und Disziplin nötig sind, um sich beängstigenden Situationen auszusetzen. Entsprechend groß ist die Verlockung, solchen Situationen aus dem Weg zu gehen. Aber was ist die

Alternative? Immer nur zu Hause rumsitzen? Sich ein Leben lang unterordnen? Den anderen die Lorbeeren für die eigene Arbeit überlassen?

Gemeinsam statt einsam

Auf dem Nachhauseweg komme ich auf den Gedanken, Hannah und Charlotte zusammenzubringen. Es ist doch viel anregender, den Weg aus der Schüchternheit gemeinsam zu gehen: in einer kleinen Gruppe von Personen, die ähnliche Probleme und Fragestellungen haben und im Umgang mit anderen mehr Selbstvertrauen gewinnen möchten.

Mir ist bewusst, dass ich bei diesem Vorschlag mit Widerstand rechnen und meine ganzen Überzeugungskünste anwenden muss. Als ich die beiden Frauen mit meiner Idee konfrontiere, reagieren sie wie erwartet kritisch: »Ich weiß nicht recht. Dann muss ich vor fremden Menschen über meine Probleme sprechen. Das will ich eigentlich nicht.«

Schließlich kann ich sie dann aber doch umstimmen und für ein erstes gemeinsames Treffen gewinnen.

Der Einwand ist absolut verständlich. Es ist für unsichere Menschen schwer genug, über sich und ihre Schüchternheit zu sprechen – geschweige denn ihr Inneres vor einer Gruppe fremder Menschen offenzulegen. Dennoch hat dieses Vorgehen viele Vorteile.

Jede Person lernt, dass sie mit ihrem Problem nicht alleine ist. Sie erkennt, dass es noch andere Menschen gibt, die sich ebenfalls unsicher fühlen. Und diese Menschen sind nicht etwa »komisch« oder »nicht ganz normal«, wie Schüchterne sich selber oft wahrnehmen, sondern intelligente, freundliche Menschen.

Wenn Sie sich für die Arbeit in der Gruppe entscheiden, können Sie zudem von den Beobachtungen, Gedanken und Ideen der anderen profitieren. Gespräche erzeugen oft Anregungen, die man alleine nicht hervorzubringen vermag. Sie können schwierige Situationen gemeinsam analysieren und Lösungswege aus belastenden Situationen erarbeiten, einander positive Erlebnisse erzählen und Erfolge gemeinsam feiern. Schließlich können Sie in der Gruppe den Umgang mit anderen Leuten lernen. Und wer weiß, vielleicht entsteht sogar einmal eine Freundschaft?

Nun haben Sie dieses Buch gekauft und sind eben dabei, es zu lesen – allein. Sie sind nicht Teil einer Gruppe und haben auch keine Lust, einer beizutreten. In dem Fall empfehle ich Ihnen, dass Sie sich eine Vertrauensperson aus Ihrem Umfeld suchen und einzelne Gedanken mit ihr durchspielen. Holen Sie sich gewissermaßen Ihren persönlichen kollegialen Coach an Bord. Diese Person muss kein Beratungsprofi sein und auch nicht schüchtern. Wichtig ist, dass Sie mit dieser Person ein Vertrauensverhältnis verbindet. Dass sie Ihnen wohlwollend gegenübersteht und diskret mit den Informationen umgeht, die Sie ihr anvertrauen.

Holen Sie sich Ihren persönlichen kollegialen Coach: eine Person Ihres Vertrauens, mit der Sie Ihre Fragen, Gedanken und Bedenken besprechen können.

Dies kann Ihr Bruder sein, Ihre Schwester, eine gute Freundin oder Ihr Lebenspartner beziehungsweise Ihre Lebenspartnerin. Und keine Angst: Sie fallen dieser Person nicht zur Last. Die meisten Menschen freuen sich, wenn sie gefragt werden, ob sie eine solche Aufgabe übernehmen wollen. Denn das ist ein großer Vertrauensbeweis und zeigt diesen Menschen, dass sie für Sie eine wertvolle Stütze sind.

Der robuste Wegweiser

Einige Tage später sitzen Hannah, Charlotte und ich in meinem Büro zusammen. Vor allem Hannah ist zunächst zurückhaltend. Als sie jedoch merkt, dass Charlotte recht locker mit der neuen Situation umgeht, taut auch sie auf. Mein Gespür hat mich nicht getäuscht: Die beiden Frauen sind einander sympathisch, und so steht einer gemeinsamen Arbeit nichts im Weg. Damit alle auf gleicher Augenhöhe diskutieren, wechseln wir zum kollegialen »du«.

Ich schlage vor, dass beide für sich ein möglichst kraftvolles, persönliches Ziel formulieren.

»Welche Ziele habt ihr euch in der Vergangenheit denn so gesetzt?«, frage ich in die Runde.

»Ich wollte schon mehrfach ein paar Kilos abspecken. Und regelmäßig ins Fitnesscenter gehen, um an meiner Bikinifigur zu arbeiten«, verrät Charlotte. »Aber außer ein paar lächerlichen Kilos weniger, die auch gleich wieder drauf waren, und Muskelkater hatte ich nichts davon. Ich habe meine Pläne dann wieder aufgegeben.« Süffisant fügt sie an: »Zumal mein Mann sagt, ich gefalle ihm mit meinen weiblichen Rundungen sowieso viel besser.«

»Und hast du dir auch Ziele gesetzt wegen deiner Zurückhaltung?«

»Nicht so richtig. Ich habe mir schon öfter vorgenommen, mich mehr durchzusetzen. Aber als echtes Ziel würde ich das nicht bezeichnen.«

»Wir vereinbaren jedes Jahr Ziele im Geschäft«, meldet sich Hannah zu Wort. »Und als ich hierhergezogen bin, habe ich mir Ziele gesetzt, um mehr Kontakte zu knüpfen.«

»Und wie lauten die?«

»Ich habe versucht, sie möglichst konkret zu formulieren, sodass ich auch kontrollieren kann, ob ich sie erreiche. Eines war: Ich gehe jede Woche zu einem Treffen oder einer Veranstaltung und spreche dort fünf Personen an.« Während sie das sagt, wird ihre Stimme ganz leise, und wir müssen die Ohren spitzen, um sie überhaupt zu verstehen.

»Und: klappt's?«, fragt Charlotte neugierig.

»Nicht wirklich. Einmal bin ich zu einer Veranstaltung gegangen. Da haben sich alle gekannt, nur ich stand ziemlich verloren in der Gegend herum. Die Leute waren so in Gespräche vertieft, dass ich mich nicht getraut habe, jemanden anzusprechen. Irgendwann ist dann jemand zu mir gekommen und hat mit mir geredet. Das war nett.« Hannah seufzt: »Ich war heilfroh, als ich wieder zu Hause war. Seither hatte ich nicht den Mut, es nochmals zu probieren.«

Welche Ziele haben Sie sich in den letzen Monaten gesetzt, um Ihre Schüchternheit zu überwinden? Die meisten Ziele, die wir uns setzen, sind Ergebnisziele: »Ich will fünf Kilogramm abspecken«, »Ich gehe einmal in der Woche ins Fitnesscenter« oder »Ich steigere den Jahresumsatz um fünf Prozent«.

Die Managementliteratur propagiert in diesem Zusammenhang die SMART-Formel. Sie besagt, dass professionell formulierte Ziele spezifisch, messbar, akzeptiert, realistisch und terminiert sein müssen. Der Nachteil solcher Ziele besteht darin, dass sie mit dem Verstand gesetzt werden. Wenn Sie ein echter Sportmuffel sind, werden Sie das Ziel: »Ich gehe einmal in der Woche ins Fitnesscenter«, kaum mit Freude und Elan verfolgen, sondern viel Disziplin aufwenden müssen, um es zu erreichen.

Auch Hannah hat ihr Ziel SMART formuliert: »Ich gehe jede Woche zu einer Veranstaltung und spreche dort fünf Personen an.« Stellen Sie sich die zurückhaltende Hannah vor, wie sie sich zwingt, an einer Veranstaltung teilzunehmen und mit einem dicken Kloß im Hals fremde Menschen anzusprechen.

Erstaunlicherweise gibt es viele Leute, die ihr Networking auf genau diese Art und Weise betreiben – und sich damit entsprechend unter Druck setzen.

Doch wann verfolgen wir Ziele mit Freude und Elan? Wann sind sie so stark, dass sie uns verlässlich den Weg weisen? Ziele werden dadurch attraktiv, dass sie eine Erfüllung persönlich bedeutsamer Bedürfnisse versprechen. Denn Bedürfnisse sind die Grundbausteine jeder Motivation.

Was wir letztendlich suchen, ist ein hoch emotionales Ziel, ein »Herzensziel«, das die Kraft besitzt, uns immer wieder von Neuem mitzureißen und uns das Gefühl zu geben: Genau das möchte ich erreichen. Wenn ich so leben kann, dann bin ich erfüllt und glücklich. Es muss so stark sein, dass es uns immer wieder Mut macht und uns auch in schwierigen Zeiten den Glauben an die Umsetzbarkeit ermöglicht. Es muss so attraktiv und unwiderstehlich sein, dass es uns immer wieder motiviert und das Gefühl gibt, auf dem richtigen Weg zu sein.

Damit ein Ziel Sie so stark motiviert, dass Sie seinetwillen Ihre Ängste und Bedenken über Bord werfen, muss es Sie emotional mitreißen. Sie müssen innerlich dafür »brennen«.

Dabei spielen Inhalt und Formulierung eine wesentliche Rolle. Je nachdem, auf welche Art von Ziel ich baue und wie ich dieses Ziel formuliere, hat das Auswirkungen auf meine Motivation, meine unbewusste Informationsverarbeitung und mein Verhalten.

Damit das Unbewusste angesprochen und aus Ihrem Wunsch ein handlungsleitendes »Herzensziel« wird, muss Ihr Ziel folgende Bedingungen erfüllen: Es muss positiv formuliert sein, große Gefühle wecken, Ihre persönliche Haltung ausdrücken, selbstwirksam und frei von inneren Widerständen sein.

Auf den folgenden Seiten werde ich Ihnen diese Regeln im Detail erklären, und Sie können Ihr Herzensziel schrittweise besser erfassen.

Herzensziele sind positiv formuliert

Wenn unser Ziel handlungswirksam werden soll, muss die innere Vorstellung, die wir uns davon machen, erfreulich und erstrebenswert sein. Formulierungen wie »nicht«, »ohne« oder mit dem Präfix »un« sollten Sie deshalb durch positive Formulierungen ersetzen. Also nicht: »Ich bin unabhängig«, sondern: »Ich bin frei«.

Außerdem formulieren wir unser Ziel selbstbewusst, und zwar so, als ob wir es schon erreicht hätten. Wir schreiben also keinen Wunsch auf, sondern eine Tatsache.

Ich erkläre Hannah, dass ihr Ziel »Ich möchte nicht mehr einsam sein« negativ formuliert ist: »Es beschreibt nicht, was du erreichen willst, sondern was du vermeiden möchtest. Es ist ein Vermeidungsziel. Wenn du dir dieses Ziel vor Augen führst, entsteht automatisch das innere Bild von Einsamkeit, was negative Emotionen auslöst.«

Damit ein positives inneres Bild ihres Zieles entsteht, formuliert Hannah ihr Ziel in Form einer Annäherung. Dazu ändert sie den negativen Teil so ab, dass er das Gleiche aussagt, aber positiv formuliert ist: »Ich möchte mich aufgehoben und geliebt fühlen.«

»Und: Wie fühlt sich das an?«, will ich von ihr wissen.

»Hmm, besser«, sagt sie kurz und, wie ich finde, wenig begeistert.

Ich glaube, ich weiß, was sie stört: Das Ziel ist zu wenig selbstsicher, als dass es Hannah die nötige Kraft geben könnte. Deshalb schlage ich vor: »Jetzt schreiben wir es nochmals um, und zwar so, dass es nicht mehr als Wunsch formuliert ist, sondern als ein Zustand, den du schon erreicht hast: ›Ich fühle mich aufgehoben und geliebt‹.«

Während unseres Gesprächs hat auch Charlotte einen Wunsch formuliert: »Ich lasse mir nichts mehr gefallen!« Auch dieser Satz ist negativ formuliert. Charlottes positiver Satz heißt: »Ich setze mich durch!«

Herzensziele wecken große Gefühle

Die Ziele von Hannah und Charlotte sind nun bereits um einiges wirkungsvoller als vorher. Allerdings fehlt ihnen ein wesentliches Element: starke Gefühle.

Attraktive Ziele benötigen große Gefühle. Und diese liefert uns das Unbewusste, welches wir über innere Bilder aktivieren.

Hannahs bisherige Zielformulierung heißt: »Ich fühle mich aufgehoben und geliebt.« Kein schlechter Satz. Ich erkläre ihr, dass er sich jedoch durch eine bildhafte, metaphorische, vielleicht sogar vermeintlich kitschige Formulierung noch emotionaler machen lässt.

Hannah möchte außerdem einen aktiven Part übernehmen; sie will nicht einfach passiv auf Zuneigung warten, sondern selber etwas dazu beitragen, dass sie geliebt wird.

Ich frage sie, welche inneren Bilder ihr zu ihrem Satz: »Ich fühle mich aufgehoben und geliebt«, spontan in den Sinn kommen.

»Ich sehe mich auf weichen Wolken schweben, die Sonne wärmt und umarmt mich. Ich sehe aufblühende Rosen. Ich sehe lachende Kinder, die einander an den Händen halten und Ringelreihen tanzen; ich selber bin eines dieser Kinder und sehe sehr glücklich aus.«

Dieses Bild weckt sofort ein starkes positives Gefühl in ihr. Daraus formuliert sie das Ziel: »Mit meinen Freunden tanze ich in ein erfülltes Leben.«

Auf unser Unbewusstes können wir nicht mit dem bewussten Verstand oder mit Worten zugreifen. Wir benötigen deshalb eine »andere« Sprache, die uns anzeigt, was in unserem Unbewussten vor sich geht.

Der amerikanische Neurowissenschaftler Antonio Damasio hat den Begriff der »Somatischen Marker« geprägt. Diese kann man sich als Sprache des Unbewussten vorstellen; sie zeigen sich jedoch nicht in Worten, sondern in diffusen körperlichen Signalen. »Soma« kommt aus dem Griechischen und heißt »Körper«, und weil die Signale etwas kennzeichnen, nennt man sie »Marker«. Diese Signale äußern sich immer in einem mehr oder weniger intensiven Gefühl, das mit körperlichen Veränderungen einhergeht, wie ein Kribbeln im Bauch, ein Zucken im Auge oder eine plötzliche Hitzeempfindung, ein Erröten, ein Strahlen auf dem Gesicht.

Somatische Marker teilen Situationen in positiv und negativ ein: »Gut für mich«, »toll«, »will ich haben« versus »schlecht für mich«, »grässlich«, »will ich auf gar keinen Fall«. Das Bemerkenswerte dabei ist, dass die Somatischen Marker im Gegensatz zum bewussten Verstand unglaublich schnell auftreten, das heißt innerhalb von 200 bis 300 Millisekunden. Deshalb kann das Unbewusste blitzschnelle Einschätzungen vornehmen, die aber nur von genereller Natur sind. Gut für mich – schlecht für mich.

Warum ist es in unserem Zusammenhang so wichtig, auf das, was in unserem Unbewussten schlummert, zugreifen zu können? Weil nur das, was wir in unserem Innern wollen, uns auch »von innen heraus« motiviert. Wenn wir wollen, dass das gewählte Ziel uns »von innen heraus«, also intrinsisch, motiviert, muss es aus unserem Unbewussten kommen. Sobald wir versuchen, mit dem Verstand ein Ziel zu verfolgen, stehen Willenskraft und Selbstdisziplin im Vordergrund.

Da wir Menschen ein gut entwickeltes Gehirn haben, können wir uns zwingen, Dinge zu tun, die uns gegen den Strich gehen. Dies wird jedoch immer mit Mühsal und Unlust verbunden sein. Sie erinnern sich: Hannahs Ziel »Ich gehe jede Woche zu einer Veranstaltung und spreche dort fünf Personen an« ist ein Ergebnisziel. Eine nachhaltige Umsetzung eines solchen Ziels ist für Menschen, die von Natur aus schüchtern sind, nur mit Qual und Überwindung möglich, wenn überhaupt. Wenn es uns hingegen gelingt, Ziele zu formulieren, die uns von innen heraus motivieren, werden wir sie automatisch und mühelos verfolgen.

Intrinsische Motivation findet sich nicht auf der Ergebnisebene, sondern auf der Haltungsebene. Im Gegensatz zu einem Ergebnisziel geht es bei einem Haltungsziel nicht darum, zu einem bestimmten Zeitpunkt ein bestimmtes Ergebnis zu erreichen, sondern es beschreibt unsere innere Haltung. Dementsprechend sind Haltungsziele langfristige Ziele mit richtungsweisendem Charakter. Sprichworte wie »Morgenstund hat Gold im Mund«, »Wer zuletzt lacht, lacht am besten« oder »Don't worry, be happy« drücken kollektive Haltungen aus, die von den Mitgliedern einer Gesellschaft geteilt werden. Sie besitzen eine übergeordnete Gültigkeit, die über eine konkrete Situation hinausgeht.

Jeder Mensch kann aber auch auf eine innere Haltung bauen, die nur für ihn Gültigkeit hat und ihm hilft, seine Handlungen in die gewünschte Richtung zu steuern. Hannahs Ziel: »Mit meinen Freunden tanze ich in ein erfülltes Leben«, ist ein solch persönliches Haltungsziel. Es beschreibt nicht konkret ein Ergebnis, sondern drückt Hannahs innere Haltung aus.

Herzensziele erreiche ich ganz alleine

Menschen, die in Partnerschaften leben oder eine Familie haben, wählen häufig Formulierungen wie »gemeinsam mit meinem Partner« oder »mit meiner Familie« oder »mit meinen Freunden«. Auch Führungskräfte möchten ihre Ziele gerne »gemeinsam mit meinem Team« erreichen. Solche Formulierungen sind unglücklich, da Sie jederzeit in der Lage sein sollten, Ihr Ziel zu erreichen – nicht nur, wenn Ihre Liebsten, Ihre Freunde oder Arbeitskollegen dabei sind. Ihr Ziel sollte also vollständig unter Ihrer Kontrolle sein und darf nicht vom Zutun anderer abhängen.

Sagen Sie selbstbewusst »Ich« und lassen Sie die Frage, wer bei Ihrem Tun dabei ist, offen.

Hannah möchte ihr Haltungsziel nochmals überarbeiten. Beim Satz: »Mit meinen Freunden tanze ich in ein erfülltes Leben«, streicht sie die Stelle mit den Freunden. Also lautet es nun: »Ich tanze in ein erfülltes Leben.«

Das ist ihr nun aber doch zu allgemein und zu wenig auf ihr konkretes Anliegen bezogen. Sie möchte das »aus sich herausgehen« und »Menschen kennenlernen« im Ziel wiederfinden.

Wir machen ein Brainstorming. Schließlich formuliert sie für sich den Satz: Ich tanze in ein Leben voller Zuneigung und Glück.

»Das fühlt sich toll an!«, meint Hannah begeistert: »Mit diesem Motto wird es mir viel leichter fallen, Veranstaltungen zu besuchen und mich dabei wohlzufühlen.«

Formulieren Sie Ihr Ziel üppig und selbstbewusst

Damit Ihr Herzensziel seine Kraft entfalten kann, muss es auf eine bestimmte Weise formuliert sein. Überarbeiten Sie Ihren Zielsatz anhand folgender Punkte:

- Überprüfen Sie, ob Ihr Ziel positiv formuliert ist. Ersetzen Sie Negationen durch eine inhaltlich entsprechende, positive Formulierung.
- Formulieren Sie Ihr Ziel im Perfekt, so als hätten Sie es bereits erreicht.
- Suchen Sie nach inneren Bildern, die Ihr Ziel möglichst emotional wiedergeben. Wählen Sie das Bild, das den stärksten positiven Somatischen Marker auslöst. Übernehmen Sie dieses Bild in Ihren Zielsatz.

- Scheuen Sie sich nicht vor vermeintlich kitschigen Formulierungen. Das Ziel: »Ich bin ein strahlender Rubin und tanze lustvoll im Rampenlicht«, ist zwar pompös, dafür aber auch hoch emotional und für die betreffende Person äußerst motivierend.
- Formulieren Sie Ihr Ziel so, als ob Sie es ganz alleine erreichen könnten und nicht auf Hilfe von außen angewiesen wären.

Herzensziele begeistern voll und ganz

Als Charlotte ihren Satz »Ich setze mich durch!« formuliert, kann ich an ihrem Gesicht ablesen, dass Sie mit diesem Satz nicht zufrieden ist. Ihre Mundwinkel zeigen nach unten und ihre Nase kräuselt sich. »Warum rümpfst du die Nase?«, frage ich. »Ist an dem Satz etwas nicht in Ordnung?«

»Der Satz klingt zu brachial. Ich, die einsame Kämpferin, die alles niedermäht, das ihr in die Quere kommt. Das passt gar nicht zu mir. Ich bin doch kein Rambo!«

Der Vergleich bringt mich zum Lachen. Charlotte, die sich so liebevoll um Familie und Freunde kümmert, hat mit Rambo tatsächlich wenig gemeinsam. »Was müsste denn anders sein, damit dir der Satz besser gefällt?«

»Er müsste rücksichtsvoller sein. Bestimmt, aber doch freundlich.«

Was ist hier passiert? Charlotte hatte einen Satz formuliert, der inhaltlich zwar korrekt war – schließlich will sie sich tatsächlich stärker durchsetzen –, bei dem sich jedoch eine innere Stimme gemeldet hat: »Stopp! So rücksichtslos will ich nicht sein.« Diese Warnung muss Charlotte ernst nehmen. Sie zeigt ihr, dass sie ihr formuliertes Ziel nicht vollumfänglich bejaht, sondern einen inneren Widerstand dagegen hat. Würde sie mit diesem Zielsatz weitermachen, müsste sie ständig gegen diesen inneren Widerstand ankämpfen – ein mühseliges und kräftezehrendes Unterfangen.

Eine bessere Formulierung muss her. Also machen wir ein Brainstorming und sammeln gemeinsam Vorschläge für eine Umformulierung. Zügig notiert Charlotte unsere Ideen auf einem Blatt Papier: »Ich setze mich liebevoll durch. Ich bin liebevoll und setze mich durch. Lustvoll setze ich mich durch. Ich bin rücksichtsvoll und durchsetzungsstark. Mit Lust und Liebe setze ich mich durch.«

»Ja genau!«, ruft Charlotte begeistert und ein Leuchten erscheint auf ihrem Gesicht. »Das gefällt mir: Mit Lust und Liebe setze ich mich durch. Das drückt aus, dass ich rücksichtsvoll bin und dass ich es nicht als Last empfinde, mich durchzusetzen, sondern als etwas Schönes, Lustvolles.«

Von dem Moment an will sie keinen Millimeter mehr von ihrem Satz abrücken.

Mit dieser Korrektur hat Charlotte einen riesigen Schritt in Richtung ihrer Zielerreichung gemacht. Sie hat die beiden Systeme, das System des Verstands und das System des Unbewussten, in Einklang gebracht. Beide ziehen nun am gleichen Strang und werden alles daran setzen, dass Charlotte ihr Ziel erreicht.

Brennen Sie für Ihr Ziel

Wenn Sie Ihren inneren Widerständen auf die Spur kommen wollen, müssen Sie aufmerksam in sich hineinhören: Gibt es innere Stimmen, die sich kritisch zum gesetzten Ziel äußern? Die Bedenken haben oder Schlimmes befürchten? Denen das formulierte Ziel sogar Angst macht?

Manche Stimmen brauchen etwas länger, um sich zu äußern. Häufig sind es die negativen Somatischen Marker, also die negativen Körpersignale, die uns den inneren Widerstand aufzeigen und anmelden, dass es noch andere Stimmen gibt, die gehört werden wollen. Bei Charlotte waren es die nach unten gezogenen Mundwinkel und die gekräuselte Nase, die ihr Unbehagen deutlich zum Ausdruck brachten.

Es lohnt sich, genauer auf die spontanen Körpersignale zu achten, die das gesetzte Ziel auslöst: Wie fühlt sich mein Zielsatz an? Gibt er mir ein negatives Gefühl? Falls dies der Fall ist, sollten Sie herausfinden, woran es liegt: Warum empfinde ich so? Was löst der Satz in mir aus? Was stimmt damit nicht?

Danach formulieren Sie Ihren Satz um. Erstellen Sie dazu eine Liste mit anderen möglichen Formulierungen. Sammeln Sie so lange Vorschläge, bis Sie den passenden Satz gefunden haben. Je besser sich Ihr Ziel anfühlt, je mehr es Sie begeistert, je mehr Sie dafür »brennen«, desto motivierender ist es.

Ihr emotionaler Schutzschild

Wenn Sie Ihre Schüchternheit überwinden wollen, werden Sie mit vielen Situationen konfrontiert, die schwierig oder unangenehm sind. Dies kann ich Ihnen leider nicht ersparen. Denn Sie können Ihre Schüchternheit nur überwinden, wenn Sie Ihr Verhalten ändern – und dazu müssen Sie sich beängstigenden Situationen stellen. Und genau hier hilft Ihnen Ihr Herzensziel: In dem Moment, in dem Sie Ihr Herzensziel gefunden haben, findet eine Synchronisierung des unbewussten mit dem bewussten System statt, und Ihr Ziel wird handlungsleitend. Das heißt, es besitzt jetzt eine so starke Antriebskraft, es ist so attraktiv und motivierend, dass Sie Ihre Handlungen »freiwillig« und mit Freude darauf ausrichten.

Zusätzlich wird das Unbewusste künftig dafür sorgen, dass das angestrebte Ziel vor Einflüssen, welche die Absicht gefährden könnten, geschützt wird – wie durch einen emotionalen Schutzschild. Gleichzeitig werden zielführende Informationen mit besonderer

Aufmerksamkeit wahrgenommen. Wenn Charlotte, die sonst nie Fernsehen schaut, ein paar Tage später begeistert vom Film »Out of Rosenheim« mit Marianne Sägebrecht erzählt, der davon handelt, wie eine unsichere Hausfrau aus dem bayrischen Rosenheim in der Wüste von Nevada strandet und dort mit viel Charme und Courage das Herz einer grantigen Motelbesitzerin erobert, ist das nicht etwa ein Zeichen des Himmels, sondern auf Charlottes gesteigerte Aufmerksamkeit für genau dieses Thema zurückzuführen.

Ein Knoten im Taschentuch

Sie haben nun Ihr Herzensziel formuliert. Doch wie stellen Sie sicher, dass Sie sich immer wieder darauf besinnen und es zum Leitfaden für Ihr Handeln wird? Schließlich muss sich dieses Ziel gegen tief sitzende Verhaltensweisen durchsetzen, die Sie seit Jahren begleiten. Was Sie brauchen, ist eine Erinnerungshilfe, die dieser Routine etwas entgegensetzt und die häufig und praktisch angewendet werden kann.

Um Ihrem Ziel eine gute Realisierungschance einzuräumen, sollte es gedanklich möglichste häufig aktiviert werden. Dies gelingt Ihnen, indem Sie bestimmte Gegenstände wählen, die Sie mental mit Ihrem Herzensziel verknüpfen. Als Gegenstände eignen sich beispielsweise Bilder oder Kunstgegenstände, eine Uhr oder ein Schmuckstück, Kleider und Accessoires wie eine Tasche, ein Schal, Kugelschreiber, Schlüsselanhänger oder eine Krawatte. Auch Parfüm, ein Musikstück oder eine Farbe eignen sich.

Erinnerungshilfen, die mit Ihrem inneren Bild in Zusammenhang stehen und Ihr inneres Bild immer wieder abrufen, sind besonders wirkungsvoll. Sie können auch Bilder, die zu Ihrem Ziel passen, aus Zeitschriften ausschneiden, aufkleben und gut sichtbar aufhängen. Oder Sie sammeln Bilder aus dem Internet und installieren sie als Bildschirmschoner Ihres Computers oder als Hintergrundbild Ihres Handys. Hannah kann für ihr Herzensziel »Ich tanze in ein Leben voller Zuneigung und Glück« zum Beispiel das Bild einer Frau nehmen, die durch einen blühenden Garten tanzt.

Wichtig ist, dass Ihre Erinnerungshilfen nicht bereits »verbraucht«, das heißt mit früheren Erinnerungen aufgeladen sind, sondern dass sie »frisch« mit Ihrem Ziel in Verbindung gebracht werden.

Nachdem Sie zwei bis drei solcher Erinnerungshilfen gewählt und möglichst gut sichtbar an unterschiedlichen Orten platziert haben, schauen Sie sie immer wieder an und erinnern Sie sich bewusst an Ihr Herzensziel. Nach einiger Zeit wird diese mentale Verknüpfung von Gegenstand und Ziel in Ihrem Gehirn automatisiert und die Erinnerung an Ihr Ziel unbewusst ausgelöst.

Verankern Sie Ihr Herzensziel in Ihrem Unbewussten, indem Sie – ähnlich, wie wenn Sie einen Knoten in Ihr Taschentuch machen – verschiedene Erinnerungshilfen wählen.

Denken Sie sich selbstbewusst

Hannah hat ihren Bruder Tom und dessen Lebenspartnerin Miriam zum Essen in ihre Wohnung eingeladen. Tom ist achtzehn Monate jünger als seine Schwester. Mit ihm fühlt Hannah sich verbunden. Er ist einer der wenigen Menschen, bei denen sie nicht ständig befürchtet, etwas Dummes zu sagen oder sich unangemessen zu benehmen. Mit Miriam versteht sie sich ebenfalls sehr gut, was allerdings nicht immer so war. Miriam, eine quirlige Person voller Energie, war Hannah am Anfang zu laut, zu lebhaft, zu anstrengend. Mit der Zeit hat sie Miriams spontane und humorvolle Art jedoch schätzen gelernt.

Hannah, die sonst nie Gäste hat, hat sich an diesem Abend mit dem Essen besonders viel Mühe gemacht. Zumal Tom und Miriam eine weite Anreise hinter sich haben. Hannah fällt auf, dass beide einander immer wieder verschwörerisch zublinzeln. Was sie wohl im Schilde führen?

Beim Hauptgang platzt Tom mit der Neuigkeit heraus: »Miriam ist schwanger, und wir wollen heiraten, bevor das Baby kommt.«

»Oh, das ist wunderbar!« Hannah freut sich riesig und umarmt beide innig. »In welchem Monat bist du denn schwanger?«, fragt sie Miriam.

»Im vierten. Darum müssen wir uns beeilen mit der Hochzeit. Die findet in drei Monaten statt.«

»Und wie soll das Fest werden?«, fragt Hannah, wohl wissend, dass Miriam kaum eine ruhige Feier im kleinen Kreis plant.

»Es soll ein richtig schönes, traditionelles Fest werden, mit weißem Brautkleid, kirchlicher Trauung, gutem Essen, Tanz und allen unseren

Freunden und lieben Verwandten.« Miriam streicht sich liebevoll über den Bauch. Dann sagt sie lachend: »Wer weiß, wann sich das nächste Mal die Gelegenheit für ein rauschendes Fest bietet? Wenn das Kleine da ist, ist es wohl vorerst aus mit Party!«

Das hat Hannah befürchtet. Eine große Feier mit vielen Leuten und noch mehr Trubel. Natürlich würde sie das den beiden nie sagen, aber auf ein solches Fest kann sie gerne verzichten. »Ich werde dann wohl wieder verloren herumstehen«, denkt sie bedrückt. »Zum Glück sind unsere Eltern auch da, so habe ich wenigstens jemanden zum Reden.«

Da lässt Tom die Bombe platzen. »Und ich würde mich sehr freuen, wenn du eine kurze Rede halten könntest. Miriam und ich haben uns gedacht, dass wir für einmal nicht die Väter reden lassen, sondern unsere Geschwister. Miriams Bruder hat bereits zugesagt.«

Beide schauen Hannah erwartungsvoll an. Sie beginnt zu schwitzen.

»Ähm, aber ich ...« Hannah verschlägt es die Sprache. Ihre Gedanken überschlagen sich. Eine Rede halten? Vor so vielen Leuten? Noch dazu bei einer Hochzeit, wo sowieso alles vom Feinsten ist und alle so viel erwarten? Unmöglich!

Schüchterne leiden unter einer verzerrten Wahrnehmung: Sie glauben, sie wären nicht gut genug und andere würden schlecht über sie denken oder reden. Diese schädlichen Denkmuster gilt es aufzudecken, kritisch zu hinterfragen und durch andere zu ersetzen. Am Anfang steht also die Auseinandersetzung mit den eigenen Gedanken. Sie müssen lernen, anders über beängstigende Situationen, über ihr eigenes Empfinden und Verhalten und über das Empfinden und Verhalten anderer zu denken.

Eines der Hauptprobleme liegt darin, dass wir unsere Gedanken für die Realität halten. Statt uns bewusst zu sein, dass das, was uns durch den Kopf geht, nur unsere subjektive Wahrnehmung ist, sind wir davon überzeugt, dass unsere Gedanken der Wahrheit entsprechen. Wenn eine Bekannte an uns vorbeigeht, ohne uns eines Blickes zu würdigen, denken wir: »Sie will mich nicht kennen, sie mag mich nicht.« Danach fühlen wir uns minderwertig und verletzt. Wir hätten über die gleiche Situation auch ganz anders denken können, zum Beispiel: »Sie hat mich nicht gesehen, wahrscheinlich war sie in Gedanken versunken.« Dann hätten wir uns nicht minderwertig gefühlt, und unsere Gefühle hätten sich aufgrund dieses Vorkommnisses kaum verändert. Ein und dieselbe Situation kann also völlig unterschiedlich interpretiert werden.

Die Art und Weise, wie Sie eine Situation interpretieren, hängt von Ihren Denkmustern ab. Diese agieren wie ein Filter, durch den Sie die Umwelt wahrnehmen. Dieser Filter ist mit einer Brille vergleichbar, die eine bestimmte Färbung hat. Während gewisse Menschen die Welt durch eine »rosarote Brille« sehen und uneingeschränkt an das Gute im Menschen glauben, haben Schüchterne deutlich düsterer gefärbte Brillengläser. Sie leben in der Überzeugung, dass die anderen ihnen gegenüber kritisch eingestellt sind und sie für unzulänglich halten.

Um Ihre Denkmuster zu durchbrechen, müssen Sie lernen, hinderliche Gedanken zu erkennen, Ihre Denkweisen zu hinterfragen und durch neue, hilfreichere zu ersetzen.

Legen Sie den Schalter um

Ihre Gefühle der Minderwertigkeit und Angst werden von Ihren Denkmustern aufrechterhalten. Es gibt zwar keine »objektiv richtige« Art zu denken, es gibt jedoch hinderliche und hilfreiche Denkmuster.

Unsere Denkmuster – die Wissenschaft spricht in diesem Zusammenhang auch von Kognitionen – umfassen so unterschiedliche

Dinge wie Überzeugungen, Einstellungen, Wahrnehmungen, Lebensphilosophien, Ideen, Interpretationen und Bewertungen von Ereignissen, Annahmen, Erwartungen und inneres Sprechen. Sie können sich auf einen selber wie auch auf andere Menschen beziehen. Unsere Denkmuster umfassen also nicht nur das bewusste Denken, sondern auch die unbewussten, automatischen Gedanken.

Hinderliche Denkmuster führen zu »unangemessenen« Emotionen und Verhaltensweisen, wie zum Beispiel zu übertriebener Wut, Verzweiflung, starken Schuldgefühlen oder Vermeidungstaktiken. Diese hinderlichen Denkmuster belasten uns und hindern uns daran, auf unsere Ressourcen zugreifen zu können, unser volles Potenzial auszuschöpfen und unsere Lebensziele zu erreichen.

Hilfreiche Denkmuster führen zu »angemessenen« Reaktionen. Sie erlauben uns, eine Situation mit klarem Kopf zu durchdenken und entsprechende Schlüsse zu ziehen. Hilfreiche Denkmuster führen nicht zwingend zu positiven Gefühlen, aber sie ermöglichen uns, ausgewogen zu urteilen. So können Sie durchaus zum Schluss kommen, dass Ihr Referat misslungen ist, weil Sie sich nicht genügend darauf vorbereitet haben. Das wird bei Ihnen natürlich nicht zu Freudensprüngen führen, sondern Sie werden sich über sich selber ärgern. Um Ihre Chance auf Erfolg zu erhöhen, werden Sie sich das nächste Mal besser vorbereiten. Dies ist eine sinnvolle Reaktion.

Eine unangemessene Reaktion auf ein misslungenes Referat wäre, wenn Sie sich selber als unfähig beschimpfen und zur Überzeugung gelangen, dass Sie es sowieso nie schaffen werden und es am besten auch gar nicht mehr probieren.

Das Bewusstmachen und Umgestalten solcher hinderlichen Denkmuster nennt sich »Kognitive Umstrukturierung«. Diese ist eine praxisbezogene, schnell wirkende Methode zur Veränderung von Gedanken, mit dem Ziel, unsere Gefühle zu verändern. Nach ihr werden unsere Gefühle, Stimmungen und Gemütszustände durch unsere bewussten und automatischen Gedanken erzeugt.

Häufig glauben wir, dass ein bestimmtes Ereignis uns unglücklich macht: »Seine Bemerkung hat mich verletzt.« Dabei ist es nicht das Ereignis selbst, das unser Gefühl beeinflusst, sondern die Art und Weise, wie wir darüber denken. Allerdings sind diese Gedanken Teil unserer unbewussten Denkmuster, weshalb wir sie häufig gar nicht mehr wahrnehmen.

Je nachdem, welche früheren Erfahrungen ein Mensch gemacht hat und welche »Regeln« ihm von klein auf von Eltern, Lehrpersonen und Mitmenschen vermittelt wurden, interpretiert er spätere Erlebnisse. Bei allem, was die Wissenschaft heute über Schüchternheit weiß, scheint es nicht nötig, genau zu wissen, wodurch Schüchternheit ausgelöst wird, um eine Veränderung zu erreichen. Bei der Methode der Kognitiven Umstrukturierung wird deshalb nicht in der Vergangenheit nach Schuldigen gesucht, sondern es wird in der Gegenwart gearbeitet mit dem Ziel, »den Schalter umzukippen« und die inneren Einstellungen und das Verhalten zu ändern.

Wenn der Autopilot Geisterbahn fährt

»Und warum kannst du diese Rede nicht halten?« Es ist Montagmorgen und ich telefoniere mit einer verzweifelten Hannah.

»Weil das absolut unmöglich ist! Die vielen Leute. Ich würde keinen Ton rausbringen. Ich würde mich total blamieren. Und Tommy, Miriam und meine ganze Familie ebenfalls. Tommy weiß das genau!«

»Aber er hat dich doch darum gebeten. Warum sollte er das tun, wenn er genau weiß, dass du ihn blamieren wirst?«

»Ach, ich weiß auch nicht. Wahrscheinlich, weil Miriams Bruder auch eine Rede hält. Sie denken sicher, es sieht komisch aus, wenn von unserer Familie niemand spricht. Drum muss ich herhalten.«

Das scheint mir ein etwas weit hergeholtes Argument zu sein. Aller-

dings möchte ich darauf auch nicht näher eingehen. Also frage ich: »Hast du Tom schon abgesagt?«

»Nein, noch nicht«, gibt Hannah kleinlaut zu.

»Und warum nicht, wenn es für dich doch so klar ist, dass du die Rede nicht halten wirst?«

»Weil es mir unangenehm ist. Und weil ich das Gefühl habe, ich muss es tun, um ihn nicht zu enttäuschen.« Hannah stößt einen tiefen Seufzer aus. »Es ist verzwickt. Was ich auch mache, es ist falsch: Wenn ich absage, wird er enttäuscht sein, weil ich die Rede nicht halte, und wenn ich die Rede halte, wird er enttäuscht sein, weil sie so schlecht ist.«

Waren Sie auch schon mit einer Situation konfrontiert, bei der es scheinbar keinen Ausweg gab, egal wie Sie es auch drehen und wenden? Wo Sie das Gefühl hatten, dass Sie nur verlieren können? Solche düsteren Empfindungen entstehen nur aus einem Grund: Ihr gedanklicher Autopilot hat die Steuerung übernommen und fährt mit Ihnen Geisterbahn.

Jeder Mensch hat seinen individuell mit bestimmten Denkmustern programmierten Autopiloten. Solange wir nicht aktiv ins Geschehen eingreifen, wird dieser Autopilot in schwierigen oder belastenden Situationen ganz automatisch die Führung übernehmen und sein Programm abspulen. Wir denken, fühlen und handeln dann nicht so, wie wir es bei kühlem Kopf tun würden, sondern automatisch nach unseren Denkmustern.

Obwohl unsere Denkmuster individuell sind, lassen sich bei schüchternen Menschen gewisse einheitliche logische Denkfehler erkennen. Typische Denkfehler sind:

- *Schwarz-Weiß-Malerei:* Denken in Extremen, ohne Zwischentöne: »Ich muss diese Rede halten, sonst bin ich eine absolute Versagerin«, »Alle müssen mich mögen, sonst bin ich nicht liebenswert«.

- *Übergeneralisieren:* von einer Eigenschaft wird auf das Ganze geschlossen. Wenn Ihnen etwas misslingt, sagen Sie sich: »Ich bin ein Tölpel.« Und wenn Ihre Kollegin nicht mit Ihnen essen gehen will, denken Sie: »Keine Frau wird je mit mir essen gehen.«
- *Niedrige Frustrationstoleranz:* Negative Erlebnisse werden als unerträglich bewertet: »Wenn sie mir einen Korb gibt, versinke ich vor Scham im Boden.«
- *Katastrophisieren:* Die Bedeutung von negativen Ereignissen wird stark überbewertet: »Wenn ich diese Aufgabe nicht pünktlich fertig kriege, verliere ich sicher meine Stelle.«
- *Personalisieren:* Ereignisse werden ohne klaren Grund auf sich selbst bezogen: Wenn jemand den Raum verlässt, sobald Sie eintreten, denken Sie: »Der geht, weil er nichts mit mir zu tun haben möchte.«
- *Selbstabwertung:* Man hält sich für minderwertig. »Ich bin dumm, hässlich, unfähig, wertlos.«
- *Emotionale Beweisführung:* Das Gefühl wird als Beweis für die Richtigkeit der Gedanken genommen: »Ich fühle, dass ich nichts wert bin, also ist das auch so!«
- *Gedanken lesen:* Man ist überzeugt, dass man die (ablehnenden) Gedanken der anderen kennt: »Wenn ich ihn kritisiere, schlägt er mir die Türe vor der Nase zu.«
- *Positives abwerten und Negatives überbewerten:* Wenn man etwas gut macht, wertet man es ab: »Das ist doch nichts Besonderes, da hatte ich einfach Glück.« Wenn etwas schiefgeht, schimpft man: »Selber schuld. Ich bin einfach zu dämlich!«
- *»Was wäre, wenn«-Denken:* Das Gras auf der anderen Seite scheint grüner: Was wäre, wenn ich das Studium abgeschlossen hätte? Was wäre, wenn ich Heinz geheiratet hätte? Was wäre, wenn ich eine brillante Rednerin wäre? Was wäre, wenn ich nicht so schüchtern wäre?

Übernehmen Sie die Kontrolle

Lassen Sie sich nicht von solch verzerrten Denkmustern das Leben vergällen. Entscheiden Sie selber, was in Ihrem Kopf vorgeht:

Beobachten Sie Ihr Denken. Was geht mir in bestimmten Situationen durch den Kopf? Welche Denkmuster sind typisch für mich? Neige ich zur Selbstabwertung? Zur Verallgemeinerung? Unterstelle ich meinen Mitmenschen böse Gedanken? Sehe ich die Welt bevorzugt schwarz-weiß statt bunt? Oder bin ich überzeugt, mein Leben wäre traumhaft, wenn nur alles anders wäre?

Vielleicht hilft es Ihnen auch, wenn Sie Hannahs Bedenken bezüglich ihrer Hochzeitsrede nochmals durchlesen und analysieren: Welche automatischen Gedanken hat Hannah? Welchen Denkfehlern geht sie auf den Leim?

Vorsicht Selbstaufmerksamkeit!

Wer schüchtern ist, beschäftigt sich intensiv mit sich selbst: Wie wirke ich? Was denken die anderen über mich? Passe ich dazu? Bin ich interessant genug? Mögen sie mich?

Bei der Selbstaufmerksamkeit gilt unsere gesamte Aufmerksamkeit uns selber, unserem Verhalten und den Gefühlen, die wir in einer heiklen Situation erleben: Wie verhalte ich mich gerade? Und wie wird dieses Verhalten beurteilt? Dabei betrachten wir uns mit den Augen unseres Gegenübers, das in unserer Vorstellung kritisch und abwertend auf uns herunterschaut.

Menschen, die mit erhöhter Selbstaufmerksamkeit einen Raum betreten, suchen ihr Umfeld laufend nach Rückmeldungen ab, wie sie bei den anderen ankommen. Dabei deuten sie jeden noch so harmlosen Blick als Missbilligung und reagieren paranoid auf das Flüstern von anderen: »Die reden bestimmt über mich. Und sicher nichts Gutes.« Bei einer Kundenpräsentation verlieren sie den Faden, da einer der Zuhörer die Stirn runzelt: »Was ich wieder zusammenstottere, der hält mich doch für komplett unfähig.« Noch schlimmer wird das Ganze, wenn Sie befürchten, die anderen bemerkten Ihre Erregung: »Ich bin wieder rot wie eine Tomate, das ist so peinlich!«

Hören Sie auf, bei den anderen nach Zeichen der Ablehnung zu suchen, sie existieren nur in Ihrer Fantasie. In 99 Prozent der Fälle liegen Sie falsch, wenn Sie denken, jemand lehne Sie ab.

»Dazu kommt, dass Miriams Bruder ein fulminanter Redner ist.« Es sind inzwischen einige Tage vergangen, und Hannah sucht immer noch nach Argumenten, warum sie die Rede bei Toms Hochzeit unmöglich halten kann. »Der arbeitet als Marketingleiter in einer großen Firma. Der ist sicher solche Auftritte gewöhnt.«

»Das ist aber nicht das Gleiche«, wende ich ein. »Nur weil er beruflich ab und zu eine Präsentation durchführt, heißt das ja noch lange nicht, dass er auch eine spritzige Hochzeitsrede halten kann.«

Hannah weiß genau, dass ich möchte, dass sie die Rede hält. Darum gibt sie noch etwas mehr Gas, um mich vom Gegenteil zu überzeugen: »Aber ich kenne den doch. Das ist ein sehr charmanter Typ, gut aussehend, kann gut reden, ist witzig. Alle lieben ihn.«

»Scheint ein echter Traummann zu sein«, meine ich augenzwinkernd.

Hannah überhört das und fährt unbeirrt fort: »Neben seiner Rede wirkt mein Gestottere noch viel schlimmer, als es sowieso schon ist!«

»Wisst ihr«, klinkt sich Charlotte, die bisher nur schweigend zugehört hat, ins Gespräch ein: »Im Grunde ist es immer das Gleiche: Wir vergleichen uns viel zu sehr mit anderen. Das passiert mir genauso wie Hannah.«

»Mit wem vergleichst du dich denn?«, will Hannah wissen.

»Ich habe die perfekte Schwägerin. Ihr Haus ist so gestylt und gepflegt wie in ›Schöner Wohnen‹, alles ist picobello aufgeräumt, keine Kinderspielzeuge liegen rum, sie kocht hervorragend und ist eine liebende Mutter und Ehefrau.« Charlotte seufzt: »Wenn wir dort eingeladen sind, komme ich mir immer so simpel vor. Und wenn sie zu uns kommen, ist es noch viel schlimmer: Ich beginne schon Tage vorher, das Haus zu putzen und das Essen vorzubereiten. Ich verbiete den Jungs, ihre Sachen rumliegen zu lassen. Natürlich möchte ich dann auch, dass meine Kinder sich benehmen, wenn der Besuch da ist. Aber dieser Schuss geht meistens gehörig nach hinten los.«

Selbstaufmerksamkeit wirkt sich in zweierlei Hinsicht negativ aus: Zum einen bindet Selbstaufmerksamkeit unsere Ressourcen, weshalb wir kaum an etwas anderes denken können als an unsere eigene Befangenheit. Wir befinden uns sozusagen in einem »geschlossenen System« und sind gedanklich so mit uns selber beschäftigt, dass wir uns kaum mehr auf unsere Umwelt konzentrieren können. Wir »verschwenden« unsere Aufmerksamkeit an uns selber – statt sie den Menschen in unserem Umfeld zu schenken. Dadurch verspielen wir die Möglichkeit, diesen Menschen ein aufmerksamer Gesprächspartner zu sein und sie für uns einzunehmen.

Zweitens führt Selbstaufmerksamkeit fast immer zu negativen Gefühlen: In dem Moment, in dem man sich selbst beobachtet, werden Idealvorstellungen und Standards aktiviert, mit denen wir uns vergleichen. Ein gutes Beispiel hierfür sind die vielen Hochglanzmodezeitschriften, die ein absolut unrealistisches Frauenbild proklamieren. Wie wir alle wissen, sind diese Models nicht nur krankhaft dünn, sondern werden auf den Bildern mit einer Fotobearbeitung noch dünner gemacht. Dennoch gelten diese Hungermodels als Standard – ein Vorbild jenseits der Normalität, dem nicht einmal die schlankeste Frau entsprechen kann. Wenn wir uns mit solchen Vorgaben vergleichen, können wir nur verlieren.

Genauso ist es mit dem Schüchternsein: Wenn schüchterne Menschen sich mit anderen vergleichen, werden sie automatisch den Kürzeren ziehen. Denn Schüchterne haben ein übertrieben negatives Bild von sich, während sie alle anderen hochstilisieren. Sie halten sich für unattraktiv, ungeschickt und langweilig, während sie den anderen alle möglichen Vorzüge zuschreiben.

So geht es auch Hannah und Charlotte: Beide vergleichen sich mit in ihren Augen perfekten Vorbildern. Sie setzen sich unter Druck, um dieses überhöhte Bild zu erreichen – und fühlen sich gedemütigt, wenn sie erkennen, dass sie es nicht schaffen. Charlotte geht sogar noch einen Schritt weiter: Für sie ist die Familie der verlängerte Arm des eigenen Images und damit eine weitere Quelle, um sich zu blamieren.

Einem überhöhten Idealbild nachzuleben macht nicht glücklich. Sie sind weder Wonderwoman noch Superman. Dafür sind Sie menschlich, und das macht Sie liebenswert. Haben Sie den Mut, nicht ganz perfekt zu sein. Gestehen Sie sich zu, auch einmal unvollkommen zu sein. Versuchen Sie nicht, einem Image nachzuleben, das gar nicht Ihres ist. Letztendlich geht es darum, dass Sie herausfinden, was für Sie das Richtige ist.

Es ist Ihr Leben. Leben Sie es so, wie Sie es für richtig halten. Verabschieden Sie sich von unrealistischen Vorbildern und überzogenen Forderungen an sich selber. Haben Sie den Mut, nicht perfekt zu sein.

Dabei sind Vorbilder nicht nur negativ, sondern unterstützen uns sogar bei unserer Entwicklung. Allerdings nur, solange sie realistisch sind und zumindest die Chance besteht, sie mit eigener Anstrengung irgendwann zu erreichen. Wenn wir Vorbilder wählen, die wir sowieso nie erreichen können, werden wir uns nicht nur dauernd schlecht fühlen, sondern auch den Ansporn verlieren. Denn weshalb sollten wir uns anstrengen, etwas zu erreichen, was sowieso außer Reichweite liegt?

Vergessen Sie sich selber

Der Schlüssel zur Verringerung Ihrer Selbstaufmerksamkeit liegt darin, einen größeren Teil Ihrer Aufmerksamkeit auf das zu richten, was um Sie herum geschieht – und sich dadurch gewissermaßen selber zu vergessen.

Schauen Sie sich um, wenn Sie einen Raum betreten: Wie sieht es hier aus? Wie ist die Einrichtung? Finde ich sie geschmackvoll? Wer ist sonst noch da? Wen kenne ich? Wenn Sie in der Gesellschaft anderer Menschen sind, versuchen Sie, sich voll und ganz auf diese zu konzentrieren: Worüber sprechen die anderen? Wer redet viel, wer wenig? Wer vertritt welche Meinung? Welche Kleidung hat meine Gesprächspartnerin an? Welche Augenfarbe hat sie? Welche Gesten macht sie? Wie klingt ihre Stimme? Was passiert mit ihrer Mimik, wenn sie spricht?

Wenn Sie merken, dass Sie gedanklich abgeschweift sind, ärgern Sie sich nicht darüber, sondern setzen Sie mit Ihrer Beobachtung einfach wieder ein.

Ich fühle, was ich denke

»Stell dir vor«, sage ich zu Hannah, »du hast einen Mann kennengelernt. Er gefällt dir und du hast mit ihm einen anregenden Abend verbracht. Nun verreist deine neue Flamme in die Ferien. Bevor er weg-

fährt, verspricht er, dass er nach seiner Rückkehr anruft und ihr beide das folgende Wochenende zusammen verbringt. Nun sind bereits zwei Wochen vergangen und er hat sich noch nicht gemeldet. Wie geht es dir damit?«

»Naja«, meint Hannah, »ich wäre schon enttäuscht. Ich würde wahrscheinlich etwas denken wie: ›Er ruft mich nicht an. Er ist nicht an einer Beziehung interessiert.‹ Unter Umständen würde ich mich als Frau infrage stellen mit Gedanken wie: Wusste ich es doch – kein Mann hält es lange mit mir aus. Dann würde ich mich minderwertig fühlen.«

»Gibt es auch noch andere Möglichkeiten? Was könnte man in dieser Situation auch noch denken?«, frage ich weiter.

Sie zuckt mit den Schultern. Ich hake nach: »Wie würde Tom reagieren, wenn seine neue Flamme nicht anruft?«

»Tom würde sich dabei wahrscheinlich nicht allzu große Sorgen machen. Er würde so etwas denken wie: ›Sie ruft nicht an. Sie ist wohl noch in den Ferien.‹«

»Und wie würde er dann empfinden?«

»Da er immer noch davon ausgeht, dass sie ihn nach ihrer Rückkehr anruft, wäre er wahrscheinlich guter Dinge und würde sich auf den Anruf freuen.«

»Könnte es auch sein, dass man sich sogar darüber freut, dass er sich gar nicht meldet?«

»Klar«, meint Hannah und schmunzelt, »wenn ich es mir nach meinem kleinen Flirt anders überlegt habe, wäre das natürlich eine feine Lösung.« Sie fügt an: »Oder es könnte auch sein, dass ich am besagten Wochenende etwas anderes unternehmen möchte. Dann freue ich mich sogar darüber, dass der Anruf ausgeblieben ist, weil ich dann etwas machen kann, was mir noch wichtiger ist.«

Es gibt immer verschiedene Möglichkeiten, eine Situation zu interpretieren. Welche Art der Interpretation für uns naheliegender ist, entscheiden unsere Denkmuster.

Je nachdem, welche Bedeutung wir einer Situation geben, löst dies unterschiedliche Gefühle in uns aus. Wenn wir uns ängstliche Gedanken machen, dann verspüren wir Angst. Wenn wir uns ärgerliche Gedanken machen, dann verspüren wir Ärger. Wenn wir uns liebevolle Gedanken machen, dann verspüren wir ein liebevolles, warmes Gefühl. Wenn wir uns hoffnungsvolle Gedanken machen, dann sind wir zuversichtlich gestimmt. Kurz: Positive Gedanken führen zu positiven Gefühlen, negative Gedanken zu negativen Gefühlen.

Das emotionale Erleben einer Situation hängt immer von den Gedanken ab, die Sie sich über diese Situation machen. Verändern Sie Ihr Denken, verändern sich auch Ihre Gefühle. Denken Sie positiv und wertschätzend über sich – und Sie werden sich wertvoll und stark fühlen.

Nach diesem kleinen gedanklichen Experiment schlage ich Hannah vor, sich nochmals Gedanken über die Rede an Toms Hochzeit zu machen. »Die Frage ist: Welche Gedanken gehen dir durch den Kopf, wenn du an die Rede denkst«, führe ich aus. »Lass uns diese Gedanken doch einfach einmal sammeln.«

»Ich bin überzeugt, dass ich vorne stehen werde und keinen Ton rauskriege. Oder dass ich den roten Faden verliere und zu stottern anfange. Deshalb würde ich auch den ganzen Text ablesen. Ganz schlimm wäre, wenn alle anfangen zu reden und keiner mehr zuhört. Oder wenn sie sogar aufstehen und ans Buffet gehen. Tom, Miriam und meine Eltern werden sich in Grund und Boden schämen. Außerdem könnte ich das Fest vor der Rede gar nicht genießen, weil ich so nervös bin. Und nach der Rede muss ich mich irgendwo verstecken, weil mir das alles so peinlich ist!«

Kennen Sie ähnlich negative Fantasien aus Ihrem Leben? Denn das ist genau, was die beschriebenen Gedanken sind: Fantasien, entsprungen aus unseren ureigenen Denkmustern.

Verschiedene Fantasien treten während und nach der beängstigenden Situation auf. Wenn Hannah geplant hat, an der Hochzeitsfeier ihres Bruders eine kurze Ansprache zu halten, macht sie sich bereits vor dem Anlass Gedanken darüber, wie alles ablaufen wird: »Wird meine Stimme während der Rede zittern? Was passiert, wenn ich einen Blackout habe oder plötzlich keinen Ton mehr rauskriege? Wenn ich einen völligen Unsinn zusammenrede?« Solche Gedanken werden auch während des Hochzeitsfest weitergehen: »Warum schaut mich Onkel Rainer so grimmig an? War meine Rede so schlecht?« Und auch nach der Feier dreht sich das Gedankenkarussell weiter: »Ob Tom und Miriam mich jetzt noch für fähig halten? Hoffentlich sind meine Eltern nicht allzu enttäuscht von mir.«

Es ist wichtig, dass wir lernen, die Kontrolle über unsere Gedanken und unsere inneren Gespräche zu übernehmen und diese bewusst und gezielt zu unserem Nutzen einzusetzen. Tun wir das nicht, übt unser gedanklicher Autopilot die Kontrolle über unser Leben aus. Wir leben dann fremdbestimmt statt selbstbestimmt.

Schalten Sie Ihren gedanklichen Autopiloten auf »manuell«. Entscheiden Sie selber, wie Sie über eine Situation denken wollen.

In einem ersten Schritt wollen wir unsere irrationalen Gedanken aufdecken und stoppen. Wie wir gesehen haben, braucht es immer einen Gedanken, um ein bestimmtes Gefühl auszulösen. Da unsere Gedanken meist unbewusst ablaufen, benötigen wir ein Alarmsignal, das immer dann anschlägt, wenn wir einen negativen Gedanken haben. Und dieses Alarmsignal sind unsere Somatischen Marker.

In dem Moment, in dem wir einen negativen Somatischen Marker wahrnehmen, wissen wir, dass wir einen Gedanken hatten, der diese Reaktion ausgelöst hat. Wenn Sie mit der Straßenbahn fahren und bei einem abrupten Halt eine Frau unsanft anrempeln, erröten Sie. Warum? Sie erröten nicht wegen der Rempelei – als extrovertierter Mensch hätten Sie diese Situation vielleicht mit einem flotten Spruch in eine lustige Situation verwandelt –, Sie erröten, weil Sie einen beschämenden Gedanken hatten: »Bin ich ungeschickt. Das haben alle gesehen. Die halten mich sicher für einen Tölpel!«

Sie können Ihre Gedanken verändern und Ihr Gehirn umbauen. Das geht nicht von heute auf morgen, aber jeder Mensch kann lernen. Zu jeder Zeit.

Think yellow

In dieser Übung geht es darum, dass Sie Ihre hinderlichen Gedanken erkennen und durch hilfreiche Gedanken ersetzen. Bildlich gesprochen tauschen Sie Ihre trüben Brillengläser durch helle, klare Gläser aus, sodass Sie zu einer positiven und gleichzeitig realistischen Einschätzung der Situation gelangen.

Wenn Sie ein ungutes Gefühl oder einen Somatischen Marker wie Erröten oder Herzklopfen bei sich bemerken, dann stellen sie fest, durch welche Situation die Symptome hervorgerufen wurden. Notieren Sie anschließend den mit der Emotion oder dem Marker verbundenen hinderlichen Gedanken. Schließlich stellen Sie diesem hinderlichen Gedanken einen positiven, hilfreichen Gedanken gegenüber und notieren ihn.

Hannah hat ihre hilfreichen Gedanken ebenfalls in ihr Tagebuch eingetragen:

Emotion und Somatischer Marker: Panik und Hitzegefühl im Kopf
Situation: Rede halten bei der Hochzeit meines Bruders

Hinderliche Gedanken	Hilfreiche Gedanken
Ich werde keinen Ton herausbringen oder verliere den Faden.	Woher weiß ich das? Ich habe es noch nicht ausprobiert. Wenn ich mich gut vorbereite und den Text mehrmals vorher lese, werde ich den Faden auch nicht verlieren.
Die Gäste halten mich für dumm und unfähig.	Wahrscheinlich bemerken die Gäste meine Unsicherheit nicht einmal. Vielleicht bewundern sie sogar meinen Mut, eine Rede zu halten.
Tom und meine Eltern schämen sich.	Tom will, dass ich diese Rede halte. Also wird er sich das schon überlegt haben. Und meine Eltern sind sowieso stolz auf mich, egal, wie gut ich auftrete.
Nach der Rede muss ich mich verstecken, weil ich mich so blamiert habe.	Das ist Unsinn. Die Leute haben ein kurzes Gedächtnis. Selbst wenn ich es nicht gut mache, wird sich keiner darüber längere Zeit den Kopf zerbrechen, sondern das Fest genießen.

Manchmal ist man so stark in seinen schmerzhaften Gefühlen gefangen, dass es schwierig ist, einen hilfreichen Gedanken zu finden. Hier empfehle ich Ihnen folgendes:

- Überlegen Sie, was eine andere Person an Ihrer Stelle denken würde, eine Person, die Sie kennen und deren Art zu denken Sie schätzen. »Was würde Tom an meiner Stelle denken?«
- Was würde eine sehr selbstbewusste Person über diese Situation denken? Welche starken und selbstsicheren Gedanken hätte sie?
- Sammeln Sie mit anderen Menschen zusammen möglichst viele hilfreiche Gedanken. Fragen Sie Ihren kollegialen Coach, wie er mit einem beunruhigenden Gedanken umgeht. So werden Sie sehen, dass Ihre automatischen Gedanken bei weitem nicht die einzig mögliche Interpretation einer Situation sind, sondern dass es unzählige Möglichkeiten gibt, eine Situation zu interpretieren. Wählen Sie dann den Gedanken aus, der Ihnen das beste Gefühl gibt.
- Sie können das Ganze auch für ein paar Tage vergessen und sich später wieder damit beschäftigen. Meist fällt Ihnen dann ganz von selbst etwas Hilfreiches ein.

Nehmen Sie sich pro Tag 15 Minuten Zeit, um über Ihre hinderlichen Gedanken nachzudenken und Alternativen zu finden. Wichtig ist, dass Sie die hilfreichen Alternativen aufschreiben. Dadurch gewinnen sie an Realität und Gewicht. Oft erkennen wir Dinge, weil wir sie mit unseren Augen sehen. Lesen Sie die Alternativen immer wieder durch, sagen Sie sie immer wieder laut auf und stellen Sie sich die Anwendung der Sätze in bestimmten Situationen vor. Auf diese Weise gewöhnen Sie sich an die neue, positive Sichtweise.

Schreiben Sie auch Ihre hinderlichen Gedanken auf. Lassen Sie nicht zu, dass sie sich ungehindert in Ihrem Kopf austoben. Fixieren Sie sie auf Papier, dadurch entwickeln Sie eine größere Objektivität, und die negativen Gedanken verlieren ihren Schrecken.

Schreiben Sie Ihre automatischen und Ihre hilfreichen Gedanken in Ihr Notizbuch. Dadurch werden negative Gedanken abgeschwächt und positive Gedanken gestärkt.

Es ist wie im Märchen vom Rumpelstilzchen: Nachdem die Königin den Namen des Zwerges erraten und laut ausgesprochen hatte, war seine Macht gebrochen. Sie müssen Ihre automatischen Gedanken benennen und schwarz auf weiß vor sich sehen. So entlarven Sie sie als das, was sie sind: Gedanken und Worte, mehr nicht. Keine göttlichen, unumstößlichen Gesetze, sondern Worte, die man ändern kann. Die Sie ändern können!

Setzen Sie den Rotstift an

Eine gute Methode, negative Gedanken »aus dem Gehirn zu löschen«, besteht darin, dass Sie Ihre negativen automatischen Gedanken, die Sie notiert haben, immer wieder durchstreichen: Lesen Sie die Sätze mit Ihren negativen Gedanken nicht nur durch, sondern streichen Sie sie mit einem feinen roten Filzstift durch. Dies wiederholen Sie mehrere Male. Immer, wenn Sie Ihr Notizbuch hervornehmen, lesen Sie Ihre hinderlichen Gedanken und streichen sie erneut durch. Mit der Zeit streicht das Gehirn diese negativen Gedanken komplett. Das glauben Sie nicht? Probieren Sie es aus. Sie werden sehen, wie sich Ihre Stimmungslage und Ihr Selbstwertgefühl nach und nach verbessern.

Eine andere Möglichkeit ist, dass Sie Ihre kritischen Gedanken und abwertenden Selbstgespräche auf lustige Weise aussprechen oder sogar singen.

Streichen Sie Ihre hinderlichen Gedanken mit einem feinen roten Stift immer wieder durch. So werden Sie aus Ihrem Gehirn gelöscht.

Was aber tun Sie, wenn Ihr innerer Kritiker einfach keine Ruhe gibt und Ihnen immer wieder seine vergifteten Gedanken ins Ohr flüstert? Bevorzugt macht er das zu Zeiten, in denen Sie keine Ablenkung haben, zum Beispiel nachts, wenn Sie im Bett wach liegen und sich die Welt sowieso kalt und düster anfühlt.

Sagen Sie ein herzhaftes »Stopp!«, am besten laut. Danach rufen Sie eine schöne Erinnerung ab und versuchen, sich ganz in diese beglückende Situation hineinzuversetzen. Was war das Wunderbare an diesem Erlebnis? Wie habe ich mich damals gefühlt? Damit haben Sie eine gute Basis geschaffen für den Sprung von den angstvollen zu Ihren hilfreichen Gedanken. Versuchen Sie, jeden negativen Gedanken durch mindestens einen positiven zu ersetzen. Sie werden sehen: Nicht nur Ihre Stimmung verbessert sich schlagartig, diese kleine Übung wirkt auch tausendmal besser als Schafe zählen.

Liebe dich selbst, dann liebt dich die Welt

Hannah strahlt. Sie hat sich entschieden, die Hochzeitsrede für ihren Bruder zu halten. Sie hat erkannt, dass ihre automatischen Gedanken nur wenig mit der Realität zu tun haben. Jetzt sieht sie die Rede nicht mehr als drohende Katastrophe, sondern als eine Herausforderung, die sie mit guter Vorbereitung meistern kann.

»Das freut mich. Mit dieser Entscheidung hast du schon gewonnen!« Und das meine ich wirklich so. Denn es ist eine Leistung, sich seinen Ängsten zu stellen. Dies allein ist bereits ein Sieg. »Und wie fühlt sich das nun an?«, will ich wissen.

»Ein bisschen mulmig ist mir beim Gedanken zwar immer noch, aber ich bin jetzt viel zuversichtlicher. Und ich habe ja noch drei Monate Zeit, mich vorzubereiten. In der Zeit werde ich das ja wohl hinkriegen.«

Na, das nenne ich eine starke Einstellung.

Indem Sie Ihre kritische, abwertende innere Stimme durch eine positive, wertschätzende Stimme ersetzt haben, sind Sie Ihrem selbstbewussten Ich einen großen Schritte näher gekommen. Sie sind jetzt mental gestärkt. Doch dies ist noch nicht alles. Dank Ihrer neuen positiven Haltung haben Sie auch an Ausstrahlung gewonnen. Denn nichts ist anziehender als ein Mensch, der signalisiert: »Ich mag mich.«

Ausstrahlung wirkt »von innen nach außen«. Um zu strahlen, ist unsere innere Haltung entscheidend: Herzen gewinnt nur, wer sich mag und an sich glaubt. Strahlen wir Zuversicht, Offenheit, Herzlichkeit und Freude im Umgang mit anderen Menschen aus, wirkt unsere positive Ausstrahlung einladend. Sind wir dagegen schüchtern und gehemmt, werden die anderen unsere Unsicherheit spüren, unsere Attraktivität wird in der Wahrnehmung der Mitmenschen gedämpft.

Ausstrahlung hat viel mit dem eigenen Selbstwert zu tun. Wer sich selber nicht für wertvoll hält, wer mit seinem Aussehen, seiner Stimme, seinem Verhalten hadert, wird beim Gegenüber kaum als anziehende Person wahrgenommen. Dabei hat Attraktivität nichts mit Schönheit zu tun. Was nützt die Schönheit einer Angelina Jolie, wenn man unzufrieden und gereizt durchs Leben geht? Was nützen die maskulinen Gesichtszüge von George Clooney, wenn man niedergeschlagen und mutlos ist?

Emotionen stecken an. Wenn Sie offen und fröhlich auf andere Menschen zugehen, versetzen Sie diese in eine gute Stimmung. Dadurch wirken Sie gewinnend und werden als sympathischer und attraktiver eingeschätzt.

Die Eigenliebe ist eine Voraussetzung dafür, dass andere Menschen uns lieben. Wer sich selbst nicht wertschätzt, sagt seiner Umgebung unbewusst, dass er Liebe und Zuneigung nicht verdient.

Eigenliebe hat auch Auswirkungen auf meinen Umgang mit mir selber: Wer sich mag, ist nicht so sehr auf die Meinung und Bestätigung von außen angewiesen und fühlt sich deshalb nicht schon bei der kleinsten Kritik abgewertet und bedroht.

Eigenliebe – dieses Wort hat völlig zu Unrecht einen schlechten Klang. Viele von uns sind im Irrglauben aufgewachsen, sich selber zu mögen sei egoistisch. Dabei bedeutet Eigenliebe nichts anderes, als den Menschen lieb zu haben, mit dem man die meiste Zeit verbringt: sich selbst. Gesunde Eigenliebe bedeutet, dass man nicht nur den Wert des anderen erkennt, sondern auch seinen eigenen.

Dies hat nichts mit Selbstverliebtheit zu tun oder damit, dass man auf Kosten anderer lebt. Ganz im Gegenteil: Eigenliebe ist das Fundament der Nächstenliebe. Wenn ich mich selber mag, bin ich innerlich frei und kann meine Aufmerksamkeit auf die Menschen in meinem Umfeld richten. Verbringe ich jedoch einen großen Teil meiner Zeit damit, über meine Unzulänglichkeiten und Fehler nachzugrübeln, fehlt mir die Energie, mich um meine Mitmenschen zu kümmern.

Eigenliebe ist die Grundlage einer starken Ausstrahlung. Nur wer sich selber liebt, kann in anderen Wertschätzung und Zuneigung entfachen.

Entdecken Sie Ihre schönen Seiten

Als Hannah am Abend nach Hause kommt, ruft sie gleich ihren Bruder an und erzählt ihm von ihrem Entschluss, die Rede an seinem Hochzeitsfest zu halten. Der meint überschwänglich: »Das wird die tollste Hochzeitsrede überhaupt. Keiner kann's besser als meine große Schwester!«

Das erscheint Hannah nun als reichlich übertrieben, und sie wechselt schnell das Thema: »Du Tommy, heute habe ich mit Petra darüber geredet, dass jeder einzigartig ist und ein Bündel von Stärken hat. Ich soll mir notieren, welches meine Stärken sind. Mir fällt da aber nicht gerade viel ein.«

»Ah, dann machen wir es doch einmal umgekehrt: Welche Stärken habe ich denn in deinen Augen?«, fragt Tom mit einem süffisanten Unterton.

»Meinst du das ernst?«

»Ja klar. Erzähl mal. Was magst du an mir?«, fordert Tom spitzbübisch.

Hannah kann förmlich sehen, wie er vor sich hin grinst, weil er sie überrumpelt hat. Etwas pikiert antwortet sie: »Also gut. Mal schauen. Ich mag an dir deine Ruhe und Besonnenheit. Du sprichst überlegt und handelst mit Bedacht. Und ich bewundere dein solides Selbstbewusstsein. Du weißt, was du willst, und setzt es durch.« Leise fügt sie hinzu: »Ganz im Gegensatz zu mir ...«

Die letzte Bemerkung überhört Tom. Zufrieden meint er: »Das tut gut! Das sollten wir öfters machen. Danke für die Lorbeeren. Und nun zu dir: Welche Stärken hast du selber?«

Nach dem »Warmlaufen« fällt es Hannah tatsächlich leichter, ein paar eigene Stärken zu benennen. »Ich bin fachlich kompetent. Zum Thema Vertragsrecht kann mir nicht so schnell jemand etwas vormachen. Und ich bin eine gute Zuhörerin.«

»Und weiter?«

»Analytisch bin ich stark. Und ich bin strukturiert.«

»Das klingt ja wie bei einem Bewerbungsgespräch. Erzähle mal etwas mehr von dir. Von dir als Mensch. Wer bist du?«

»Ach, ich weiß nicht. Ich kann dir tausend Sachen sagen, die ich nicht bin.«

Schweigen.

»Ich bin 1 Meter 80 groß, meine Maße sind 90-60-90. Ich habe lange dunkle Haare und Rehaugen wie Anne Hathaway. Ich bin charmant, witzig und der Mittelpunkt jeder Party. Die Männer rennen mir die Bude ein«, stößt Hannah genervt hervor.

»Hab ich's doch gewusst: Du bist eine tolle Frau!«, antwortet Tom ironisch. »Jetzt mal im Ernst: Warum ist das bloß so schwer? Weißt du es wirklich nicht oder ist es dir peinlich, darüber zu reden?«

»Wahrscheinlich beides.«

Ihr ist die Lust vergangen. Es ist ihr unangenehm, dass sie ein solches Theater macht wegen etwas, das allen anderen so leichtzufallen scheint. Da sagt Tom: »Weißt du was? Überleg es dir nochmals in Ruhe und schreib dir alles auf, was dir in den Sinn kommt. Wir telefonieren morgen Abend nochmals und schauen, ob wir weiterkommen.«

Hannah atmet auf.

Sie sind etwas Besonderes. Und zwar im besten Sinne. Nur haben Sie sich bisher leider nie die Chance gegeben, dies zu entdecken. Denn Sie selber sind Ihr größter Kritiker. Nichts, was Sie tun, ist gut genug. Nichts, was Sie sagen, klug genug. Dabei wünschen sich schüchterne Menschen mehr als alle anderen, attraktiv, selbstbewusst und begehrt zu sein. Sie möchten in der Gewissheit leben, wertvoll zu sein und für das, was sie sind und wie sie sind, geschätzt und geliebt zu werden. Doch wie sollen die anderen Sie schätzen, wenn Sie sich selber nicht mögen? Wie sollen die anderen Sie lieben, wenn Sie sich selbst nicht akzeptieren?

Sie strahlen das aus, was Sie empfinden. Wenn Sie an sich zweifeln, wenn Sie sich für ungenügend und wertlos halten, werden die anderen Ihre Selbstzweifel spüren und Sie tatsächlich für ungenügend und wertlos halten. Denn das, was Sie von sich selbst denken, wird von Ihrem Umfeld als Richtwert angesehen. Der erste Schritt zu mehr Ausstrahlung besteht also darin, dass Sie sich selber akzeptieren und stolz sind auf das, was Sie sind und zu bieten haben.

Seien Sie stolz auf sich. Zeigen Sie den Leuten, dass Sie wertvoll sind. Dann werden die Leute Sie auch für wertvoll halten und mit Ihnen entsprechend umgehen.

Sich zu lieben geht Hand in Hand mit der Wertschätzung, die Sie sich selber entgegenbringen. Erkennen Sie, dass Sie ein wertvoller Mensch mit Gaben und Talenten sind. Wertschätzen Sie, was Sie sind und was Sie können. Ändern Sie Ihre innere Haltung sich selbst gegenüber und erkennen Sie, was in Ihnen steckt: Kraft, Schönheit, Intelligenz, Humor. Dabei spreche ich nicht von IQ oder Modelmaßen, sondern von Persönlichkeit.

Sie sind einzigartig!

Schauen Sie sich um. Alle Menschen, mit denen Sie privat oder beruflich zu tun haben, sind unterschiedlich, haben einen individuellen Werdegang, eigene Talente und Erfahrungen. Sie sind alle unterschiedliche Persönlichkeiten. Keine ist wie die andere. Sie sind alle einzigartig.

Die Aussage: »Aber ich bin doch ein ganz normaler Typ, was soll an mir denn schon Besonderes sein?«, höre ich häufig. Aber dies ist ein Irrtum. Auch wenn Sie nicht Tennis spielen wie Roger Federer oder aussehen wie Heidi Klum, haben Sie viele wertvolle Eigenheiten, die andere nicht besitzen. Da unsere Fähigkeiten und charakterlichen Stärken für uns jedoch alltäglich sind, nehmen wir sie nicht mehr als etwas Besonderes wahr und haben die Tendenz, sie kleinzureden und als nichtig zu betrachten.

Genauso verhält es sich mit unserem Wissen: Wenn wir auf einem bestimmten Gebiet Expertenwissen haben, haben wir schnell das Gefühl, jeder kenne sich in diesem Thema aus und wir würden unsere Gesprächspartner mit unseren Erzählungen nur langweilen.

Es geht nicht darum, einzigartig zu werden – denn das sind Sie bereits. Es geht vielmehr darum, Ihre Einzigartigkeit, also das, was Sie ausmacht und abhebt, zu erkennen und wertzuschätzen.

Bei schüchternen Menschen wird die negative Selbstwahrnehmung dadurch verstärkt, dass sie aufgrund ihrer Kontaktarmut kaum positives Feedback von außen bekommen.

Wenn Sie also als Hobby-Imker alles über die Bienenzucht wissen, Ihre Garderobe mit viel Kreativität und Liebe selber entwerfen und nähen oder von Ihrer Chefin gelobt werden, weil Sie im richtigen Moment die richtige Frage stellen, antworten Sie nicht bescheiden: »Aber das kann doch jeder!«, sondern seien Sie stolz auf diese Fähigkeiten.

Diese Beispiele zeigen: Unsere positiven Eigenschaften müssen nicht zwangsläufig sofort auffallen. Nicht nur die geniale Idee, das einzigartige Talent und der außergewöhnliche Mut versprechen Erfolg. Unsere wertvollsten Eigenschaften finden sich häufig im Verborgenen.

Erfrischend unbescheiden

Warum sprechen wir an dieser Stelle nur über Ihre starken Seiten und nicht über das, was Sie alles nicht können? Weil Sie Ihre Schwächen und deren schmerzhafte Auswirkungen bestens kennen. Ich erlebe immer wieder, wie stark die Menschen auf ihre Defizite fokussiert sind, auf das, was sie nicht können oder nicht haben. Anstatt sich auf das zu konzentrieren, was möglich ist, was sie anstreben und vielleicht sogar erreichen können – wenn sie nur endlich aufhören, ihre Ressourcen an negative Gedanken, Zweifel und Selbstvorwürfe zu verschwenden.

Wenden Sie Ihren Blick weg von Ihren Schwächen und konzentrieren Sie sich auf das, was Sie der Welt zu bieten haben.

Richten Sie Ihren Blick auf Ihre Stärken – ohne diese im nächsten Gedanken gleich wieder abzuwerten. Schränken Sie sich selber nicht mit destruktiven Gedanken ein wie: »Das habe ich doch schon alles probiert«, »Das gelingt mir sowieso nicht« oder »Bin ich naiv, wie kann ich mir nur einbilden, dies zu schaffen?«. Seien Sie erfrischend unbescheiden.

Wir machen uns nun auf die Suche nach Ihren schönsten Seiten. Vergleichen Sie die folgende Übung mit einer Schatzsuche, bei der Sie verborgene Schätze aufspüren. Bei einigen Schätzen wissen Sie vielleicht schon, wo sie versteckt sind, auf andere stoßen Sie erst nach intensiver Nachforschung oder nachdem Sie von jemandem einen Tipp erhalten haben. Manche Schätze sind imposant, während andere klein und fein sind. Alle Schätze waren aber schon immer da, es geht nur darum, sie aufzuspüren. Genauso wie Sie Ihre persönlichen Stärken und Fähigkeiten schon immer besessen, diese jedoch einfach noch nicht entdeckt haben.

Gehen Sie auf Schatzsuche

Für den Einstieg in diese Übung benötigen Sie kleine Post-it-Zettel. Darauf notieren Sie alle Ihre positiven Eigenschaften, das heißt alles, was Sie in Ihren Augen wertvoll macht und worauf Sie stolz sind. Notieren Sie pro Zettel eine Eigenschaft. Sie dürfen so viele Post-it-Zettel schreiben, wie Sie wollen. Folgende Fragen werden Ihnen dabei helfen:

- Welche schönen Charaktereigenschaften habe ich?
- Welches sind die Stärken, die mir im Beruf und in meinem Privatleben immer wieder helfen?
- Was macht mich als Mensch besonders wertvoll?
- Warum bin ich wichtig für diese Welt? Für meine Liebsten, meine Freunde, meinen Beruf?
- Was macht mich für andere interessant?
- Was habe ich den Menschen in meinem Umfeld zu bieten?
- Was hebt mich von anderen ab? Was habe ich, was diese nicht haben?

Und denken Sie immer daran: Sie suchen und notieren nur positive Eigenschaften – und zwar solche, die Sie selber als positiv empfinden. Es spielt keine Rolle, ob andere diese ebenfalls als positiv erachten oder nicht. Es kommt nur auf Ihre persönliche Wahrnehmung an.

Nehmen Sie sich für diese Überlegungen so viel Zeit, wie Sie brauchen. Vielleicht will Ihnen gerade zu Beginn der Übung partout nichts einfallen. Macht nichts. Wichtig ist, dass Sie nicht aufgeben, sondern dranbleiben. Gehen Sie spazieren oder setzen Sie sich in Ihren Lieblingsstuhl und denken in Ruhe über Ihre Stärken nach.

Dieser Prozess darf mehrere Tage dauern. Wenn Sie sich diesen Auftrag erst einmal erteilt haben, wird Ihnen Ihr Unbewusstes ganz von selbst Antworten liefern.

Es kann auch helfen, wenn Sie sich Situationen in Erinnerung rufen, in denen Sie mit sich und Ihrem Verhalten zufrieden waren und sich gut gefühlt haben. Dies kann auch ein Moment sein, in dem Ihnen etwas besonders gut gelungen ist. Beispielsweise wenn Sie sich auf einer Party besser amüsiert haben, als Sie im Vorfeld erwartet hatten. Oder wenn Sie ein Kleid, das sich zu Hause als Fehlkauf herausgestellt hatte, im Geschäft umgetauscht haben. Konzentrieren Sie sich darauf, was zum guten Gelingen beigetragen hat: Was habe ich gemacht, damit die Situation so gut gelaufen ist? Wie habe ich mich verhalten? Welche Charaktereigenschaft, welche Stärke oder welche Fähigkeit hat mir geholfen, diese Situation zu einem guten Ende zu führen?

Wenn Sie zu den Menschen gehören, die sich selber sehr kritisch gegenüberstehen, fallen Ihnen vielleicht eher Dinge ein, die Sie stören, als Dinge, auf die Sie stolz sind. Lassen Sie diese negativen Vorstellungen einfach vorbeiziehen, ohne sich weiter darüber Gedanken zu machen. Schenken Sie ihnen nicht große Beachtung, indem Sie sich darüber aufregen.

Anstatt sich für Ihre Fehler zu kritisieren, besinnen Sie sich auf das, was Sie schon geleistet haben. Nutzen Sie diese Erfolgserlebnisse als Quelle Ihrer persönlichen Stärke und bringen Sie Ihren Erfahrungsschatz ein. Nichts überzeugt mehr als persönlich Erlebtes.

Um in Stimmung zu kommen, hilft es Ihnen vielleicht auch, sich die Stärken einer Ihnen nahestehenden Person vorzustellen. Danach versuchen Sie, gleich viele positive Aspekte zu notieren, die Sie bei sich selbst entdecken.

Gewichten Sie Ihre Stärken

Wenn Sie denken, dass Sie genügend Post-its geschrieben haben, nehmen Sie ein Blatt Papier zur Hand, mindestens in der Größe A4 oder noch besser A3. Zeichnen Sie darauf einen Kreis, der das ganze Blatt ausfüllt, und setzen Sie in die Mitte des Kreises einen Punkt. Nun kleben Sie Ihre Post-it-Zettel in den Kreis, und zwar so, dass die Zettel, die Ihnen ganz besonders wichtig sind, in der Mitte des Kreises möglichst nahe beim Punkt kleben.

Bleiben Sie dabei ganz bei sich selbst. Es ist irrelevant, was andere vielleicht interessant oder sexy finden; was zählt, ist einzig Ihre eigene Einschätzung: das, was Sie in Ihren Augen wertvoll macht. Versuchen Sie also, sich von den (vermuteten) Einschätzungen anderer frei zu machen und nur auf sich selbst zu hören.

Achten Sie bei dieser Übung zudem nur auf Ihre Person, unabhängig von der aktuellen Situation, in der Sie sich befinden. Das heißt, Sie suchen nicht die Eigenschaften heraus, die für Ihre momentane berufliche Tätigkeit besonders wichtig sind oder die Ihnen bei der Partnersuche besonders hilfreich sein können, sondern Sie besinnen sich auf jene Eigenschaften, die für Sie als Mensch übergeordnete Bedeutung haben. Wägen Sie die einzelnen Stärken gegeneinander ab: Welche ist für mich als Mensch ganz besonders wichtig und welche weniger?

Nun schauen Sie sich das Ergebnis in Ruhe an. Ist es so stimmig? Stehen wirklich die wichtigsten Eigenschaften im Zentrum? Nehmen Sie das Bild in sich auf. Ist es nicht toll, was Sie Wertvolles an sich entdeckt haben? Klopfen Sie sich ruhig selbst einmal auf die Schulter und loben Sie sich!

Hannah nimmt einen neuen Anlauf und macht sich Gedanken über ihre starken Seiten. Diese Übung fällt ihr schwer, da sie sich bislang kaum Gedanken zu ihren Pluspunkten gemacht hat, sondern nur ihr Manko sah. Positive Gedanken über ihre eigene Person – die nicht das Berufliche betreffen – sind ihr neu.

Immer wieder geht ihr Toms Frage durch den Kopf: »Wer bist du als Mensch?« Mehrere Male während des Tages nimmt sie ihr Tagebuch hervor und schreibt ihre Überlegungen auf. Bevor sie an diesem Abend ihren Bruder anruft, liest sie ihre Notizen nochmals durch:

Meine starken Seiten:

- Ich bin zuverlässig. Wenn ich jemandem etwas versprochen habe, halte ich es auch.
- Ich kann gut zuhören. Wenn mir jemand etwas anvertraut, gehe ich diskret damit um und erzähle es nicht weiter.
- Ich bin freundlich und hilfsbereit. Allerdings nur, wenn man mich um einen Gefallen bittet, von mir aus übernehme ich nicht die Initiative.
- Wenn ich zu jemandem eine enge Beziehung aufgebaut habe, bin ich eine treue, loyale und unterstützende Freundin.
- Ich bin fachlich kompetent, strukturiert, analytisch (Arbeit).

Kritisch schaut Hannah ihre Liste an. »Einige positive Eigenschaften habe ich nun doch noch gefunden. Und zwar nicht nur arbeitsbezogene«, meint sie schließlich zufrieden. Beim Durchlesen fällt ihr auf, dass sie die Stärke »Ich bin freundlich und hilfsbereit« gleich wieder mit einer negativen Bemerkung relativiert und abgewertet hat. Diese Bemerkung streicht sie schnell weg.

Mit frischem Blick

»Und wo siehst du denn meine größten Stärken?« Hannah ist nun wirklich neugierig. Sie hat ihrem Bruder geschildert, wo sie ihre Stärken sieht. Doch wie schätzt er sie ein? Ähnlich oder ganz anders?

»Für mich bist du einfach meine große Schwester. Du bist sehr fürsorglich, hast dich immer um mich gekümmert. Egal, ob ich heulend von der Schule nach Hause gerannt kam oder beim Klettern vom Baum gefallen bin: Du warst immer für mich da und hast mich getröstet. Und du hast gute Ideen und bist kreativ. Als wir klein waren, hast du dir immer wieder neue Spiele ausgedacht. Weißt du noch, als wir in der Normandie in den Ferien waren und es die ganze Zeit geregnet hat? Da hast du dir dieses Spiel ausgedacht, wo man mit Besteck Türme baut.«

»Gewonnen hast aber immer du.«

»Tja, ich war halt damals schon architektonisch begabt«, meint Tom selbstbewusst. »Und du warst immer gut im Schreiben. Deine Aufsätze in der Schule waren vom Feinsten. Mama hat dich immer als glühendes Vorbild hingestellt und gemeint, ich solle mir von dir etwas abschauen.«

»Ja, da hast du recht«, meint Hannah erfreut, »schreiben kann ich wirklich, und das brauche ich heute auch im Job. Und fürsorglich bin ich sicher auch.« Erstaunt fügt sie hinzu: »Als jemanden, der gute Ideen hat, habe ich mich aber nie gesehen. Ich sollte wohl etwas mehr auf diesen Punkt achten. Vielleicht ergeben sich dadurch ja neue Möglichkeiten.«

Was mögen andere an mir?

Nein, ich habe nicht vergessen, dass ich soeben postuliert habe, es komme nur auf Ihre Sicht der Dinge an und nicht auf die Meinung der anderen. Hier geht es jedoch um etwas anderes. Nämlich darum, Ihren eigenen Vorstellungen noch weitere, frische Ideen hinzuzufügen, indem Sie andere Menschen um deren Einschätzung Ihrer starken Seiten bitten.

Suchen Sie sich unterstützende Menschen in Ihrem Bekanntenkreis, die bereit sind, Ihnen eine wohlwollende Rückmeldung zu Ihrer Person zu geben. Fordern Sie sie explizit auf, nur positive Dinge zu sagen. Kritik hat in dieser Übung nichts verloren. Am besten, Sie stellen konkrete Fragen:

- Wie beschreibst du mich in zwei Sätzen?
- Welches sind aus deiner Sicht meine größten Stärken?
- Wann erlebst du mich besonders motiviert und lebendig?
- Welche Eigenschaften schätzt du an mir besonders?

Etwas ausgefallener und kreativer, aber umso wertvoller sind folgende Fragen:

- Gibt es eine Roman- oder Filmfigur, die dich an mich erinnert? Warum? Wo siehst du die Parallelen zwischen dieser Figur und mir?
- Gibt es ein Produkt, das dich an mich erinnert? Was sind die Parallelen zwischen diesem Produkt und mir?

In meinen Trainings fordere ich die Teilnehmenden regelmäßig auf, sich anhand dieser Fragen gegenseitig Feedback zu geben. Dabei kommen die wunderbarsten Assoziationen heraus, wie beispielsweise ein funkelnder Diamant, ein spritziges Glas Prosecco oder ein wogendes Weizenfeld. Ein sehr zurückhaltender Teilnehmer erhielt einmal die Rückmeldung, er erinnere an eine große, weiße Muschel am

Strand: Sie liegt ganz ruhig da, aber wenn man sie sich ans Ohr hält und aufmerksam lauscht, hört man interessante Dinge. Genauso verhielt es sich mit diesem Mann: Er sagte während des Trainings nicht viel, aber wenn er sich zu Wort meldete, waren seine Beiträge klug und hilfreich.

Eine besonders witzige Assoziation erhielt eine quirlige junge Frau. Ihr Kollege meinte, sie sei wie ein Defibrillator: »Wenn alle müde in den Seilen hängen, kommst du mit deiner Energie und – wumm! – sind alle wieder wach.« Sie sehen also: Der Fantasie sind keine Grenzen gesetzt. Einzige Voraussetzung: Es muss eine positive Assoziation sein.

Ein erster Schritt

Jedes Feedback sollen Sie entgegennehmen und wertschätzen. Wenn Sie etwas nicht verstehen, fragen Sie so lange nach, bis Sie im Detail verstanden haben, was Ihr Gegenüber meint. Falls Sie mit einer Antwort nicht einverstanden sind, kritisieren Sie nicht und verteidigen Sie sich nicht. Überlegen Sie stattdessen, was die Antwort für Sie bedeutet, ob Sie zustimmen oder sie verwerfen möchten. Ein Feedback ist immer ein Angebot, etwas über sich selber zu erfahren und zu lernen. Man kann es annehmen oder auch nicht.

Zum Schluss notieren Sie diejenigen Eigenschaften, denen Sie zustimmen, auf Post-it-Zettel und kleben diese ebenfalls auf Ihren Kreis. Vielleicht müssen Sie die bereits geklebten Zettel dadurch etwas verschieben.

Wenn Sie sehr schüchtern sind, fällt es Ihnen wahrscheinlich schwer, andere zu fragen. Dann ist es wichtig, dass Sie sich nur an Personen wenden, denen Sie vertrauen und die Sie mögen. Hannah fragt ihren Bruder, zu dem Sie eine enge Beziehung hat. Sie haben vielleicht eine beste Freundin oder einen Lebenspartner, den Sie fragen möchten.

Betrachten Sie diese Übung als einen ersten Schritt zu mehr Selbstsicherheit. Und seien Sie versichert: Ihre Schwester, Ihr Freund oder Partner werden sich gerne die Zeit nehmen, Ihnen diese Fragen zu beantworten. Denn die meisten Menschen fühlen sich geehrt, wenn Sie um Feedback gebeten werden, und nehmen diese Aufgabe sehr ernst. Stellen Sie sich allerdings darauf ein, dass diese Personen dann im Gegenzug ebenfalls eine Rückmeldung zu ihrer Person haben möchten. Denn die meisten Menschen sind neugierig zu erfahren, wie andere sie sehen. Es ist also sicher nicht verkehrt, wenn Sie sich bereits im Vorfeld darüber Gedanken machen, welche Stärken Sie dann herausstreichen möchten.

»Wollen wir uns gegenseitig Feedback geben?« Hannah sieht Charlotte erwartungsvoll an. Dank des Gesprächs mit Tom hat sie erkannt, wie aufbauend eine positive Rückmeldung ist, und sie ist richtig auf den Geschmack gekommen. Es ist Samstagvormittag, und die beiden Frauen sitzen vor dem Il Caffè an der Sonne.

»Aber wir kennen uns fast nicht. Da können wir nicht gerade viel übereinander sagen.«

»Das ist ja gerade das Interessante. So haben wir die Einschätzung einer Person, die uns nur oberflächlich kennt, und erfahren, wie jemand uns wahrnimmt, der uns neu kennenlernt.«

»Hmm, da hast du recht«, meint Charlotte schließlich. »Fängst du an? Aber nur positive Dinge sagen.«

»Ja klar. Als ich dich zum ersten Mal gesehen habe, habe ich mich gefragt, warum du dich selbst als schüchtern bezeichnest. Denn auf mich wirkst du überhaupt nicht schüchtern. Im Gegenteil: Ich finde, du bist aufgeschlossen, kannst gut auf Menschen zugehen und ein Gespräch anfangen. Bei unserem ersten Treffen bist du sofort auf mich zugekommen und hast dich vorgestellt. Das hat mir gleich ein wenig die Hemmungen genommen.«

»Das freut mich«, erwidert Charlotte zufrieden.

Da fährt Hannah auch schon fort: »Unterdessen weiß ich, worin deine Schwierigkeit besteht und dass du dich zu wenig traust, anderen deine Meinung zu sagen. Ich bin aber sicher, dass du dank deiner gewinnenden Art selbst die ›groben Klötze‹ auf deine Seite ziehen kannst.«

»Wow, das ist ein schönes Feedback, vielen Dank«, meint Charlotte und fügt fröhlich hinzu: »Ich werde dran denken, wenn ich vor dem nächsten ›groben Klotz‹ stehe!«

»Und jetzt zu dir. Ich schätze an dir, dass du zuhörst und nachdenkst, bevor du deine Meinung kundtust. Du machst einen intelligenten, überlegten Eindruck. Deine Beiträge sind klug und bereichernd. Ganz nach dem Motto: Qualität vor Quantität.«

Bei Hannah kommt dieses Feedback nicht so positiv an, wie es gemeint ist: »Das ist ja schön und gut, bringt mich aber nicht weiter«, erwidert sie. »Erfolg hat letztendlich doch der, der am lautesten schreit.«

»Das sehe ich gar nicht so.« Charlotte merkt, dass sie einen wunden Punkt getroffen hat. Das ist ihr gar nicht recht, denn schließlich mag sie Hannahs reflektierte Art. »Ich wollte dich nicht verletzen. Und ich finde tatsächlich, leise Menschen haben viele positive Eigenschaften, die den lauten fehlen. Darauf solltest du stolz sein. Stell dir vor, du bist bekannt als gute Zuhörerin, die den Menschen mit klugem Rat zur Seite steht. Das wäre doch eine schöne Sache!«

Schön, schöner, schüchtern

Haben Sie sich schon einmal überlegt, Ihre Schüchternheit als Stärke zu betrachten? Auch wenn Sie selber teilweise schmerzlich unter Ihrer Schüchternheit leiden, hat diese für die Menschen in Ihrem Umfeld durchaus reizvolle Seiten. Gerade dank Ihrer Schüchternheit besitzen Sie eine Reihe attraktiver und wünschenswerter Eigenschaften.

Schüchterne Menschen sind bescheiden, sie sind aufmerksame Zuhörer, freundlich, rücksichtsvoll und zuvorkommend, also alles

Eigenschaften, die in unserer Gesellschaft nach wie vor positiv gesehen werden. Auch in der Arbeitswelt werden schüchterne Mitarbeiter geschätzt: Sie erledigen ihre Arbeiten pünktlich und zuverlässig und werden dabei auch höchsten Qualitätsansprüchen gerecht.

Schüchterne Menschen haben viele attraktive Eigenschaften, die von ihrem Umfeld geschätzt werden. Finden Sie heraus, worin die Kraft Ihrer Schüchternheit liegt, und erkennen sie diese an.

Frauen sagen häufig, sie fühlten sich zu schüchternen Männern hingezogen: Sie schätzen sensible, rücksichtsvolle, höfliche Männer, die sich selber zurücknehmen. Männer wiederum fühlen sich häufig zu schüchternen Frauen hingezogen, da Zurückhaltung, Fleiß und Genügsamkeit nach wie vor als sehr weibliche Attribute gelten.

Zurückhaltende Menschen lernt man nur schwer kennen. Statt eine abschreckende Wirkung zu haben, kann genau diese Schwierigkeit Menschen anregen, mehr über diese Person erfahren zu wollen. Als ob es ein Geheimnis zu entschlüsseln gäbe. Dieser Reiz des Unbekannten kann auf andere Menschen anziehend wirken.

Leider können sich schüchterne Menschen oft nicht vorstellen, dass sie im Leben anderer Menschen eine Bereicherung darstellen können. Stellen Sie sich eine Welt vor, in der es nur durchsetzungsstarke Macher, schrille Entertainer und selbstverliebte Egomanen gäbe. Wie würden sich da alle nach ein bisschen Zurückhaltung und Bescheidenheit sehnen!

Nutzen Sie die Kraft Ihrer Schüchternheit

Überlegen Sie sich anhand folgender Fragen, welche positiven Seiten Ihre Schüchternheit für Sie hat:

- Was schätze ich selber an meiner Schüchternheit? Welche Eigenschaften, die ich auf meine Schüchternheit zurückführe, finde ich an mir schön und wertvoll?
- Welche Vorteile hat mir meine Zurückhaltung in der Vergangenheit schon gebracht?
- Welche Komplimente erhalte ich regelmäßig für meine schüchternen Eigenschaften?

Sie müssen entscheiden, welche Eigenschaften, die Ihre Schüchternheit ausmachen, Sie selber als attraktiv wahrnehmen. Vielleicht haben Sie schon öfter bemerkt, dass Ihre Freunde froh sind, in Ihnen einen aufmerksamen und diskreten Zuhörer gefunden zu haben. Oder dass Ihre Vorgesetzte Ihre zuverlässige Arbeitsweise schätzt. Falls Sie diese Eigenschaften ebenfalls an sich mögen, notieren Sie sie auf Post-it-Zettel und kleben sie zu den anderen Zetteln auf den Kreis.

Ihr persönlicher Schatz

Im Verlauf dieser Übungen haben Sie nun einen großen Schatz an Stärken zusammengetragen: Stärken, die Sie selber an sich erkennen, Stärken, die andere an Ihnen schätzen, und Stärken, auf die Sie dank Ihrer Schüchternheit bauen können. Schauen Sie sich diesen Schatz in Ruhe an und nehmen Sie das Bild in sich auf. Konzentrieren Sie sich dann einige Minuten auf den inneren Teil des Kreises, wo Ihre größten Stärken und attraktivsten Eigenschaften stehen. Erkennen Sie, wie wertvoll Sie sind? Wie viele wunderbare Eigenschaften Sie haben? Welche Fähigkeiten Sie besitzen? Auf welche Erfahrungen Sie zurückgreifen können? Genießen Sie diese Erkenntnis.

Und wenn Sie wieder einmal an sich zweifeln, nehmen Sie Ihr Blatt zur Hand und schauen Sie es sich an. Am besten, Sie fotografieren es mit Ihrem Mobiltelefon und speichern es als Hintergrundbild. So werden Sie sich Ihrer Stärken jedes Mal bewusst, wenn Sie Ihr Telefon benutzen.

Nur was echt ist, ist attraktiv. Stehen Sie deshalb dazu, wer Sie sind und was Sie sind. Seien Sie stolz auf sich und Ihre Stärken und zeigen Sie sich!

Trainieren Sie täglich

Es ist kurz vor elf Uhr. Charlotte will noch schnell einkaufen und dann ihre beiden Buben von der Kita abholen. Als sie ihren Wagen aufschließt, kommt ihr der Nachbar mit einer Zeitung unter dem Arm entgegen. Er lächelt sie an.

Charlotte spürt, wie sich ein dumpfer Druck in ihrem Magen ausbreitet.

»Hallo, Frau Berger«, sagt er gut gelaunt. »Bin ich nicht ein Glückspilz? Heute ist mein freier Tag und die Sonne scheint. Das werde ich ausgiebig genießen. Jetzt setze ich mich erst mal in ein Straßencafé und lese die Zeitung.«

Charlotte ist wie erstarrt. Sie nickt nur. Er geht an ihr vorbei.

»Herr Kaufmann…«, sagt sie gepresst.

Er dreht sich um. »Ja?«

Sie will sagen: »Es ist mir egal, wie oder wo Sie Ihre Tage verbringen. Ich will einfach wieder einmal eine Nacht durchschlafen. Stellen Sie endlich die Stereoanlage oder den Fernseher oder was auch immer Sie nachts laufen haben, leiser. Seien Sie gefälligst etwas rücksichtsvoller.«

»Ja?« Er sieht sie erwartungsvoll an.

»Nichts«, erwidert Charlotte. »Ich wünsche Ihnen einen schönen Tag.«

Der Angstforscher Borwin Bandelow nennt als elftes Gebot für Angstpatienten: »Du sollst nicht kneifen!« Wer sich den angstauslösenden Situationen nicht stellt, kann lange warten, bis die Furcht von selber verschwindet. Erst wenn Sie sich der gefürchteten Situation stellen und sie bis zum Ende durchstehen, wird die Angst irgendwann verschwinden. Dabei reicht es nicht, eine beängstigende Situation einmal durchzustehen, sondern man muss sie unzählige Male durchleben, um die Furcht davor zu verlieren. Denn das Gehirn braucht nur wenige schlechte Erfahrungen, damit es eine Situation mit Angst verbindet, aber es braucht viele gute Erfahrungen, um diese wieder zu löschen.

Es ist wie beim Skifahrenlernen: Es hilft zwar, wenn Sie sich eine moderne Ausrüstung zulegen und vorher im Wohnzimmer Stemmbogen und Hocke üben. Das tolle Erlebnis, elegant den Berg runterzusausen, haben Sie jedoch erst im Schnee. Und dies auch nicht beim ersten Mal, sondern erst, nachdem Sie einige blamable Situationen und blaue Flecken überstanden haben.

Übung macht die Meisterin und den Meister. Üben Sie Ihr neues, selbstbewusstes Verhalten so oft wie möglich, und es wird bald zu Ihrem normalen Repertoire gehören.

Der dritte Weg

Viele schüchterne Menschen haben sich über die Jahre ein Sicherheits- oder Vermeidungsverhalten antrainiert. Dieses Verhalten ist ihnen bereits so in Fleisch und Blut übergegangen, dass sie es nicht einmal mehr bemerken.

Schüchterne neigen zu Sicherheitsverhalten: Sie unternehmen alles, um sich sicherer zu fühlen. Wenn ich befürchte, im Gespräch etwas Dummes zu sagen, spreche ich leise – so wird meine Aussage eher überhört. Oder ich vermeide den Blickkontakt, um nicht angesprochen zu werden. Eine besondere Form von Sicherheitsverhalten ist das Trinken von Alkohol: Alkohol macht »locker« und nimmt die Angst.

Ein übertriebenes Sicherheitsverhalten schadet mehr, als es nützt. Wer jedes Mal, bevor er aus dem Haus geht, ein Gläschen trinkt, wird mit der Zeit zum Alkoholiker. Und wer in Gesprächen vor sich hinmurmelt, wird sich nie Gehör verschaffen. Dennoch ist ein angemessenes Sicherheitsverhalten nicht nur schlecht. Wenn ich mich aus Angst vor einer Blamage intensiver auf ein wichtiges Gespräch vorbereite, wird das Gespräch besser laufen, als wenn ich unvorbereitet zum Treffen erscheine.

Jeder Mensch hat sein eigenes Verhalten, dank dessen er unangenehme Situationen vermeiden oder abschwächen kann. Dabei können schüchterne Menschen eine unglaubliche Kreativität entwickeln, wenn es darum geht, neue Strategien zur Angstbewältigung zu entdecken.

Vermeidungsverhalten bedeutet, unangenehmen Situationen aus dem Weg zu gehen: Wenn mir eine Party mit fremden Menschen Angst macht, gehe ich nicht hin. Wenn ich Angst habe, meine Projektergebnisse im Team zu präsentieren, melde ich mich an dem Tag krank, sodass ein Kollege dies für mich übernimmt.

Am Abend erzählt Charlotte ihrem Mann von ihrem Erlebnis auf dem Parkplatz. Dieser sagt nur: »Herr Kaufmann war doch nett. Warum hast du ihn nicht auf den Lärm angesprochen?«

»Weil ich völlig unvorbereitet war und mir in dem Moment nicht die richtigen Worte eingefallen sind.«

»Dann geh doch jetzt und sag es ihm«, schlägt er vor.

»Ach, Robert, kannst du das nicht machen? Mir ist das so unangenehm. Du bist auch viel diplomatischer als ich. Und als Mann hast du sowieso mehr Autorität.« Noch während Charlotte das sagt, weiß sie, dass dies alles nur Ausflüchte sind. Die Wahrheit ist: Sie hat Angst vor der Konfrontation. Und das weiß auch ihr Mann.

Robert schaut sie lange an. »Diese Diskussion hatten wir doch schon«, denkt er. Laut sagt er: »Das musst du schon selber machen. Die Jungs und ich haben kein Problem mit dem Lärm. Wenn es dich stört, musst du das klären.«

Wenn wir einer unangenehmen Situation aus dem Weg gehen, machen wir es uns im Moment zwar leichter, geben uns aber nicht die Chance, ein neues, erfolgreiches Verhalten zu erlernen. Wir blockieren uns damit selbst. Und auch wenn die Reaktion von Charlottes Mann auf den ersten Blick unfreundlich erscheint, weiß er doch genau, dass er seiner Frau keinen Gefallen tut, wenn er ihr die verhasste Situation aus dem Weg räumt.

Eine unangenehme Situation zu vermeiden ist keine hilfreiche Strategie, da sie letztendlich nur dazu führt, dass wir uns noch mehr in unser Schneckenhaus zurückziehen, statt uns den schwierigen Situationen zu stellen und dadurch unser Leben zu verbessern. Was wir brauchen, ist ein dritter, besserer Weg, der diese Blockaden umgeht.

Entdecken Sie Ihre Blockaden

Wenn Sie Ihr Vermeidungs- und Sicherheitsverhalten durchbrechen wollen, müssen Sie es erst einmal erkennen. Dies ist nicht einfach, da dieses Verhalten Ihnen vielleicht so natürlich erscheint, dass Sie gar nichts Außergewöhnliches daran sehen.

Ähnlich wie bei den automatischen Gedanken handelt es sich um automatische Verhaltensweisen, die Sie sich über die Jahre antrainiert haben. Am besten kommen Sie diesen Verhaltensweisen auf die Spur, wenn Sie sich eine Situation der vergangenen Tage vor Augen führen, die für Sie herausfordernd war. Beispielsweise eine Reklamation in einem Laden oder ein geschäftliches Essen. Versuchen Sie herauszufinden:

- Habe ich im Vorfeld etwas unternommen, um zu verhindern, dass etwas Peinliches passiert?
- Habe ich etwas unternommen, um mich vor Ablehnung zu schützen?
- Habe ich versucht, die Situation ganz zu vermeiden?
- Was unternehme ich, um zu verhindern, dass andere meine Angstsymptome bemerken?

Holen Sie sich zudem die Rückmeldung Ihrer Vertrauenspersonen ein: Welches schädigende Verhalten beobachten meine Vertrauenspersonen bei mir?

Nehmen Sie nun Ihr Notizbuch und schreiben Sie Ihr Verhalten, bezogen auf die Situation, auf.

Nach ihrem Erlebnis und dem Gespräch mit Robert hat sich Charlotte entschieden, endlich etwas gegen ihr Vermeidungsverhalten zu unternehmen. Deshalb steht dieses Thema bei unserem heutigen Treffen auf ihrer Liste ganz oben. Gemeinsam suchen und besprechen wir Situationen, in denen Charlotte und Hannah einer unangenehmen Situation aus dem Weg gehen oder Dinge tun, nur um sich sicherer zu fühlen. Beide wählen die Situation aus, unter der sie momentan am meisten leiden. Danach notieren sie ihr Vermeidungs- und Sicherheitsverhalten:

Charlotte wählt den aktuellen Konflikt mit ihrem Nachbarn:

Situation: Mein Nachbar hört laut Musik. Ich kann nicht schlafen.
Mein aktuelles Verhalten:

- Ich spreche Herrn K. nicht auf die laute Musik an, obwohl sie mich stört.
- Wenn ich Herrn K. vor dem Haus oder auf der Straße sehe, verschwinde ich schnell oder tue so, als ob ich ihn nicht sähe.
- Ich achte darauf, dass ich ihm im Treppenhaus und in der Waschküche nicht begegne.

- Ich rede mir ein, ich wäre empfindlich, und suche die Schuld bei mir.

Auch Hannah hat über ihr Sicherheits- und Vermeidungsverhalten nachgedacht. Ihr größtes Problem ist, dass sie nicht gerne zu Veranstaltungen geht, wo sie viele fremde Menschen trifft – dabei würde sie sehr gerne neue Leute kennenlernen. Sie schreibt in ihr Tagebuch:

Situation: Ich bin zu einer privaten Party eingeladen.
Mein aktuelles Verhalten:

- Ich lehne Einladungen ab, wenn es dort Leute gibt, die ich nicht kenne.
- Ich lege mir Gründe zurecht, warum ich an dem Abend früher heim muss, und teile diese dem Gastgeber gleich zu Beginn mit.
- Ich suche mir auf der Party eine Person, die ich schon kenne, und bleibe dann den ganzen Abend bei ihr.
- Ich schaue zu Boden, damit niemand mich anspricht oder mich nach meiner Meinung fragt.
- Ich lasse meine Haare ins Gesicht fallen, damit man nicht sieht, dass ich rot anlaufe.

Durchbrechen Sie Ihre Blockaden

Als Nächstes suchen Sie nach den Gründen für Ihr Verhalten:

- Warum verhalte ich mich so?
- Welche Denkmuster könnten meinem Verhalten zugrunde liegen?
- Welche Vorteile hat dieses Verhalten für mich?

Auch hier ist es wertvoll, wenn Sie Vertrauenspersonen in diese Überlegungen einbeziehen: Welche Ursachen für mein Verhalten sieht mein kollegialer Coach?

»Warum sprichst du Herrn K. nicht auf die laute Musik an?«, will ich von Charlotte wissen.

»Ich finde das irgendwie spießig. ›Die Alte verträgt keine laute Musik‹«, äfft sie einen frechen Jugendlichen nach. »So haben wir uns früher über die Nachbarn lustig gemacht, die mehr Ruhe wollten. Außerdem habe ich Angst, dass ich mich im Gespräch wie eine Idiotin benehme, dass ich stottere, mich verhaspele und mein Anliegen nicht auf den Punkt bringe.« Vehement fügt sie hinzu: »Und wenn er mich dann auch noch auslacht, renne ich davon!«

»Hmm. Warum gehst du ihm auf der Straße oder im Treppenhaus aus dem Weg?«, frage ich weiter.

»Weil ich immer das Gefühl habe, ich müsste ihn dann auf die laute Musik ansprechen. Und genau das will ich ja nicht. Und weil ich sauer auf ihn bin. Er ist mir unterdessen geradezu zuwider.«

»Ist die Straße ein guter Ort für ein solches Gespräch?«, hake ich nach.

Da geht Charlotte ein Licht auf und sie lacht erleichtert: »Wenn du so fragst: Nein, natürlich nicht. Es wäre viel besser, wenn ich zu ihm hoch gehe, klingle und ein Gespräch verlange.«

»Aha. Und warum glaubst du, dass du zu empfindlich bist?«

»Naja, weil es Robert anscheinend nicht stört.«

»Und es ist auch einfacher für dich, dir die Schuld zu geben, leider!«, klinkt sich Hannah ins Gespräch ein. »Wenn es dein Fehler ist, brauchst du das Gespräch nämlich gar nicht zu führen.«

»Was wäre ein sinnvolleres Verhalten?«, frage ich die beiden als Nächstes. »Was könnte Charlotte tun, um das hinderliche Verhalten abzulegen und durch ein hilfreiches zu ersetzen?«

Zum Schluss notiert sich Charlotte die Erkenntnisse und Lösungen aus unserem Gespräch:

Hinderliches Verhalten: Ich spreche Herrn K. nicht auf die laute Musik an, obwohl sie mich stört.

Ursache:

- Ich fühle mich wie eine Spießerin, die keinen Spaß am Leben hat.
- Ich habe Angst, im Gespräch wie eine Idiotin dazustehen und mich vor ihm lächerlich zu machen.

Hilfreiches Verhalten:

- Ich arbeite an meinem Denken: Nur weil ich nachts schlafen will, bin ich noch lange keine Spießerin.
- Ich beginne noch heute, mich auf das Gespräch vorzubereiten: Ich überlege mir, wie ich mein Anliegen formuliere, sodass die Sätze sitzen. Dann werde ich es einige Male üben.
- Ich visualisiere mein Auftreten: Ich stelle mir vor, wie ich nach oben gehe, klingle und mit Nachdruck meine Forderung vorbringe.
- Ich arbeite an meinem Denken und erhöhe meine Frustrationstoleranz: Die Wahrscheinlichkeit, dass Herr K. mich auslacht, ist gering. Und wenn er es trotzdem tut, geht die Welt auch nicht unter. Das ist noch lange kein Grund wegzurennen. Außerdem sieht es ja keiner.

Hinderliches Verhalten: Wenn ich Herrn K. vor dem Haus, auf der Straße oder im Treppenhaus sehe, gehe ich ihm bewusst aus dem Weg.

Ursache:

- Ich habe das Gefühl, ich müsste ihn dann auf die laute Musik ansprechen. Das will ich nicht.
- Ich kann ihn nicht ausstehen.

Hilfreiches Verhalten:

- Ich werde Herrn K. nicht auf der Straße auf den Lärm ansprechen. Von daher kann ich ihm gelassen begegnen.
- Wenn ich ihn sehe, nicke ich oder grüße ihn. Ich bin freundlich,

auch wenn ich ihn nicht mag. Wenn ich das ein paar Mal gemacht habe, wird mir auch das Gespräch leichter fallen.

Hinderliches Verhalten: Ich rede mir ein, ich wäre empfindlich, und suche die Schuld bei mir.

Ursache:

- Robert stört es nicht.
- Es ist eine einfache Ausrede.

Hilfreiches Verhalten:

- Robert ist Robert und ich bin ich. Wenn es mich stört, dann stört es mich. Basta.
- Ich bin ehrlich zu mir selber und gestehe mir ein, dass es eine Ausrede ist. Ich lasse diese ab heute nicht mehr gelten. Ich suche mir einen neuen, hilfreichen Gedanken: »Ich habe ein Recht darauf, mich in meiner Wohnung wohlzufühlen.«

Warum ist es wichtig, dass Sie die Ursachen für Ihr Sicherheits- und Vermeidungsverhalten ergründen? Weil Sie nur so sinnvolle Lösungen finden können. Erst wenn Sie die Ursache eines Verhaltens kennen, können Sie das Verhalten nachhaltig ändern; und zwar, indem Sie Lösungen finden, welche an den Ursachen ansetzen. Wenn Charlotte als Grund, warum sie Herrn K. nicht anspricht, angibt: »Ich habe Angst, wie eine Idiotin dazustehen«, ergeben sich ganz andere Lösungen, als wenn sie sagen würde: »Herr K. erinnert mich an meinen Vater, der mich als Kind immer geschlagen hat.«

Decken Sie die Ursache Ihres Sicherheits- und Vermeidungsverhaltens auf, und finden Sie sinnvolle alternative Verhaltensweisen.

Schalten Sie das Kopfkino ein

Visualisieren Sie Ihr selbstsicheres Verhalten. Ein solches »gedankliches Handeln« ersetzt zwar nie das reale Handeln, ist aber eine wertvolle Hilfe. Sportwissenschaftler haben festgestellt, dass ein mentales Training Bewegungsabläufe und Techniken verbessert und festigt – und das, obwohl der Sportler sich diese nur vorstellt.

Stellen Sie sich also bildlich vor, wie Sie selbstsicher einen Raum betreten und auf jemanden zugehen. Wie Sie Ihre Meinung vertreten. Charlotte kann sich bildlich vorstellen, wie sie die Treppe hochgeht und an der Türe klingelt. Wie sie aufgerichtet, mit geradem Rücken und erhobenem Kopf vor der Türe wartet. Wie sie ihren Nachbarn höflich aber klar und mit Nachdruck mit ihrem Anliegen konfrontiert und ihre Forderungen stellt.

Visualisieren Sie Ihr selbstbewusstes Ich: Stellen Sie sich vor, wie Sie aussehen, wenn Sie selbstbewusst sind und handeln.

Achten Sie darauf, dass Sie ein alternatives Verhalten wählen, das für Sie emotional im Rahmen des Möglichen liegt, und gehen Sie dabei in Ihrem eigenen Tempo vorwärts. Es würde kaum Sinn machen, wenn Charlotte sich vornimmt, Herrn K. noch am gleichen Abend gehörig die Leviten zu lesen. Lassen Sie sich also nicht von ungeduldigen Mitmenschen und ihren gut gemeinten Ratschlägen drängen.

Die gleiche Übung macht auch Hannah. Sie entscheidet sich dafür, dass sie künftig bei Einladungen zusagt, bei denen sie die Gastgeber kennt und mag. So weiß sie, dass zumindest eine nette Person an der Party teilnehmen wird und dass sie sich an diese Person halten kann, wenn sie sonst niemanden kennt. Außerdem wird sie ihre Gastgeber jeweils bitten, sie anderen Gästen vorzustellen. So ist die Hürde des ersten Kontakts nicht so groß, und Hannah »klebt« nicht den ganzen Abend an einer Person. Schließlich hat sie sich vorgenommen, sich mehr auf die Anwesenden zu konzentrieren, ihnen häufiger in die Augen zu schauen und ihr Erröten ganz einfach zu vergessen.

Selbstvertrauen ist ein Muskel

»Ihr habt nun euer hinderliches Verhalten erkannt und euch hilfreiche neue Verhaltensweisen überlegt. Wie wäre es, wenn ihr nicht nur in Bezug auf besondere Situationen, sondern täglich an eurem Selbstvertrauen arbeiten könntet?«, frage ich in die Runde.

»Das wäre sicher hilfreich«, erwidert Charlotte. »Aber wie soll das gehen?«

»Für schüchterne Menschen gibt es jeden Tag viele kleine Vorfälle, bei denen sie sich zurücknehmen und kleinmachen«, sage ich.

»Zum Beispiel?«, fragt Charlotte.

»Dass wir im Restaurant den Tisch neben der Küche kriegen, weil wir uns nicht wehren, oder dass wir beim Zahlen am längsten warten müssen, weil wir den Kellner nicht laut genug rufen. Dass wir im Zug stehen, weil wir uns nicht trauen, jemanden zu bitten, den Sitz neben sich frei zu machen. Dass wir in einer Diskussion nie zu Wort kommen. Oder dass wir keine Lohnerhöhung bekommen, weil wir nicht danach fragen.« An ihrer Reaktion merke ich, dass Hannah diese kleinen täglichen Ungerechtigkeiten gut kennt.

»Da hast du schon recht«, räumt Charlotte ein. Offenbar sind ihr diese kleinen Dinge bislang gar nicht aufgefallen. »Ich zum Beispiel fühle mich an der Kasse im Supermarkt immer gestresst, da ich befürchte, den nachfolgenden Kunden im Weg zu stehen.«

»Und wisst ihr was?«, fragt Hannah: »Das ist alles hausgemacht. Wir selber setzen uns unter Druck. Wir selber nehmen uns das Recht, etwas für uns zu fordern. Das ist doch verrückt!«

Trainieren Sie Ihr Selbstvertrauen

Nutzen Sie die täglichen Möglichkeiten, um sich gegen andere zu behaupten:

- Bitten Sie im Zug jemanden, seine Jacke und Tasche wegzuräumen und den Sitz für Sie frei zu machen. Fragen Sie höflich: »Ist dieser Platz noch frei?«
- Fragen Sie jemanden nach dem Weg, auch wenn Sie sich in der Stadt gut auskennen: »Guten Tag. Sagen Sie mir bitte, wie ich zum Rathaus komme.«
- Bringen Sie in einem Restaurant einen Sonderwunsch an: »Ich nehme den großen Salatteller. Bitte bringen Sie mir die Salatsoße auf einem Extrateller.«
- Verlangen Sie in einem Restaurant ein Gericht, das nicht auf der Speisekarte steht: »Können Sie mir bitte einen Tomatensalat mit Mozzarella bringen?«
- Bitten Sie den Metzger, ein bereits abgepacktes und mit einem Preis versehenes Stück Fleisch nochmals zu wiegen: »Guten Morgen. Können Sie dieses Stück Fleisch bitte nochmals wiegen? Danke.«
- Lassen Sie sich in einem Laden eingehend verschiedene Typen von Küchenmixern, Staubsaugern, Rasenmähern oder Ähnliches erklären. Verlassen Sie danach das Geschäft, ohne etwas zu kaufen: »Vielen Dank für Ihre kompetente Beratung. Momentan möchte ich nichts kaufen. Falls ich es mir anders überlege, komme ich gerne wieder.«

Sie brauchen auch gar nicht viel zu erklären. Die meisten Menschen kommen Ihrer Aufforderung gerne nach. Am besten wirkt sie natürlich, wenn sie von einem Lächeln begleitet wird.

Sicher fallen Ihnen noch andere Situationen ein, in denen Sie üben können, sich zu behaupten. Starten Sie mit kleinen Mutproben und steigern Sie danach den Schwierigkeitsgrad. Absolvieren Sie mindestens eine Mutprobe am Tag. Überlegen Sie vorher, welche Befürchtungen Sie bezüglich der geplanten Handlung haben. Zum Beispiel, dass die Person, die Sie nach dem Weg fragen, einfach weitergeht, ohne Sie zu beachten. Oder dass der Kellner wütend wird, weil Sie einen ausgefallenen Wunsch haben. Prüfen Sie im Nachhinein, ob sich Ihre Befürchtungen bewahrheitet haben.

Selbstvertrauen ist wie ein Muskel: Man kann es trainieren. Suchen Sie täglich Möglichkeiten, in denen Sie sich kleinen Mutproben aussetzen und Ihr selbstbewusstes Verhalten üben können.

»Was wäre ein anderes, sinnvolleres Verhalten an der Kasse?«, frage ich Charlotte.

»Ich könnte meinen Mann zum Einkaufen schicken!«, meint sie ernsthaft.

»Eine tolle Lösung«, sagen Hannah und ich im Chor und lachen.

Doch Charlotte hat schon eine weitere Lösung gefunden: »Ich könnte mir jedes Mal bewusst sagen: Heute lasse ich mir an der Kasse so viel Zeit, wie ich brauche.«

»Ja, genau«, meint Hannah. »Und du könntest sogar extra mit möglichst viel Kleingeld bezahlen, damit du lernst, dich von selbstauferlegten Geboten nicht unter Druck setzen zu lassen.«

Ich finde, das ist eine tolle Idee.

»Und was passiert, wenn sich die Leute hinter mir beschweren?«

»Wovor hast du denn Angst?«, frage ich. »Dass sie dich mit rohen Eiern bewerfen oder dich mit ihren Einkaufswagen bedrängen?«

»Nein, natürlich nicht. Aber dass sie ungeduldig werden und mich anschnauzen.«

»Würdest DU jemanden anschnauzen, nur weil er etwas länger braucht, um zu bezahlen?«

»Sicher nicht!«, entgegnet Charlotte entrüstet.

»Na also!«, sage ich. »Die anderen auch nicht.«

Das ist eine wichtige Erkenntnis: Die Ängste, die wir in Bezug auf das Verhalten anderer haben, sind meist unbegründet. Jeder ist so sehr damit beschäftigt, selber einen guten Eindruck und keine Fehler zu machen, dass er kaum die Zeit und Energie hat, auf andere zu achten. Wenn wir jedoch nie den Mut haben, unsere Komfortzone zu verlassen und etwas auszuprobieren, können wir gar nicht erleben, dass die befürchteten negativen Konsequenzen ausbleiben.

Stellen Sie sich Ihren Ängsten

Notieren Sie, welche Befürchtungen Sie haben, wenn Sie sich einer beängstigenden Situation stellen. Vergleichen Sie diese mit der tatsächlichen Reaktion des Gegenübers: Habe sich Ihre Befürchtungen bewahrheitet?

Wenn Sie etwas anpacken wollen, das Überwindung kostet, hilft auch der Satz: »Ich gönne mir die Freiheit …«, etwa: »Ich gönne mir die Freiheit, mir an der Kasse so viel Zeit zu nehmen, wie ich brauche.« Oder im Zug, wenn Ihr Sitznachbar breitbeinig dasitzt und Sie sich eingequetscht wie eine Sardine fühlen: »Ich gönne mir die Freiheit, Raum einzunehmen.« Machen Sie sich breit. Zeigen Sie, dass sie Platz beanspruchen.

Gönnen Sie sich die Freiheit, sich für Ihre Bedürfnisse einzusetzen. Nehmen Sie sich die gleichen Rechte, die Sie auch anderen gewähren.

Überlegen Sie auch immer, wie Sie selber in dieser Situation reagieren würden: Würde ich einfach weitergehen, wenn mich jemand nach dem Weg fragt? Nein. Dann gehen Sie davon aus, dass die anderen sich ähnlich verhalten wie Sie.

Wenn sich Befürchtungen doch erfüllen

Und was passiert, wenn sich Ihre Befürchtungen doch erfüllen? Wenn Sie auf komplette Ablehnung stoßen, ignoriert werden, sich alle über Sie lustig machen?

Zurückweisung ist peinlich und demütigend. Sie gibt uns das Gefühl, versagt zu haben und gescheitert zu sein. Und anstatt auf unseren Mut, etwas gewagt zu haben, stolz zu sein, schämen wir uns für unsere vermeintlichen Fehler.

> Nicht der, der scheitert, ist ein Verlierer, sondern der, der es gar nicht erst versucht. Erfolgreich zu sein heißt in erster Linie, mit dem Scheitern konstruktiv umzugehen.

Ablehnung und Zurückweisung haben immer auch etwas Schamhaftes. Scham ist eine soziale Emotion, das heißt, Scham empfinden wir nur, wenn wir Publikum haben.

Ob wir etwas wagen oder ob wir lieber zaghaft abwarten, hat damit zu tun, wie wir Erfolge und Misserfolge begründen. Selbstsichere Menschen pflegen einen gesünderen Umgang mit Misserfolgen als Schüchterne. Denn Selbstsichere neigen dazu, Misserfolge den äußeren Umständen oder einer Pechsträhne zuzuschreiben, Erfolge jedoch auf ihr eigenes Können zurückzuführen. Schüchterne dagegen erklären Erfolge häufiger mit Glück oder äußeren Gegebenheiten und führen Misserfolge auf das eigene Unvermögen zurück.

Auch selbstsichere Menschen werden zurückgewiesen. Während sie die Schuld dafür jedoch den äußeren Umständen zuschreiben, wie zum Beispiel: »Sie will mich nicht treffen, sie hat sicher einen Freund«, suchen Schüchterne die Schuld bei sich: »Ich bin ihr nicht attraktiv genug.« Wenn Selbstsichere erfolgreich sind, schreiben sie es sich selbst zu: »Sie geht mit mir aus, ich bin eben ein toller Typ.« Schüchterne dagegen suchen nach äußeren Ursachen: »Ich hatte Glück, wahrscheinlich hat ihre Freundin sie versetzt.« Im schlimmsten Fall reden sich Schüchterne bei einem Erfolg sogar noch schlecht: »Die Frau stellt aber keine sehr hohen Ansprüche, wenn sie mit Männern wie mir ausgeht.«

> Begründen Sie Erfolg zukünftig mit Ihrer Persönlichkeit, Ihrem Wissen und Können, Misserfolg dagegen mit Zufall, Pech oder äußeren Gegebenheiten.

Welchen Ursachen wir Erfolg beziehungsweise Misserfolg zuschreiben, hat eine Auswirkung darauf, ob wir uns schämen oder nicht. Wer glaubt, einen Korb erhalten zu haben, weil die Angebetete bereits einen Freund hat, braucht sich für diesen Umstand nicht zu schämen. Wer jedoch denkt, zurückgewiesen worden zu sein, weil er hässlich ist, schon.

Scheitern Sie schöner

Versuchen Sie eine andere Erklärung für einen Misserfolg zu finden. Statt sich zu sagen: »Ich bin ein Versager«, denken Sie: »Ich bin in Ordnung, auch wenn ich einen Fehler gemacht habe. Ich kann daraus lernen.« Und statt zu denken: »Das ist alles meine Schuld«, überlegen Sie, wer oder was an Ihrem Missgeschick ebenfalls beteiligt gewesen sein könnte: Welche Dinge, die ich nicht beeinflussen kann, könnten für dieses negative Ergebnis verantwortlich sein?

Setzen Sie Ihren Misserfolg in Relation zu Ihrem langfristigen Herzensziel: Was will ich letztendlich erreichen? Welche innere Haltung strebe ich an? Ihr Missgeschick, und wiegt es im Moment auch noch so schwer, hindert Sie nicht daran, Ihr Herzensziel weiterzuverfolgen. Selbst wenn Charlotte von Herrn K. ausgelacht wird, kann er sie nicht daran hindern, ihr Herzensziel »Mit Lust und Liebe setze ich mich durch« weiter anzustreben und früher oder später auch zu erreichen.

Falls Sie darüber reden können, besprechen Sie Ihr Missgeschick mit Ihrem kollegialen Coach oder einem anderen vertrauten Menschen. Sie werden sehen: Indem Sie darüber sprechen, verliert das Ereignis seinen Schrecken wenigstens zum Teil. Wenn Sie es nicht über die Lippen bringen, darüber zu sprechen, schreiben Sie Ihre Gefühle und Gedanken in Ihr Tagebuch. Indem Sie sich Ihre eigene Geschichte erzählen, gelingt es Ihnen eher, einen Sinn im Ganzen zu sehen und etwas daraus zu lernen: Warum ist das passiert? Wer hat Schuld außer mir? Was hätte ich anders machen können? Indem Sie über Ihre Gefühle und Gedanken reden, können Sie loslassen und neue Zuversicht gewinnen.

Verarbeiten Sie Misserfolge und Schamgefühle, indem Sie mit jemandem darüber sprechen oder Ihre Gedanken und Gefühle in Ihrem Tagebuch festhalten.

Schließlich müssen Sie auch erkennen, dass nicht alle Ziele erreichbar sind. Auch wenn die amerikanische Ratgeberliteratur genauso wie die unzähligen Castingshows suggerieren: »Du kannst alles schaffen, wenn du nur willst«, sind unsere Möglichkeiten begrenzt.

Nicht in jeder jungen Frau steckt eine Scarlett Johansson und nicht in jedem Junge ein Justin Bieber.

Dabei vergessen wir gerne, dass wir nicht nur dann erfolgreich sind, wenn uns Großes gelingt. Auch die kleinen Erfolge sind wertvoll: das gefürchtete Telefonat, das wir endlich erledigt haben, die geglückte Reklamation, das fröhliche Scherzen mit dem Kameraden im Turnverein oder dass wir in einem französischen Restaurant in französischer Sprache bestellt haben.

Schätzen Sie auch die kleinen alltäglichen Erfolge: Lieber jeden Tag ein paar kleine Erfolgserlebnisse als jeden Monat ein großes.

Ich selber bin eine hoffnungslose Optimistin. Ich bin überzeugt davon, dass vieles möglich ist und dass man im Leben sehr viel lernen kann. Allerdings stecken wir unsere Erwartungen und Ansprüche an uns selbst und an unser Umfeld zuweilen so hoch, dass wir sie beim besten Willen nicht mehr erreichen können. Wer mit dem Anspruch, perfekt zu sein, durchs Leben geht, wird zwangsläufig Schiffbruch erleiden. Und genau darin liegt die Kunst des schönen Scheiterns: in der Bereitschaft, unerreichbare Ziele aufzugeben und sich von unrealistischen Träumen zu verabschieden.

Brechen Sie das Eis

Hannah, Charlotte und Robert sitzen zusammen im Il Caffè in der Innenstadt. Charlotte fand, es wäre an der Zeit, dass Hannah ihre Familie kennenlernt. Das Café ist klein und gemütlich. Sein größter Vorteil ist jedoch die breite Fensterfront zur Fußgängerzone hin. Der ideale Ort, um die vorbeigehenden Menschen zu beobachten. Es ist ein warmer Samstagvormittag und vor dem Café ist einiges los. Während die beiden Buben in der Spielecke Bücher anschauen, diskutieren die Erwachsenen, was Menschen sympathisch macht.

»Schaut euch zum Beispiel den Mann in der Jeansjacke an. Mit dem möchte ich kein Gespräch führen«, meint Hannah. »Sein Gesichtsausdruck ist gehässig, Mundwinkel nach unten gezogen, die Stirn gerunzelt. Der schreit ja förmlich: ›Ich habe schlechte Laune, lasst mich bloß in Ruhe!‹«

»Dann lasst uns mal nach jemandem Ausschau halten, mit dem wir gerne ins Gespräch kommen möchten«, schlägt Charlotte vor und zeigt auf einen jungen Mann mit einer ärmellosen Weste, der mit einem älteren Herrn spricht.

»Und warum?«, fragt Robert, »ein Schönling ist er ja nicht gerade.«

»Das muss er auch nicht, um sympathisch zu sein«, belehrt ihn seine Frau. »Dafür sieht er fröhlich aus.«

»Und er konzentriert sich auf seinen Gesprächspartner, schaut ihn interessiert an, hört aufmerksam zu«, ergänzt Hannah.

Neugierig beobachten die drei weiter. Da betritt der sympathische Mann mit der Weste das Café.

Was Charlotte, Hannah und Robert hier tun, kann ich Ihnen nur empfehlen: Gehen Sie in ein Café oder Restaurant und beobachten Sie die Leute um sich herum. Wer ist Ihnen sympathisch? Mit wem würden Sie sich gerne unterhalten? Und vor allem: warum?

Sie werden sehr bald merken, dass dies viel weniger mit Äußerlichkeiten zu tun hat, mit Schönheit oder teuren Kleidern, als mit Ausstrahlung. Menschen mit einer glücklichen, lebensbejahenden und selbstsicheren Ausstrahlung ziehen uns magisch an. Und woran erkennen wir, ob jemand glücklich und lebensbejahend ist? An seinem offenen Blick, seinem Lächeln und seiner Körperhaltung.

Blicke verbinden

Jeder Kontakt, wenn er nicht am Telefon oder über das Internet stattfindet, beginnt immer mit einem ersten Blick. Er zeigt mir, ob mein Gegenüber mich überhaupt wahrnimmt und wie ich bei ihm ankomme. Ein fehlender Blickkontakt zeigt, dass der andere nicht daran interessiert ist, mich kennenzulernen. Schaut jemand mich öfters an und lächelt dazu freundlich, lädt er mich zu einem Gespräch ein.

Ein fehlender oder unsicherer Blickkontakt reduziert Ihre Wirkung auf das Gegenüber. Gewöhnen Sie sich deshalb an, den Leuten in die Augen zu schauen und den Blick zu halten.

Nicht selten wird schüchternen Menschen unterstellt, sie seien arrogant. Dies hat größtenteils mit dem fehlenden Blickkontakt zu tun: Schüchterne tun sich schwer damit, ihrem Gegenüber in die Augen zu schauen. Wenn wir eine Person nicht anschauen, signalisieren wir ihr jedoch, dass sie für uns »Luft« ist, und degradieren sie zur »Nichtperson«. Dies verletzt und lässt den anderen glauben, dass er kein würdiger Partner für uns ist.

Attraktive Schüchterne werden schnell als Wichtigtuer abgestempelt. Denn ihre Schüchternheit wird oft als Desinteresse interpretiert und auf ihre Schönheit zurückgeführt: »Die sieht so toll aus, die kann jeden haben. Da hat sie es natürlich nicht nötig, mich auch nur anzusehen.«

Der Blickkontakt spiegelt das Selbstbewusstsein eines Menschen wieder. Gehen Sie nicht mit gesenktem Kopf durchs Leben. Wenn Sie selbstsicher wirken und Kontakte knüpfen wollen, müssen Sie lernen, den Leuten in die Augen zu schauen, Blickkontakte zu suchen, Blicke zu erwidern und zu halten.

Trainieren Sie Ihren Blickkontakt

Gehen Sie raus ins Leben und schauen Sie jedem Menschen, der Ihnen sympathisch ist, in die Augen. Sie werden sehen: Die meisten erwidern Ihren Blick. Sie brauchen dabei nicht zu befürchten, dass ein flüchtiger Blick aggressiv wirkt oder bereits als Einladung zu einem Gespräch gewertet wird – ein Blickkontakt unter fünf Sekunden wird nicht als echte Kontaktaufnahme empfunden.

Gewöhnen Sie sich an, Menschen, die Ihnen gefallen, in die Augen zu schauen: der Verkäuferin an der Kasse, dem Zugsbegleiter, der Frau, die hinter Ihnen in der Warteschlange steht, dem Kellner, dem Nachbarn, der seinen Hund spazieren führt, dem Arbeitskollegen, Ihrer Chefin.

Setzen Sie sich zu Beginn dieser Übung ein Ziel von mindestens drei Blickkontakten am Tag und stecken Sie Ihr Ziel täglich höher. Seien Sie sich dabei bewusst, dass es zunächst um nichts weiter geht als um Blickkontakt. Sie müssen niemanden ansprechen und auch keine Gespräche führen. Außer natürlich, Sie möchten das.

Wenn Sie unsicher sind, wie lange der Blickkontakt dauern sollte, probieren Sie Folgendes: Sagen Sie sich bei jeder Person, der Sie in die Augen schauen: »Ich mag dich«. Die Zeitspanne, die Sie dafür brauchen, entspricht in etwa der Dauer eines aufmerksamen, aber unverfänglichen Blickes. Indem Sie sich diese Worte sagen, nimmt Ihr Gesicht automatisch einen warmen Ausdruck an, denn es ist nicht möglich, sich innerlich zu sagen: »Ich mag dich«, und mimisch auszudrücken: »Ich habe Angst vor dir«.

Falls Sie sehr schüchtern sind und es wirklich nicht schaffen, jemandem in die Augen zu schauen, schauen Sie auf seine Stirn oder seine Nasenwurzel.

Während Sie jemandem in die Augen schauen, sagen Sie innerlich »Ich mag dich« zu dieser Person. So finden Sie das richtige Timing und einen freundlichen Gesichtsausdruck.

Bitte lächeln!

Nachdem Sie sich angewöhnt haben, Ihren Mitmenschen in die Augen zu schauen, gehen Sie einen Schritt weiter und lächeln die Menschen an. Nichts gewinnt Herzen schneller als ein interessierter Blick und ein offenes Lächeln.

Nicht jedes Lächeln ist gleich. Ein echtes Lächeln dauert länger, während ein falsches Lächeln oft abrupt abbricht. Außerdem geht ein herzliches Lächeln von den Augen aus. Eine besondere Rolle spielen dabei spezielle Fältchen in den Augenwinkeln, die bei gefälschtem Lächeln oft fehlen. Unbewusst erahnt unser Gegenüber, ob wir authentisch lächeln oder ein Lächeln nur aufsetzen.

Warum lächeln wir nicht jeden Menschen an, der uns gefällt? Weil die anderen »Fremde« sind. Doch der Weg, um aus Fremden Bekannte, Freunde oder sogar Lebenspartner zu machen, führt immer über ein Lächeln. Denn ein Lächeln drückt Zuneigung aus und bringt uns anderen Menschen näher.

Lächeln ist ansteckend. Dazu schlage ich Ihnen ein kleines Experiment vor: Lächeln Sie frühmorgens den ersten fremden Menschen, dem Sie begegnen, spontan an. Was, denken Sie, wird passieren? Ja, genau: Er lächelt zurück. Verantwortlich für dieses Phänomen sind die sogenannten Spiegelneuronen. Diese Nervenzellen des Gehirns werden durch die Gegenwart anderer Menschen aktiviert und rufen sozusagen spiegelbildlich das körperliche Empfinden oder die Gefühle unseres Gegenübers in uns wach.

> Lächeln Sie, seien Sie fröhlich. Das ist mit Abstand der einfachste und schnellste Weg, Herzen zu gewinnen.

Lächeln Sie recht freundlich

Lächeln Sie Leute, die Sie sympathisch finden und die Ihren Blick erwidern, freundlich an. Lächeln Sie langsam und lassen Sie zu, dass sich Ihr Lächeln über Ihr ganzes Gesicht ausbreitet. Vermeiden Sie, dass Ihr Lächeln maskenhaft und zu einem Dauerzustand wird.

Nehmen Sie sich auch bei dieser Übung vor, pro Tag mindestens drei fremde Menschen anzulächeln, und steigern Sie dies nach und nach.

Gewöhnen Sie sich zudem an, sympathische Menschen, denen Sie in Ihrem Alltag immer wieder begegnen, freundlich anzulächeln. Dies können die Nachbarn sein, Pendler in der Bahn, die Postbotin, Arbeitskolleginnen und -kollegen, die Bedienung im Restaurant und andere Menschen. Wenn Sie dies konsequent so machen, werden Sie bereits nach wenigen Wochen erleben, wie positiv Ihr Umfeld reagiert. Ihre Kollegen grüßen Sie, die Postbotin winkt Ihnen schon von weitem zu, und die Nachbarn laden Sie vielleicht sogar zu einem Kaffee oder einem nachbarschaftlichen Grillabend ein.

Während Sie sich am Anfang noch dazu zwingen müssen, fällt Ihnen das Lächeln dank der vielen positiven Rückmeldungen immer leichter, und Sie werden einen regelrechten Schub an Selbstvertrauen erleben.

Ich sage nicht, dass dieser »psychologische Mechanismus« bei allen Menschen funktioniert und dass alle immer zurücklächeln werden. Gerade Fremde sind vielleicht auch einfach zu verblüfft, als dass sie schnell genug auf Ihre herzliche Geste reagieren könnten. Und einige sind tatsächlich so griesgrämig, dass auch das charmanteste Lächeln sie nicht aus ihrer Erstarrung lösen kann. Das ist aber nicht Ihr Problem.

Mit Ihrem Lächeln haben Sie einem Menschen etwas Wertvolles geschenkt: Aufmerksamkeit und Zuneigung. Ein Lächeln ist ein Angebot, das sagt: »Ich finde dich sympathisch. Lass uns nett sein zueinander.« Der andere kann es annehmen oder nicht. Es ist seine Entscheidung.

Und wenn Sie sich im Lächeln geübt haben, gehen Sie noch einen kleinen Schritt weiter und nicken Sie dazu wie zu einem Gruß. Das ist bereits der erste Schritt in Richtung eines Gesprächs.

Charlotte und Hannah sind hin und weg. Es ist, wie Robert sagt: Der Mann mit der Weste ist kein Beau, aber er wirkt sehr sympathisch. Das findet offensichtlich auch die Kellnerin, die mit einem glücklichen

Lachen auf ihn zukommt. Die beiden küssen sich zur Begrüßung auf die Wange. Dann bestellt er einen Espresso, nimmt eine Zeitschrift aus dem Regal und geht wieder nach draußen.

Er setzt sich an einen Tisch direkt vor der großen Scheibe, wo Hannah, Charlotte und Robert sitzen. Kurze Zeit später bringt die Kellnerin ihm den Espresso. Er lächelt und sagt etwas, das man durch die Scheibe nicht verstehen kann. Sie lacht und geht wieder hinein.

Der Mann in der ärmellosen Weste blättert in seiner Zeitschrift. Ab und zu schaut er auf und beobachtet die Leute, die vorbeispazieren.

Nach einer Weile meint Robert: »Er scheint sehr beliebt zu sein. Seht nur, wie viele Leute er grüßt.« Und tatsächlich: Immer wieder nickt er jemandem zu oder winkt zum Gruß.

Der Körper spricht mit

»So, ich muss weg«, meint Hannah nach einem Blick auf ihre Uhr. »In 30 Minuten beginnt meine Chorprobe. In zwei Wochen haben wir Aufführung.«

Doch Charlotte hört nicht richtig zu, sondern flüstert. »Warte noch. Da passiert grad was, das möchte ich sehen.«

Mit zwei Tassen in der Hand geht die Kellnerin nach draußen und setzt sich neben den Mann mit der Weste.

»Was die wohl besprechen?«, flüstert Hannah und schaut sich kurz um, ob jemand ihnen zuhört. »Die scheinen sich ja recht gut zu kennen«, meint sie und kichert. »Ob zwischen denen was läuft?«

»Könnte schon sein. Obwohl: Intim gehen die nicht gerade miteinander um. Vertraut ja, intim nein. Ich glaube nicht, dass sie ein Paar sind«, schlussfolgert Charlotte.

»Woher du das wieder wissen willst«, zischt Robert dazwischen. Ihm ist das Interesse seiner Frau an einem anderen Mann offensichtlich nicht ganz geheuer.

»Auf jeden Fall machen beide einen sehr selbstbewussten Eindruck.« In Hannahs Stimme schwingt Neid mit. Die Frau hat die Beine locker übereinandergeschlagen, und er hat seinen Arm auf die Rückenlehne des freien Stuhls gelegt. Hannah fährt fort: »Sie wirken entspannt. Haltung, Gestik, alles ist sehr natürlich. Ab und zu berühren sie sich auch. Ganz kollegial und lässig.«

Warum merken wir relativ schnell, ob jemand schüchtern oder selbstbewusst ist? Weil wir es ihm ansehen: an seiner Mimik und an seiner Körperhaltung. Wir erkennen intuitiv, ob ein Mensch Zuversicht ausstrahlt und sich wohlfühlt oder ob er unsicher ist und am liebsten die Flucht ergreifen würde.

Der Körper spricht mit. Und zwar laut und deutlich. Lauter und deutlicher, als wir es mit Worten je könnten. Deshalb ist es gerade für schüchterne Menschen sehr wichtig, sich eine selbstbewusste Körpersprache anzueignen, mit der sie sich Aufmerksamkeit verschaffen und sich gleichzeitig wohlfühlen.

Achten Sie auf Ihre Körperhaltung und signalisieren Sie damit Selbstbewusstsein. Oberstes Gebot: Machen Sie sich nicht klein.

Doch wie sieht die Haltung einer selbstbewussten Person aus? Und worauf müssen Sie als schüchterne Person achten, damit Sie mehr Selbstvertrauen ausstrahlen?

Dies sind die zwölf wichtigsten Tipps für eine selbstbewusste Körpersprache. Am besten, Sie üben sie zunächst vor dem Spiegel oder mit Ihrem kollegialen Coach:

1. Stehen oder sitzen Sie aufrecht, mit geradem Rücken und erhobenem Kopf. Machen Sie sich nicht klein, sondern zeigen Sie Größe. Wenn Ihnen das schwerfällt, stellen Sie sich eine

Situation vor, die Sie erfolgreich gemeistert haben, dann nehmen Sie automatisch eine selbstbewusstere Haltung ein.

2. Entspannen Sie Ihre Schultern. Am besten ziehen Sie gleich einmal die Schultern bis zu den Ohren hoch und lassen Sie dann entspannt fallen. Das ist die Haltung der Schultern, die Sie haben sollten.
3. Nehmen Sie eine offene Körperhaltung ein. Verschränken Sie nicht Ihre Arme oder Beine, dies wirkt abweisend und defensiv. Sie dürfen die Beine übereinanderlegen. »Verknoten« Sie sie jedoch nicht miteinander oder mit den Stuhlbeinen.
4. Machen Sie sich nicht zu viele Gedanken über Ihre Gestik. Scheuen Sie sich nicht, beim Sprechen zu gestikulieren, und lassen Sie Ihre Bewegungen natürlich fließen. Antrainierte Gesten, wie wir sie von Politikern kennen, wirken meist aufgesetzt. Eine natürliche Gestik dagegen wirkt anziehend und gehört zu einer guten Ausstrahlung.
5. Verknoten Sie nicht die Finger, nehmen Sie Ihre Hände aus dem Gesicht und halten Sie Ihrem Gegenüber nie belehrend den Zeigefinger unter die Nase.
6. Strahlen Sie Ruhe und Selbstvertrauen aus. Stehen Sie gleichmäßig auf beiden Füßen, treten Sie nicht nervös von einem Fuß auf den anderen. Spielen Sie nicht mit Ihren Fingern.
7. Um nicht steif zu wirken, bewegen Sie beim Zuhören hin und wieder den Kopf oder verändern eine kleine Position, seien es Ihre Arme, Beine oder den Kopf. Laut Professor Samy Molcho, einem der profundesten Kenner der Körpersprache, führen solche kleinen Variationen der Körperhaltung zum Abbau von Blockaden und fördern Lockerheit und Kreativität.
8. Nicken Sie ab und zu, wenn jemand spricht. Damit signalisieren Sie, dass Sie zuhören. Passen Sie aber auf: Nicken wird als Aufforderung gedeutet weiterzusprechen. Wenn Sie also selber auch gerne zu Wort kommen wollen, halten Sie sich mit unterstützenden Gesten zurück.

9. Wenn Sie jemandem zustimmen, nicken Sie von einer geraden Kopfhaltung nach oben. Wenn Sie nach unten nicken und zusätzlich zu Boden schauen, wirken Sie unterwürfig.
10. Nehmen Sie Raum ein. Lassen Sie sich nicht von anderen in eine Ecke drängen. Nehmen Sie sich so viel Raum, wie Sie brauchen, um sich körpersprachlich ausdrücken zu können und sich wohlzufühlen.
11. Respektieren Sie im Gegenzug die Intimsphäre Ihres Gegenübers, indem Sie mindestens dreißig Zentimeter Abstand halten. Wenn der andere einen Schritt zurückweicht, bleiben Sie stehen und rücken sie nicht auf. Das Wegrücken hat nichts mit Ihrer Person zu tun. Menschen brauchen unterschiedlich viel Abstand, um sich wohlzufühlen.
12. Schütteln Sie anderen bei der Begrüßung und Verabschiedung die Hand, das schafft Nähe und hilft, Beziehungen aufzubauen. Achten Sie dabei auf einen angenehmen, festen Händedruck.

Erlauben Sie mir noch eine Bemerkung zu Punkt 12. In der Schweiz, aber auch in Deutschland und Österreich ist es immer mehr en vogue, dass man sich zur Begrüßung auf die Wangen küsst – genauso, wie es der Mann mit der Weste und die Kellnerin tun. Damit fühlen sich aber nicht alle gleich wohl. Gerade für Schüchterne ist diese Art der Begrüßung zu intim und macht sie befangen.

Küssen soll nur, wer auch wirklich möchte. Wenn Sie verhindern wollen, dass Ihnen Menschen ungewollt um den Hals fallen, strecken Sie einfach rechtzeitig die Hand zum Gruß aus. So merkt der andere, dass Sie Distanz wünschen. Und wenn Ihr Händedruck von einem interessierten Blick und einem freudigen Lächeln begleitet wird, wirken Sie auch nicht abweisend, sondern selbstbestimmt.

Arbeiten Sie an Ihrer Körpersprache

Der erste Schritt zu einer selbstsicheren Haltung besteht darin, dass Sie Ihre Körpersprache überhaupt erst einmal wahrnehmen. Beobachten Sie sich selber, wie Sie stehen, gehen, sitzen; was Sie mit den Händen machen, wie Sie den Kopf halten, wie Sie einen Raum betreten, was Sie machen, während Sie mit jemandem reden.

Holen Sie sich eine Rückmeldung Ihrer Vertrauensperson ein. Was fällt meiner Vertrauensperson auf, wenn Sie mit mir zusammen ist? Was gefällt ihr gut an meiner Körpersprache? Was findet sie eher irritierend? Fragen Sie nach, bis Sie im Detail verstanden haben, was die andere Person meint. In welcher Situation hat die betreffende Person etwas beobachtet? Was genau hat sie beobachtet?

> Lernen Sie Ihre Körpersprache kennen. Beobachten Sie sich, und holen Sie Rückmeldungen von anderen ein.

Beginnen Sie jetzt Schritt für Schritt an Ihrer Haltung zu arbeiten. Vergleichen Sie die zwölf Tipps für eine selbstbewusste Körpersprache mit Ihrer eigenen Körpersprache. Was mache ich bereits gut? Was will ich beibehalten? Wo kann ich mich noch verbessern? Was nehme ich mir als Erstes vor?

Konzentrieren Sie sich während einer Woche auf ein Verhalten, das Sie ändern möchten, beispielsweise eine gerade Haltung. Oder darauf, dass Sie nicht nervös mit dem Fuß wippen oder mit den Fingern auf den Tisch trommeln. Beobachten Sie sich und überprüfen Sie laufend, ob Sie sich so verhalten, wie Sie es sich vorgenommen haben. Und haben Sie Geduld mit sich. Solche tief verwurzelten Verhaltensweisen ändern sich nicht von heute auf morgen. Wenn

Sie aber täglich an sich arbeiten, werden Sie schon bald erste Veränderungen spüren.

Üben Sie Ihre neue, selbstbewusste Haltung vor dem Spiegel. Das mag Ihnen zu Beginn seltsam oder albern vorkommen. Aber glauben Sie mir: Die richtig erfolgreichen Redner üben immer vor dem Spiegel. Ein früherer Chef von mir, der auf über vierzig Jahre als erfolgreicher Redner zurückblicken kann, war bekannt dafür, dass er seine Reden vor dem Spiegel übte und mit Kamera festhielt und analysierte – auch heute noch. So weit brauchen Sie gar nicht zu gehen. Aber die eigene Haltung ab und zu vor dem Spiegel zu überprüfen und sich Rückmeldungen von anderen Personen einzuholen kann ich Ihnen nur empfehlen.

Üben Sie Ihre selbstsichere Körpersprache vor dem Spiegel oder nehmen Sie sich mit einer Kamera auf. So erkennen Sie persönliche Unsicherheiten oder Macken und können diese durch ein selbstbewussteres Verhalten ersetzen.

Beobachten Sie zudem Freunde, Politiker, Stars oder andere Menschen, die Ihrer Meinung nach eine gute Körpersprache haben, und versuchen Sie herauszufinden, was Sie bei diesen Menschen anspricht. Was gefällt mir besonders bei diesen Vorbildern? Was tun diese, was ich nicht mache? Notieren Sie Ihre Erkenntnis in Ihrem Notizbuch.

Suchen Sie sich Vorbilder und analysieren Sie deren Körpersprache. Finden Sie heraus, was Sie von ihnen lernen können.

Nachdem Hannah gegangen ist, bestellen sich Charlotte und Robert noch einen Kaffee. »Du scheinst Hannah zu gefallen«, sagt Charlotte, nicht zuletzt um Robert auch ein kleines Erfolgserlebnis zu gönnen – schließlich haben sie und Hannah sich ziemlich lange über einen anderen Mann unterhalten.

»Wieso meinst du?«

»Als ich sie kennengelernt habe, war sie sehr zurückhaltend. Und heute war sie offen, hat erzählt und mitdiskutiert. Sie hat sich offensichtlich wohlgefühlt«, erklärt Charlotte.

Aber Robert bleibt skeptisch: »Vielleicht hat sie das einfach nur vorgespielt?«

»Das glaube ich nicht. Warum sollte sie? Und zudem weiß ich nicht, ob sie das überhaupt könnte«, entgegnet Charlotte und fügt hinzu: »... ohne dass wir es merken, meine ich.«

Sie schaut noch einmal die beiden am Tischchen vor dem Fenster an und meint nachdenklich: »Das bringt mich auf eine Frage: Kann man selbstbewusstes Verhalten vortäuschen? Kann man so tun, als ob man selbstbewusst wäre, wenn man sich gar nicht so fühlt? Wirkt man dann noch echt? Oder wirkt man nur noch verkrampfter und unsicherer?«

Fake it till you make it

Die Frage, ob Selbstsicherheit vorgetäuscht werden kann, wird mir häufig gestellt. Und leider gibt es darauf keine wirklich befriedigende Antwort. Natürlich ist es im Grunde besser, wenn man sich so gibt, wie man ist beziehungsweise wie man im Moment empfindet, da es schwierig bis unmöglich ist, anderen etwas vorzumachen. Für schüchterne Menschen würde dies allerdings bedeuten, dass sie sich schüchtern und gehemmt geben, nur weil sie sich im Moment schüchtern und gehemmt fühlen. Damit wären sie zwar »echt«, sie würden jedoch nie einen Weg aus der Schüchternheit herausfinden, da sie immer schüchternes Verhalten zeigen würden.

Für mich ist dies keine sinnvolle Alternative, da sich auf diese Weise nichts an ihrem Problem und ihrer Situation ändert. Wenn schüchterne Menschen einen Weg aus ihrer Schüchternheit finden wollen, müssen sie sich nicht-schüchternes – sprich: selbstsicheres – Verhalten antrainieren. Und das geht nun einmal nur, indem sie es üben. Selbst auf die Gefahr hin, dass sie auch einmal gekünstelt oder gar gezwungen wirken.

Nehmen Sie bewusst das Risiko in Kauf, auch einmal aufgesetzt und gekünstelt zu wirken, um sich ein neues Verhalten anzutrainieren.

Obwohl ich grundsätzlich der Meinung bin, dass nur authentische Personen gut ankommen, bejahe ich in diesem Fall den amerikanischen Ausspruch: »Fake it till you make it«, was so viel heißt wie: »Tu so, als ob, bis du es kannst.« Denn dieser »Fake«, also das Vortäuschen, wird nur vorübergehend sein. Indem Sie konsequent an Ihrer Haltung, Ihrem Blickkontakt und Ihrer Mimik arbeiten, wird Ihnen das neue Verhalten immer vertrauter. Sie werden sich immer wohler damit fühlen und es mit der Zeit als natürliches Verhalten in Ihr Repertoire aufnehmen.

Außerdem funktioniert Körpersprache nicht nur nach außen, sondern auch nach innen. Wenn Sie lächeln, fühlen Sie sich glücklicher. Wenn Sie mit festem Schritt einen Raum betreten, fühlen Sie sich tatkräftiger. Wenn Sie mit beiden Füßen fest auf dem Boden stehen, fühlen Sie sich ruhiger. Nutzen Sie diese kleinen Tricks, um sich selber Kraft zu geben!

Unsere Körperhaltung, Mimik und Gestik beeinflusst unsere Gefühle. Wenn Sie die Körperhaltung eines selbstbewussten Menschen einnehmen, dann fühlen Sie sich auch selbstsicher.

Spielerisch flirten

Mit einem Augenaufschlag, einem anerkennenden Blick und einem charmanten Lächeln fängt jeder Flirt an, egal, ob Sie auf der Suche nach der großen Liebe oder einem erotischen Abenteuer sind oder ob Sie einfach nur Spaß haben wollen. Hier die wichtigsten Tipps, wie Sie spielerisch flirten:

- So wecken Sie Interesse und erkennen, ob der Flirtpartner ebenfalls interessiert ist: Blickkontakt suchen oder erwidern, lächeln, kurz wegschauen, dann wieder hinsehen und erneut lächeln.
- Ein zweiter Blickkontakt kommt nur zustande, wenn der andere interessiert ist. Wenn die oder der andere also nicht wieder zu Ihnen hinsieht, dann ist sie oder er nicht interessiert.
- Ein dritter Blickkontakt ist eindeutig und gibt grünes Licht für ein Gespräch
- Schauen Sie interessiert, aber starren Sie nicht.
- Blinzeln Sie ab und zu. Mir einem Augenaufschlag zeigen Sie, dass Sie sich zum anderen hingezogen fühlen.
- Liebe Männer: Es gibt einen Unterschiede zwischen flirten und anbaggern. Das Zweite kommt bei Frauen sehr schlecht an. Verzichten Sie deshalb auf billige Sprüche und protziges »Du-hast-sicher-nur-auf-mich-gewartet-Gehabe«.
- Und: Werfen Sie die Flinte nicht zu schnell ins Korn. Manchmal dauert es etwas länger, bis der andere zu einem Kennenlernen bereit ist.

Wer das Flirtspiel nicht beherrscht, hat große Mühe, eine romantische oder erotische Beziehung zu beginnen. Und dabei spreche ich nicht nur vom Flirt in einer Bar mit wildfremden Personen. Auch wenn Sie sich für den Bekannten aus dem Musikverein oder eine Arbeitskollegin interessieren, müssen Sie wenigstens im Ansatz fähig sein, der betreffenden Person zu signalisieren, dass Sie an ihr interessiert sind. Im Gegensatz zur Bar ist es im Verein, am Arbeitsplatz oder in der Nachbarschaft einfacher, da Sie sich zumindest flüchtig kennen und Sie ein verbindendes Thema haben. Dennoch müssen Sie fähig sein, Ihren Kontakt über das Alltägliche hinaus zu vertiefen. Und dies beginnt immer mit einem Augenaufschlag und einem Lächeln.

Bitte vergessen Sie ob all dieser Tipps nicht die Grundlage jedes lustvollen und erfolgreichen Flirts: Ihre Eigenliebe. Nur wenn Sie sich selber mögen und sich Ihres Wertes und Ihrer Einzigartigkeit bewusst sind, werden auch andere Sie mögen und schätzen. Dann werden Sie auch nicht so leicht aus dem Gleichgewicht geraten, wenn Sie einen Korb erhalten.

Charlotte und Robert brechen auf. Gerade als sie zur Tür hinausgehen, kommt ein kleines Mädchen über den Platz gerannt. Es ruft: »Daddy! Daddy! Mami hat mir einen Traktor gekauft«, und streckt die Ärmchen aus. Das Lachen des Mannes mit der ärmellosen Weste wird noch größer. Sein Gesicht leuchtet. Er steht auf, hebt das Mädchen hoch und wirbelt es durch die Luft.

Kurz hinter dem Mädchen taucht eine Frau auf, die einen Kinderwagen schiebt. »Hallo, Schwesterchen«, sagt sie zur Kellnerin und umarmt sie herzlich.

»Siehst du?«, sagt Charlotte triumphierend, »ich habe ja gesagt, dass die kein Paar sind!«

Zeigen Sie Größe im kleinen Gespräch

Nach ihrem Treffen mit Charlotte und Robert besucht Hannah die Chorprobe. Sie war schon an ihrem alten Wohnort Mitglied eines Gospelchors. Dieses Hobby wollte sie weiterführen. Allerdings gab es da eine größere Hürde: Sie musste zuerst zu einem Probesingen. Hannah war überzeugt, dass sie als »Neue« unerwünscht und sowieso eine viel zu schlechte Sängerin ist. Sie war überzeugt, dass sie sich bis auf die Knochen blamieren würde. Deshalb hatte sie diesen Schritt lange hinausgezögert. Dann endlich – und nicht zuletzt, weil Tom sie fast dazu genötigt hatte – ging sie ein erstes Mal hin. Alles lief gut.

»Und ich habe gesanglich bereits Fortschritte gemacht in den letzten Wochen«, denkt sie erfreut. Die Probe ist vorbei und Hannah packt ihre Noten zusammen.

»Kommst du auch noch mit, um etwas zu trinken?«

Hannah dreht sich um und schaut in die Augen von Fabio, der im Chor etwas weiter links hinter ihr steht. Sie errötet.

»Ähm, ich ...« Hannah ist verwirrt. Mit Fabio hat sie noch nie gesprochen. Er schien ihr bisher etwas arrogant zu sein, hat sie nie groß beachtet, noch nie mit ihr geredet.

»Ähm, wer ist denn sonst noch so dabei?«, fragt sie unsicher.

»Oh, wir sind um die acht Leute. Es sind immer die gleichen.« Er zählt einige Namen auf. »Kommst du mit? Wir gehen in die Enothek.«

Hannah fühlt sich überrumpelt. Solche Treffen sind ihr ein Graus. Alle schwatzen durcheinander, tauschen Banalitäten aus, machen Witze. Alles oberflächlich und belanglos. Und sie als Neue sitzt dazwischen, ein gefundenes Fressen für alle neugierigen Klatschtanten. »Sie werden mich löchern mit Fragen. Und ich sitze da und weiß nicht, was ich antworten soll«, denkt sie verzweifelt. Ihre Bedenken überschlagen sich. Da hilft nur eins: Eine Ausrede muss her.

»Das ähm ... nein, ich ... ich muss dringend noch etwas erledigen heute. Tut mir leid. Vielleicht ... vielleicht ein andermal«, stammelt sie und denkt: »Ich bin sicher rot wie eine Tomate und stottere idiotisch vor mich hin. Wie pubertär!«

»Aber es ist doch nur ein Drink. Das dauert nicht lange. Ich muss auch bald weg.«

Hannah wendet sich ab zum Gehen, doch Fabio lässt nicht locker: »Also, gehen wir?«, fragt er und hält ihr den Mantel auf.

Halten Sie Smalltalk für oberflächlich, anbiedernd oder langweilig? Graut es Ihnen vor Floskeln wie »Schade, dass es heute schon wieder regnet«? Halten Sie sich für eine schlechte Smalltalkerin, weil Ihnen spontan nie etwas Lockeres in den Sinn kommt, das dennoch halbwegs geistreich ist? Oder haben Sie Angst, dass Sie auf Fragen von Fremden keine passende Antwort finden? Dann sind Sie nicht allein.

Viele Menschen stehen dem Smalltalk ambivalent gegenüber: Einerseits wissen Sie, wie wichtig leichte Konversation für den Aufbau von privaten und beruflichen Beziehungen ist, andererseits fühlen Sie sich beim Gedanken an dieses »Geplauder« unsicher oder genieren sich gar.

Das muss nicht sein. Smalltalk ist kein Privileg einiger begnadeter Kommunikatoren mit ausgeprägtem Selbstbewusstsein. Smalltalk kann jeder lernen. Man muss nur die Regeln kennen.

Falls Sie zu den Menschen gehören, die dem Smalltalk ablehnend gegenüberstehen, möchte ich Sie gerne von den positiven Aspekten des Smalltalks überzeugen. Denn Smalltalk ist weit mehr als bloß der Austausch von Nichtigkeiten. Er erfüllt eine ganz wesentliche Aufgabe im Zusammensein von Menschen: Smalltalk ist die Basis, auf der alle zwischenmenschlichen Kontakte entstehen.

Smalltalk ist die Voraussetzung für jede Art von Beziehung, unabhängig davon, wo diese einmal hinführt. Ob kurzer Flirt, Freundschaft, Liebesbeziehung oder Ehe: Alle haben sie einmal mit einer leichten Unterhaltung begonnen.

Auch berufliche Kontakte und die kollegiale Zusammenarbeit profitieren von einer angenehmen Unterhaltung, die über rein Geschäftliches hinausgeht. Durch den Austausch lernt man sein Gegenüber besser kennen und entdeckt Gemeinsamkeiten. Die Zusammenarbeit fällt leichter.

Smalltalk ist eines der wertvollsten Instrumente der Beziehungsgestaltung, denn es ist der Türöffner für jede Art von Beziehung. Lernen und pflegen Sie das unverfängliche Gespräch.

Wo und wann klappt's am besten?

Erwartungsvoll und mit ihrem Mantel in der Hand steht Fabio da. Da erinnert sich Hannah an ihr Herzensziel »Ich tanze in ein Leben voll Zuneigung und Glück« und daran, was sie sich in Bezug auf ihr Verhalten vorgenommen hat. »Wenn ich jetzt kneife, verpasse ich vielleicht eine große Chance!«, denkt sie. »Und eine Bar ist auch nicht so formell, da ist man nicht so sehr gebunden, muss sitzen bleiben und kann nicht mehr weg. Außerdem fällt es da weniger auf, wenn ich bald wieder verschwinde.«

Beherzt, aber alles andere als überzeugt antwortet sie: »Also gut. Ich komme. Aber wirklich nur ganz kurz.«

Wenn Sie sehr schüchtern sind und es Ihnen große Mühe bereitet, fremde Menschen anzusprechen, ist es umso wichtiger, dass Sie sich gut vorbereiten. Wählen Sie den Ort, wo Sie neue Leute kennenlernen wollen, sorgfältig aus. Dies kann eine private Party sein, ein Stadtfest, ein Museum, das Theaterfoyer, ein Café, die S-Bahn, das Fitnesscenter, der Musikverein, der Supermarkt oder auch eine geschäftliche Veranstaltung wie ein Kongress oder eine Schulung. Es sind Ihnen keine Grenzen gesetzt. Wählen Sie einen Ort, den Sie gut kennen und wo Sie sich wohlfühlen.

Wählen Sie einen Ort oder eine Situation, wo sich einfach ein Gesprächsthema finden lässt. Im Museum können Sie über die aktuelle Ausstellung sprechen, im Theater über das aufgeführte Stück, bei einer privaten Einladung über das Essen, bei einem Vortrag über die kontroversen Thesen der Referentin. Aber Achtung: Äußern Sie sich immer positiv oder neutral, Sie wissen nie, ob Ihr Gegenüber nicht die beste Freundin der Referentin ist.

Wenn Sie Hunde mögen oder sogar selber einen Hund haben, ist es ein Leichtes, andere Hundebesitzer anzusprechen. Hundeliebhaber finden es absolut normal, dass man ihren Liebling süß findet – eine tolle Gelegenheit, um ein lockeres, unverfängliches Gespräch zu beginnen.

Nette Leute können Sie überall kennenlernen. Wählen Sie einen Ort, der Ihnen vertraut ist, wo Sie sich gut fühlen und wo sich leicht ein gemeinsames Gesprächsthema finden lässt.

Achten Sie darauf, dass die Situation ein sinnvolles Gespräch überhaupt zulässt. Wenn Sie im Zug einen Pendler ansprechen wollen, den Sie bisher nur vom Sehen kennen, beginnen Sie das Gespräch nicht auf dem Bahnsteig, kurz bevor der Zug einfährt, sondern warten Sie, bis Sie zusammen im Abteil sitzen. Falls der Zug Verspätung hat, nutzen Sie die Gelegenheit und beginnen Sie ein Gespräch über die Pünktlichkeit der Züge.

Lassen Sie sich helfen

Es ist nicht weit bis zur Enothek und die beiden gehen den größten Teil des Weges schweigend nebeneinanderher. Als sie ankommen, sind die anderen schon da. Hannah kennt sie von den gemeinsamen Proben, gesprochen hat sie aber noch mit niemandem so richtig. Die Situation wirkt ziemlich beängstigend.

Fabio bemerkt ihre Unsicherheit nicht oder schenkt ihr zumindest keine Beachtung. Er ist ganz auf seine Rolle als Gentleman fixiert. »Was möchtest du trinken?«, fragt er galant, und Hannah bestellt eine Apfelschorle.

Als sie sich zu den anderen gesellen, verkündet er: »Ihr kennt sicher alle Hannah. Da sie neu im Chor ist, fände ich es nett, wenn sie uns und natürlich auch wir sie etwas besser kennenlernen.«

Die anderen verstummen. Alle Blicke richten sich auf Hannah.

Wenn Sie ein Greenhorn im Smalltalk sind, kann es eine große Hilfe sein, wenn jemand Sie begleitet. Passen Sie aber auf, dass Sie nicht den ganzen Abend nur aneinanderkleben – Sie wollen ja neue Menschen kennenlernen. Am besten gehen Sie mit jemandem aus, der viele Leute kennt und Sie anderen vorstellen kann. Wenn Sie die Gästeliste kennen, können Sie vorab sogar besprechen, wen Sie gerne kennenlernen möchten, und Ihre Begleitung bitten, Sie den ausgewählten Personen vorzustellen.

Besonders wirkungsvoll ist es, wenn Ihr Bekannter dabei nicht nur Ihren Namen nennt, sondern gleich einen kleinen Werbespot für Sie abgibt: »Das ist Rainer Mangold. Er ist nicht nur ein erfolgreicher Informatiker, sondern auch ein guter Marathonläufer. Letztes Jahr hat er an einem Marathon zugunsten krebskranker Kinder teilgenommen.« Eine Kollegin stellt mich jeweils vor mit den Worten: »Das ist Petra Wüst. Sie schreibt interessante und hilfreiche Bücher zum Thema Selbstmarketing.« Das ist tolle Werbung, die ich selber so nicht machen könnte. Wenn die Ankündigung aber durch eine dritte Person geschieht, die zudem Ansehen genießt, ist das Interesse garantiert.

Wichtig dabei ist, dass Ihr Bekannter eine Eigenschaft von Ihnen hervorhebt, die Sie selber auch attraktiv finden und über die Sie gerne reden. Denn die Leute beißen bei einem solchen Köder garantiert an.

Segeln Sie im Windschatten einer geselligen Person. Gehen Sie mit jemandem aus, der viele Leute kennt und leicht Kontakte knüpft.

Sie können auch mit jemandem ausgehen, der leicht Kontakt zu anderen Leuten findet und die erste Hürde für Sie nimmt. Auch diese Lösung sollte nur vorübergehend sein, schließlich wollen Sie lernen, allein auf Menschen zuzugehen und Gespräche anzufangen. Und das können Sie nur, wenn Sie üben, üben, üben!

Gesprächspartner gesucht

Da ist er, dieser Moment, vor dem Hannah sich so gefürchtet hat. »Ich muss etwas sagen«, denkt sie verzweifelt, »aber was?« Ihr Gehirn ist wie leergefegt. Sie klammert sich an ihrer Apfelschorle fest.
Da ist der Spuk auch schon vorbei. Die Gesichter wenden sich ab und alle widmen sich wieder ihren Gesprächen. Hannah ist verdutzt. Nie-

mand hat sie gleich mit persönlichen Fragen oder peinlichen Bemerkungen bestürmt. Dafür steht sie jetzt allein da. Auch Fabio redet angeregt mit jemandem. Sie kommt sich vor wie das fünfte Rad am Wagen. Da sie nicht weiß, was sie als Nächstes tun soll, bleibt sie erst einmal stehen.

Da bemerkt sie, dass Rosa, eine ältere Frau, welche in der gleichen Stimmlage singt wie sie, sie immer wieder anschaut. Hannah weiß nicht recht, wie sie das deuten soll: Taxiert die Frau sie und wird sie sich bald gelangweilt abwenden? Oder ist das Mitleid in ihrem Blick? Schließlich sagt Rosa: »Wir reden gerade darüber, ob wir für unseren nächsten Ausflug mit dem Chor nach Berlin fahren sollen. Dort findet im Frühling ein internationales Gospelfestival statt.«

»Hmm«, ist alles, was Hannah dazu einfällt.

»Warst du schon einmal bei einem Gospelfestival?«, will Rosa wissen.

»Ja ich …, aber nur bei einem regionalen«, bringt Hannah hervor.

»Wir bisher auch«, meint Rosa munter. Und zu einer anderen Frau, von der Hannah nur weiß, dass sie Lisa heißt, sagt sie: »Das war doch ein toller Ausflug letztes Jahr.«

»Ja«, meint Lisa: »Da ging die Post ab.« Beide lachen.

Sie betreten einen Raum voller fremder Menschen. Eine Situation, die selbst für gesellige Menschen unangenehm ist. Wie verhalten Sie sich? Auf keinen Fall machen Sie auf dem Absatz kehrt und fahren gleich wieder heim. Auch allein herumzustehen ist keine befriedigende Lösung. Denn Sie möchten ja nette Menschen kennenlernen – und das ist die passende Gelegenheit.

Zunächst einmal: Nehmen Sie den Leistungsdruck von sich weg. Dies hier ist keine Schlacht, die gewonnen werden muss. Und Sie müssen auch niemandem etwas beweisen. Nicht sich selbst und schon gar nicht jemand anderem. Es geht auch nicht darum, ein Dutzend Leute kennenzulernen. Wenn Sie bei einer Veranstaltung nur ein einziges gutes Gespräch führen, reicht das vollkommen.

Und nicht vergessen: Sie sind kein Trostpflaster. Sie haben den Anwesenden viel zu bieten. Stellen Sie Ansprüche! Was möchten Sie bei dieser Veranstaltung erleben? Wollen Sie interessante Gespräche führen, womöglich etwas lernen? Oder wollen Sie sich einfach amüsieren?

Setzen Sie sich nicht unnötig unter Druck: Wenn Sie während zehn Minuten Ihre sozialen Kompetenzen üben, erreichen Sie mehr, als wenn Sie eine Stunde allein in der Ecke stehen.

Schauen Sie, dass Sie als einer der Ersten am Veranstaltungsort ankommen. So treffen Sie nicht auf eine Vielzahl von Leuten, sondern auf einige wenige, mit denen Sie dann auch leichter ins Gespräch kommen.

Wenn es etwas zu trinken gibt, besorgen Sie sich zuerst ein Getränk. Mit einem Glas in der Hand passen Sie schon viel besser ins Bild und sehen aus wie jemand, der dazugehört. Außerdem brauchen Sie sich dann nicht mehr um Ihre Hände und Ihre Gestik zu kümmern. Ein kleiner Tipp, den ich selber konsequent verfolge: Wenn Sie befürchten, Sie könnten etwas verschütten, verzichten Sie auf Orangensaft, Cola oder Rotwein und trinken stattdessen Wasser oder Weißwein. Das macht keine Flecken. Ich empfehle Ihnen allerdings, auf Alkohol zu verzichten. Sie wollen ja einen klaren Kopf haben, wenn Sie neue Bekanntschaften knüpfen, und das gute Gefühl genießen, den Abend ohne stimulierende Mittel bestritten zu haben.

Versuchen Sie, sich nicht auf sich selbst zu konzentrieren, und grübeln Sie nicht darüber nach, was die anderen wohl über Sie denken. Konzentrieren Sie sich vielmehr auf die Menschen im Raum:

Wer macht einen sympathischen Eindruck? Wer wäre wohl ein interessanter Gesprächspartner? Mit wem würde ich gerne sprechen?

> Achten Sie weniger auf sich und konzentrieren Sie sich bewusst auf Ihr Umfeld und auf die Menschen.

Als Zweites erkunden Sie die Situation: Wer steht auch alleine da und freut sich über ein Gespräch? Gehen Sie auf diese Person zu und beginnen Sie ein Gespräch. Viele Menschen haben Hemmungen genau wie Sie und finden nicht den Mut, jemanden anzusprechen. Sie werden also auf offene Ohren stoßen, wenn Sie den ersten Schritt machen.

> Lassen Sie sich Zeit, wenn Sie bei einer Veranstaltung ankommen. Beobachten Sie zuerst das Geschehen. Holen Sie sich dann etwas zu trinken und entscheiden Sie, mit wem Sie ins Gespräch kommen möchten.

Kleine Stehtische sind sehr hilfreich, wenn Sie mit jemandem ins Gespräch kommen wollen. Denn wer miteinander am Tisch steht, spricht auch miteinander. Suchen Sie sich einen Tisch aus, wo schon eine Gruppe steht und noch Platz für eine weitere Person ist. Gehen Sie auf die Gruppe zu, fragen Sie: »Darf ich mich zu Ihnen gesellen?«, und stellen sich dazu. Falls Sie bei einem Stehlunch sind, fügen Sie hinzu: »Ich wünsche Ihnen einen guten Appetit«, stellen Ihren Teller ab und fangen an zu essen.

Im Grunde ist die Bitte um Erlaubnis eine rhetorische Frage, die dazu dient, höflich zu sein und auf sich aufmerksam zu machen. Es passiert selten, dass die Gruppe ablehnt. Manchmal hält jemand einen Platz für eine andere Person frei – da der Rahmen jedoch bei solchen Veranstaltungen ungezwungen ist, werden Sie selbst dann kaum abgewiesen. Falls doch, suchen Sie sich einfach einen anderen Tisch. Keine Bange: Niemand hat bemerkt, dass Sie abgewiesen wurden, die Leute sind viel zu sehr mit ihrem eigenen Smalltalk beschäftigt.

Falls es keine Stehtische gibt, gehen Sie zu einer Gruppe hin und sagen: »Darf ich mich zu Ihnen stellen?« Dann hören Sie erst einmal zu, was geredet wird. Sie merken schnell, ob Sie stören oder nicht. Wenn die anderen Sie während des Gesprächs anschauen und sogar anlächeln, beziehen sie Sie in das Gespräch mit ein. Das ist gut, Sie sind akzeptiert. Bleiben Sie dann stehen und zeigen Sie, dass Sie am Gesprächsthema interessiert sind: Hören Sie aufmerksam zu, nicken Sie ab und zu unterstützend mit dem Kopf und halten Blickkontakt. Sie dürfen ruhig auch mitreden.

Falls Sie hingegen keines Blickes gewürdigt werden oder hören, dass persönliche oder vertrauliche Dinge besprochen werden, ziehen Sie sich ohne Worte zurück. Nehmen Sie es nicht persönlich. Auch das ist in einer sozialen Situation absolut natürlich und wird kaum beachtet. Was Sie in diesem Fall nicht tun dürfen: hartnäckig stehen bleiben oder sich gar ins Gespräch einmischen. Das empfinden die Betroffenen als aufdringlich und unhöflich.

Stellen Sie sich ungeniert zu einer Gruppe von Leuten dazu. Fragen Sie: »Darf ich mich zu Ihnen gesellen?« Hören Sie interessiert zu und beginnen Sie, sich am Gespräch zu beteiligen.

Langsam entspannt sich Hannah. Rosa ist nett. Sie bezieht sie in das Gespräch mit ein, ohne dass sich Hannah ausgehorcht fühlt. Sie fragt, wie lange Hannah schon singt und in welchem Chor sie vorher gesungen hat. Dann will Lisa wissen, warum sie hierhergezogen ist. Diese Frage berührt Hannah unangenehm, denn sie möchte nicht über ihre gescheiterte Beziehung reden. Deshalb sagt sie, sie hätte ein interessantes Jobangebot erhalten. Und das ist ja auch nicht gelogen.

»Und was arbeitest du«, möchte Rosa wissen.

»Ich arbeite als Juristin in einer Versicherung.« Hannah ist froh, dass sich das Gespräch in diese Richtung entwickelt, denn es fällt ihr leichter, über Berufliches zu sprechen als über Privates. »Und was arbeitest du?«, gibt sie die Frage zurück.

»Ich bin Verkäuferin in einem Blumenladen.«

Als Hannah sie verwundert anschaut, fügt sie lachend hinzu: »Ja, ja ich weiß. Was könnte ich auch anderes tun – bei meinem Namen.« Dann zeigt sie auf Lisa, die genüsslich an einem Sandwich kaut und die Augen verdreht, um zu signalisieren, dass sie jetzt grad nicht reden kann: »Und Lisa arbeitet in der Finanzabteilung eines Pharmaunternehmens.«

Es entsteht eine kurze Gesprächspause und Hannah überlegt, was sie als Nächstes sagen könnte. Sie weiß, dass Rosa im Vorstand des Gospelchors ist, eine Aufgabe, die sie mit viel Engagement und Herzblut wahrnimmt. Das scheint ihr ein gutes Thema zu sein, um das Gespräch fortzuführen: »Was gehört denn zu deinen Aufgaben im Vorstand?«, fragt sie.

»Im Vorstand des Chors? Ich leite die Programmkommission. Zusammen mit zwei anderen Mitgliedern lege ich das Programm unserer Aufführungen fest und wähle die Stücke aus, die wir singen werden.«

Hannah merkt, dass Rosa gerne über ihre Vorstandsarbeit spricht. Sie beschließt, das Thema noch etwas auszudehnen: »Und wie lange machst du das schon?«

Doch bevor Rosa antworten kann, taucht Fabio wieder auf: »Na, wie läuft's? Ich hoffe, du bereust nicht, dass du mitgekommen bist.«

»Nein, nein«, antwortet Hannah schnell. Überrascht stellt sie fest, dass sie es tatsächlich nicht bereut; ganz im Gegenteil. Denn obwohl sie sich anfangs unsicher und unwohl gefühlt hat, hat sich in der Zwischenzeit ein freundliches und interessantes Gespräch ergeben, bei dem sie nicht nur Zuschauerin ist, sondern einen aktiven Part spielt.

Warum ist dieses Gespräch für Hannah zum Schluss so gut verlaufen? Weil sie ein Thema aufgegriffen hat, das ihrer Gesprächspartnerin Spaß macht und über das diese gerne spricht. Überlassen auch Sie die Gesprächsthemen nicht dem Zufall. Bereiten Sie sich auf soziale Treffen vor. Überlegen Sie sich, wem Sie dort wohl begegnen, was diese Leute interessiert, worüber Sie mit ihnen sprechen könnten und wie diese auf Ihren Kontakt reagieren werden. Legen Sie sich einige Themen zurecht, die Sie anschneiden könnten. Lesen Sie die Zeitung, damit Sie über das aktuelle Geschehen informiert sind, oder suchen Sie auf Google nach den meistgelesenen Artikeln der letzten Tage.

Dabei hängen die Themen vom Anlass ab: Wenn Sie auf eine Fastnachtsparty gehen, werden die Leute eher über Fröhliches reden als über politisch ernste Themen. Und wenn Sie an einer firmeninternen Veranstaltung teilnehmen, wird wahrscheinlich über die Firma geredet. Wie stehen Sie zu den Reorganisationsplänen der Firma? Haben Sie den neuen Personalchef schon kennengelernt? Wie finden Sie ihn? Gefällt Ihnen der Umbau der Kantine?

Überlegen Sie, welches Ihre Meinung zu diesen Themen ist. Damit Sie bei einer Diskussion nicht sprachlos danebenstehen, wärmen Sie sich zu Hause auf, indem Sie ein Selbstgespräch mit Pro und Kontra führen und Ihre Argumente mehrmals laut formulieren. Je häufiger Sie das üben, desto überzeugender wirken Sie. Vielleicht gibt es auch bestimmte Botschaften, die Sie bei dieser Veranstaltung

»rüberbringen« möchten. Es kann sogar sein, dass Sie eine ganz bestimmte Person ansprechen wollen. Überlegen Sie bereits vorab, was Sie zu dieser Person sagen möchten.

Bilden Sie sich schon vor der Veranstaltung bzw. dem Treffen eine Meinung zu Themen, die Ihnen wichtig sind. Legen Sie Ihre Haltung und Argumente bezüglich dieser Themen fest und vertreten Sie diese mit Elan.

Denken Sie einige Spielzüge voraus und überlegen Sie sich, wie der andere wohl reagiert, wenn Sie ihn ansprechen, und wie Sie sich dann verhalten wollen: Wie wird die Person reagieren, wenn ich sie anspreche? Was wäre das Schlimmste, was sie tun könnte? Sich umdrehen und weglaufen? Mir ins Gesicht sagen, dass sie an einem Gespräch nicht interessiert ist? Das wird wahrscheinlich nicht passieren, aber nehmen wir mal an, Ihr Albtraum wird Realität: Was tun Sie dann? Wie verhalten Sie sich?

Dann nehmen Sie sich eine realistische Variante vor: Was ist eine »normale« Reaktion auf mein Gesprächsangebot? Die Person wird darauf eingehen und den Faden aufnehmen. Was sagen und machen Sie dann?

Vielleicht fällt Ihr erster Kontakt sogar sehr positiv aus, und die Person freut sich, angesprochen zu werden. Dies ist durchaus möglich – schließlich sind die meisten Leute begierig, Kontakte zu knüpfen.

Überlegen Sie sich bereits vor dem Gespräch mögliche Reaktionen Ihres Gesprächspartners und wie Sie darauf reagieren wollen. Konzentrieren Sie sich auf eine positive Reaktion – sie ist am wahrscheinlichsten.

Was sage ich als Erstes?

Nachdem Lisa ihr Sandwich aufgegessen hat, zeigt sie ein reges Interesse an Hannahs Privatleben. Neugierig fragt sie: »Bist du wirklich nur wegen des Jobs umgezogen? Gibt es da nicht vielleicht einen Mann in deinem Leben?« Sie lächelt süffisant.

»Nein, wirklich nur der Job«, antwortet Hannah kurz angebunden.

Leider hat sich die Sache für Lisa damit jedoch noch nicht erledigt: »Aber du hast sicher schon viele spannende Leute kennengelernt? Es ist ja viel los hier: Partys, Konzerte ...«

Diese Frage trifft Hannah unerwartet. Was soll sie sagen? Wäre es nicht am einfachsten, sich als schüchtern zu erkennen zu geben? Haben es die anderen nicht sowieso schon lange bemerkt?

»Ich gehe nicht häufig aus, da ich nicht so gerne unter fremden Menschen bin.« Kaum hat sie dies gesagt, merkt sie, dass sie einen Fehler gemacht hat. Denn nun wird ihre Zurückhaltung zum Gesprächsthema.

»Ach ja?« Rosa hebt verwundert die Augenbrauen, »das hätte ich nicht gedacht.«

Und Lisa meint selbstzufrieden: »Also, mir würde das nicht passieren. Ich gehe jede Woche zu mehreren Veranstaltungen und lerne jedes Mal tolle Leute kennen. Es gibt wohl keine Situation, bei der ich nicht mit Leuten ins Gespräch kommen kann.«

»Keine Situation, bei der du nicht ins Gespräch kommst?«, mischt sich Fabio ins Gespräch ein. Hannah hat den Eindruck, dass er nicht besonders gut auf Lisa zu sprechen ist, denn seine Stimme klingt angriffslustig. »Das möchte ich genauer wissen. Nehmen wir zum Beispiel einen Besuch im Fitnesscenter. Wie kommst du mit jemandem ins Gespräch, wenn du Hanteln stemmst? «

Lisa lacht. »Das ist ganz einfach. Das Praktische beim Fitnesscenter ist ja, dass die Leute meistens jede Woche zur gleichen Zeit hingehen. Das heißt, du triffst da immer etwa die gleichen Leute an. Und mit der Zeit kennt man sich.«

»Aber es ist doch aufdringlich, wenn ich beim Sport jemanden anspreche. Die Leute gehen da ja nicht zum Schwatzen hin, sondern um zu trainieren«, wendet Rosa ein.

»Ganz und gar nicht. Ein Fitnesscenter ist ein sozialer Ort, wo man sich trifft. Zudem kannst du ganz einfach herausfinden, ob jemand an einem Gespräch interessiert ist.«

»Ach ja?« Hannah wird neugierig. Auch wenn sie Lisa etwas selbstgefällig findet, hat sie das Gefühl, dass sie in dieser Beziehung etwas von ihr lernen kann. »Wie denn?«

»Nachdem du jemanden ein paarmal gesehen hast und er dir sympathisch ist, fängst du an, ihn anzulächeln und ihm zuzunicken. Wenn er deinen Gruß erwidert, gehst du einen Schritt weiter: Jetzt sagst du etwas wie: ›Hallo‹ oder ›Guten Abend‹. Wenn der andere dich dann ebenfalls grüßt, steht einem Gespräch nichts mehr im Weg.«

Lisa macht es offensichtlich Spaß, ihre Tricks zu verraten. »Für ein Gespräch ist es natürlich wichtig, dass du den Moment erwischst, wo der andere ein paar Minuten Zeit hat. Ideal ist die Saftbar oder wenn ihr beide darauf wartet, dass ein Gerät frei wird.«

»Und worüber rede ich da?« Fabio gefällt der Gedanke, an der Saftbar mit einem verschwitzten Fitnessfan zu smalltalken, nicht besonders.

»Am besten über Sport oder Fitness. Frag ihn, wie lange er dieses Fitnesscenter schon besucht, ob er noch andere Sportarten betreibt, wie ihm die Spinning-Lektion gefallen hat oder ob er den Mango-Brombeer-Shake schon probiert hat.«

Sie sind nun bereit, mit einer fremden Person ein Gespräch zu beginnen. Doch wie steigen Sie ins Gespräch ein? Was sagen Sie, um das Eis zu brechen?

Am leichtesten fällt der Einstieg, wenn man über den aktuellen Anlass zu sprechen beginnt: Warum sind wir beide heute hier? Wie gefällt es uns hier? Was haben wir hier schon erlebt? Kennen wir andere Anwesende? Hier einige Vorschläge:

Auf einer Party:

- »Woher kennen Sie die Gastgeber?«
- »Waren Sie schon am Büfett?«
- »Haben Sie schon etwas Leckeres vom Büfett probiert? Schmeckt toll!«
- »Waren Sie dieses Jahr schon in den Ferien?«

Bei einer kulturellen Veranstaltung, zum Beispiel einer Vernissage oder im Theater:

- »Der Maler ist ein fantastischer Künstler. Haben Sie seine letzte Ausstellung auch besucht?«
- »Wie gefällt Ihnen das Stück?«
- »Haben Sie auch schon andere Stücke vom selben Regisseur gesehen?«

Bei einer beruflichen Veranstaltung wie einem Kongress oder einer Tagung:

- »Wie hat Ihnen das Referat gefallen?«
- »Haben Sie das Buch der Referentin auch gelesen?«
- »In welcher Branche sind Sie tätig?«

Seien Sie sensibel gegenüber der Reaktion der anderen Person. Antwortet sie eher einsilbig, nehmen Sie sich zurück. Es könnte sein, dass sie sich überfahren fühlt, an einem Gespräch nicht interessiert ist oder sich nicht für das Thema interessiert. Warten Sie einfach einmal ab. Vielleicht nimmt sie den Faden wieder auf oder wechselt das Thema. Falls nicht, suchen Sie sich einen anderen Gesprächspartner.

Bleiben Sie locker und bedrängen Sie den anderen nicht. Zeigen Sie, dass Sie unabhängig sind und mit vielen Leuten ins Gespräch kommen können, das erhöht Ihre Attraktivität.

Sprechen Sie anerkennend über die Veranstaltung – und über sich selbst. Verwenden Sie in erster Linie positiv geprägte Worte und Ausdrücke.

Bereiten Sie sich vor

Der Gesprächseinstieg ist der schwierigste Moment beim Kennenlernen. Bevor Sie zu einer Veranstaltung fahren, bereiten Sie sich anhand folgender Fragen vor und schreiben Sie Ihre Antworten in Ihr Notizbuch:

- Wer wird bei der Veranstaltung anwesend sein? Wen kenne ich bereits?
- Wer sind die Gastgeber? Kenne ich sie?
- Gibt es jemanden, der mich anderen Gästen vorstellen könnte?
- Was sage ich als Erstes? Was sind mögliche Einstiegssätze in ein Gespräch?
- Worüber wird bei dieser Veranstaltung wohl geredet? Welche Themen könnten interessant und relevant sein?
- Welche Meinung vertrete ich in Bezug auf diese Themen? Welche Argumente habe ich?
- Überlegen Sie sich verschiedene Reaktionen und Gegenreaktionen Ihres Gesprächspartners: Wie könnte mein Partner auf mich reagieren? Welche Szenarien sind möglich? Und wie verhalte ich mich dann wiederum?
- Welches Szenario ist am wahrscheinlichsten?
- Was könnte schieflaufen? Was mache ich, wenn etwas schiefläuft?

Wer fragt, der führt

Fällt Ihnen bei den vorgeschlagenen Einstiegssätzen etwas auf? Genau: Es sind alles Fragen. Das heißt, Sie starten das Gespräch nicht, indem Sie über sich reden oder Ihre Meinung kundtun, sondern fragen den anderen nach seinen Erfahrungen oder seiner Meinung.

Indem Sie Ihrem Gesprächspartner Fragen stellen, zeigen Sie Interesse an seiner Person, seiner Sichtweise, seinem Leben. Damit rücken Sie ihn ins Zentrum der Aufmerksamkeit und geben ihm das Gefühl, eine wichtige und interessante Person zu sein, deren Aussagen Gewicht haben. Die meisten Menschen – wenn sie nicht selber schüchtern sind – erzählen gerne von sich und hören sich gerne reden.

Bitten Sie um Rat oder eine Expertenmeinung. Wenn Ihre Gesprächspartnerin jeden Sommer zum Lachsfischen nach Alaska fährt, fragen Sie, was einen guten Räucherlachs ausmacht und wo man hier in der Stadt den besten Lachs kaufen kann.

Zeigen Sie echtes Interesse an Ihrem Gegenüber. Stellen Sie Fragen und versuchen Sie, seine Sichtweise kennenzulernen.

Um das Gespräch am Laufen zu halten, ist es am einfachsten, wenn Sie ein Thema, das Ihr Gesprächspartner erwähnt hat, oder eine Bemerkung, die er gemacht hat, aufgreifen. So erhält das Gespräch einen natürlichen Fluss, und Sie vermeiden abrupte Themenwechsel. Außerdem erhalten Sie so eine Fülle von Informationen, auf die Sie näher eingehen können.

Wenn mein Gegenüber beispielsweise sagt: »Sie haben ja tolles Wetter in Basel. Bei uns in Frankfurt lässt die Sonne noch auf sich warten – dabei habe ich mit der Familie über das Wochenende einen

Ausflug geplant«, dann kann ich mich auf das Wetter, auf Basel, auf Frankfurt, auf seine Familie oder auf den geplanten Ausflug beziehen. »Basel hat dank Jura und Rheinknie ein einzigartiges Klima. Wir haben deutlich mehr Sonnentage als die übrige Deutschschweiz. Was machen Sie denn hier in Basel?« Und schon eröffnet sich ein weiterer Gesprächsstrang. Bezogen auf den Ausflug kann ich fragen: »Wohin soll der geplante Ausflug denn gehen?« Haben Sie keine Angst, dass dies bereits zu persönlich ist. Schließlich hat der andere selber den Ausflug erwähnt. Es ist also völlig in Ordnung, wenn Sie dieses Thema aufgreifen.

Die Kontrolle über ein Gespräch hat übrigens nicht unbedingt die Person, welche die ganze Zeit redet, sondern jene, die mittels Fragen durch das Gespräch führt und den anderen durch interessiertes Zuhören fesselt. Nicht umsonst heißt es: Wer fragt, der führt.

Wenn Sie so vorgehen, betreiben Sie »intelligenten« Smalltalk: Sie reden nicht nur Belangloses über das Wetter, sondern Sie verknüpfen die Bemerkungen über die Wetterlage mit zusätzlichen Informationen, die für den anderen interessant sein könnten.

Machen Sie »intelligenten« Smalltalk: Nehmen Sie Bemerkungen und Themen auf, die der andere einbringt, und stellen Sie Fragen dazu. Oder bitten Sie um Rat und eine Expertenmeinung.

Haben Sie keine Angst vor Gesprächspausen. Es darf ruhig auch einmal geschwiegen werden. Dies wirkt natürlicher, als wenn Sie eine Frage nach der anderen losfeuern und Ihrem Gegenüber ein Loch in den Bauch fragen. Sie wollen schließlich Wertschätzung und Interesse zeigen und keine Inquisition durchführen.

Wenn Ihnen keine weitere Frage einfällt und Sie schweigen, wird der andere wahrscheinlich einfach weiterreden. Er weiß ja nicht, was in Ihrem Kopf vorgeht, etwa dass Sie nach einer weiteren Frage suchen, Ihnen jedoch nichts Passendes einfällt. Er wird Ihr Schweigen als natürliche Gesprächspause verstehen oder allenfalls die Gelegenheit nutzen, im Gegenzug Ihnen eine Frage zu stellen.

Ohren auf!

Achten Sie darauf, den anderen auch wirklich ausreden zu lassen. Nichts ist unangenehmer, als wenn mir mein Gegenüber eine Frage stellt und mich dann nicht ausreden lässt. Denken Sie nicht bereits über die nächste Frage nach, während der andere noch spricht, sondern konzentrieren Sie sich ganz auf die Antwort.

Es ist immer wieder erstaunlich, wie schwer es vielen Leuten fällt, ihrem Gegenüber wirklich zuzuhören. Häufig sind wir so sehr mit uns selbst beschäftigt, dass wir den anderen komplett ausblenden.

Gerade für schüchterne Menschen ist dies ein wichtiges Thema. Da ihre Selbstaufmerksamkeit groß ist und sie sich ständig darum sorgen, wie sie wohl bei den anderen ankommen und was die anderen über sie denken, konzentrieren Sie sich in Gesprächssituationen in erster Linie auf sich selbst statt auf ihr Gegenüber.

Konzentrieren Sie sich im Gespräch ganz auf Ihr Gegenüber und hören Sie ihm aufmerksam zu.

Bei all diesen Regeln des Smalltalks und bei aller Wertschätzung dem anderen gegenüber sollten Sie jedoch nie vergessen, dass Sie ebenfalls Teil des Gesprächs sind – und zwar ein wichtiger Teil. Das Gespräch sollte nicht nur einseitig Ihrem Gesprächspartner eine Bühne bieten, sondern auch Sie sollten im Gespräch zu Wort kommen und sich einbringen können. Auch Sie sollen sich wohl und wertgeschätzt fühlen. Wenn Sie also während des Gesprächs den Eindruck gewinnen, der andere interessiere sich gar nicht für Ihre Person, sondern missbrauche Sie als williges Publikum, scheuen Sie nicht davor zurück, das Gespräch höflich, aber bestimmt zu beenden und sich einen anderen Gesprächspartner zu suchen.

»Was machen Sie denn beruflich?«

Für den Smalltalk gibt es unzählige Gesprächsaufhänger: Sport, Hobbys, Kultur, Reisen, die Herkunft, das Wetter, Anekdoten aus dem Alltag, das aktuelle Zeitgeschehen und natürlich die Arbeit.

Obwohl die Arbeit für die meisten ein sicheres und unverfängliches Terrain ist, rate ich davon ab, gleich mit der Frage »Was machen Sie beruflich?« zu starten. Machen Sie lieber zuerst eine Bemerkung zum aktuellen Anlass und stellen Sie die Frage nach der beruflichen Tätigkeit etwas später.

Natürlich können Sie Pech haben und bei der Frage nach der Arbeit auf eine Person stoßen, die arbeitslos oder mit ihrem Job unzufrieden ist. Oder sie möchte gerade nicht über Berufliches sprechen. Dies ist jedoch die Ausnahme. In neun von zehn Fällen werden Sie mit der Frage »Was machen Sie denn beruflich?« Erfolg haben.

Folgende Fragen können Sie unter anderem im beruflichen Bereich stellen:

- »In welcher Branche arbeiten Sie?«
- »Bei welcher Firma arbeiten Sie?«
- »Was gefällt Ihnen an Ihrer Arbeit?«
- »Wie sind Sie dazu gekommen, in diesem Beruf zu arbeiten?«

Vermeiden Sie es unbedingt, den anderen in seinem Fachbereich zu belehren, wenn Sie selber nicht vom Fach sind! Nichts ist ärgerlicher, als wenn ein Laie mir meinen Job erklären will. Fragen Sie in einem ersten Gespräch nie nach dem Gehalt oder nach einer »Gratisberatung«, wie Anlagetipps von einer Finanzberaterin oder Tipps für die Stellensuche von einem Personalberater.

Worüber reden Frauen und Männer beim ersten Date? Laut einer Umfrage von ElitePartner.de bei 4000 Singles reden Frauen bei ihrem ersten Date am liebsten über Berufliches, da dies ein für sie unverbindliches Thema ist. Männer dagegen möchten mehr Persönliches über ihr Gegenüber erfahren: Welche Träume und Zukunftspläne hat die Frau?

Nicht zu empfehlen für Smalltalk sind heikle und persönliche Themen wie Krankheit, seelische Krisen, Religion oder Geld. Außerdem sollten Sie sich nie negativ über Ihre Gastgeber, andere Gäste oder das Essen äußern. Wer schlecht über andere redet, gerät selber in ein schiefes Licht. Klatsch und Tratsch sind ebenfalls tabu, genauso wie zweideutige, sexistische und rassistische Bemerkungen.

Über Politik können Sie reden, wenn es um aktuelle Themen geht, die in aller Munde sind. Falls Sie eine sehr klare politische Meinung vertreten, behalten Sie diese für sich – außer Sie nehmen explizit an der Veranstaltung teil, um Politpropaganda zu betreiben. Seien Sie aber gewarnt: Sie machen sich damit nicht beliebt und stehen wahrscheinlich das nächste Mal nicht mehr auf der Gästeliste.

Es gibt eine Vielzahl von Themen, die Sie ansprechen können. Wählen Sie erquickliche Themen wie Ferien, Hobbys, Sport und Beruf. Vermeiden Sie heikle oder triste Gespräche über Politik, Religion, Geld, Krankheit, seelische Krisen oder Tod.

Bauch rein, Brust raus: Es geht um Sie!

Nachdem Sie erste Bemerkungen ausgetauscht haben, ist es an der Zeit, dass Sie sich gegenseitig vorstellen. Schließlich wollen Sie beide wissen, mit wem Sie es zu tun haben.

Machen Sie auch das ganz entspannt: »Übrigens: Mein Name ist Peter Müller.« Setzen Sie dazu Ihr schönstes Lächeln auf und sprechen Sie mit Stolz und Enthusiasmus in der Stimme. Es geht schließlich um Sie! Sagen Sie unbedingt auch Ihren Vornamen, da die Vorstellung so persönlicher wird und Ihr Name besser in Erinnerung bleibt. Sagen Sie Ihren Namen laut und deutlich, sodass der andere ihn auch versteht.

Wenn Sie sich vorstellen, wird die andere Person dies automatisch auch tun. Merken Sie sich den Namen! Da die meisten Leute Namen gleich wieder vergessen, machen Sie einen großen Eindruck, wenn Sie die Person später mit Namen ansprechen. Damit zeigen Sie nicht nur, dass Sie intelligent sind und sich Dinge merken können, sondern dass Sie sich im Gespräch auf das Gegenüber konzentrieren. Falls Sie nicht alle Namen im Kopf behalten können, schreiben Sie sie in einem unbeobachteten Moment auf.

Wenn Sie Ihre neue Bekannte beeindrucken wollen, merken Sie sich ihren Namen. Das schmeichelt ihrem Ego.

Wenn es sich um eine berufliche Veranstaltung handelt, können Sie Ihre berufliche Tätigkeit hinzufügen. Dies empfiehlt sich vor allem, wenn Sie an einer internen Firmenveranstaltung teilnehmen und mit Leuten sprechen, die Sie nicht kennen. Wenn Sie bei einer privaten Veranstaltung sind, sollten Sie nicht von sich aus auf Ihren Beruf zu sprechen kommen. Zeigen Sie, dass Sie nicht nur fürs Geschäft leben, sondern auch in Ihrer Freizeit spannende Dinge unternehmen.

Label »schüchtern«?

Eine Frage, die mir häufig gestellt wird, lautet: »Soll ich meinem Gegenüber sagen, dass ich schüchtern bin?« Lassen Sie mich dazu eine Gegenfrage stellen: Warum sollten Sie dies sagen? Was bezwecken Sie damit? Die häufigste Antwort lautet: »Weil ich mich dann besser fühle.«

Indem man über seine Schwächen spricht, kann man Druck ablassen, und man fühlt sich danach erleichtert. Das kann ich verstehen. Allerdings halte ich dies trotzdem für keine gute Lösung. Die Erfahrung zeigt nämlich, dass die anderen viel weniger aufmerksam sind, als wir gemeinhin meinen. Während wir das Gefühl haben, stotternd nach Worten zu ringen, fällt unserem Gegenüber gar nichts Besonderes auf. Denn die Leute sind hauptsächlich mit sich selbst beschäftigt. Sie wollen ja auch einen guten Eindruck machen, kluge Fragen stellen, gewitzte Antworten geben. Sie sind ebenfalls abgelenkt und mit sich selbst beschäftigt. Denn der wichtigste Mensch im Leben eines jeden ist immer noch er selbst.

Ich würde Ihnen deshalb raten, den inneren Druck auszuhalten und nicht auf Ihre Schüchternheit hinzuweisen. Gehen Sie einfach davon aus, dass der andere Ihre Unsicherheit nicht bemerkt. Schließlich wollen Sie keine schlafenden Hunde wecken und auf ein Manko hinweisen, das die anderen wahrscheinlich nicht einmal bemerken. Außerdem vermeiden Sie dadurch unsensible Bemerkungen wie: »Was, du und schüchtern? Du machst wohl Witze!«

Behalten Sie im Smalltalk für sich, dass Sie schüchtern sind, und verpassen Sie sich nicht selber den Stempel »gehemmt«. Wenn Sie nicht darauf hinweisen, werden es die anderen kaum bemerken.

Und wenn dem anderen Ihre Hemmungen wider Erwarten doch auffallen? Dann haben Sie nichts verloren. Denn ob der andere von sich aus merkt, dass Sie schüchtern sind, oder ob Sie ihn darauf hinweisen, spielt keine große Rolle. Lassen Sie es also darauf ankommen.

Nun kann es natürlich sein, dass Ihre körperlichen Symptome stark ausgeprägt sind, indem Sie beispielsweise im Gesicht rot werden. Dann ist es am besten, wenn Sie gleich selbst darauf hinweisen. Stellen Sie Ihr Erröten jedoch nicht wie ein Problem dar, sondern nehmen Sie es mit Humor und machen Sie eine lässige Bemerkung wie: »Meine Frau hasst Hitzewallungen. Deshalb übernehme ich das für sie.« So brauchen Sie nicht einmal auf Ihre Schüchternheit hinzuweisen.

Ein anderer Grund, weshalb Schüchterne auf ihre Schüchternheit hinweisen wollen, lautet auch: »Weil die Leute sonst meinen, ich wäre arrogant.« Wenn Sie mit Sicherheit wissen, dass Sie aufgrund Ihrer Zurückhaltung überheblich rüberkommen, kann es sich lohnen, auf die Schüchternheit hinzuweisen. Arrogante Menschen sind nicht beliebt. Schüchterne dagegen schon. Es ist deshalb besser für Sie, wenn die Leute Sie für schüchtern halten als für überheblich.

Machen Sie kein großes Aufheben. Weisen Sie beiläufig auf Ihre Schüchternheit hin. Tun Sie so, als ob Schüchternheit das Natürlichste der Welt wäre und Sie selber absolut kein Problem damit hätten: »Ich bin etwas schüchtern. Drum halte ich mich in Gesprächen lieber zurück.«

Wenn Sie wissen, dass Sie arrogant wirken können, weisen Sie auf Ihre Schüchternheit hin. Machen Sie das ganz locker und entspannt.

Nehmen sie dies aber nicht als Freibrief, um nun fortwährend auf Ihre Schüchternheit hinzuweisen. Sobald Ihr Gesprächsverhalten sich dank der im Buch beschriebenen Übungen verbessert hat, treten Sie im persönlichen Kontakt entspannter und souveräner auf, und Ihre »Aura der Arroganz« verschwindet ganz von allein.

Absolut keine Ausnahme von der Regel gibt es in beruflichen Vortragssituationen. Sobald Sie vor ein Fachpublikum treten, wird von Ihnen erwartet, dass Sie souverän wirken. Der Referent ist immer das Alpha-Tier im Saal. Wenn Sie in dieser Situation etwas sagen wie: »Bitte entschuldigen Sie, ich bin etwas schüchtern«, oder: »Entschuldigen Sie meine zittrige Stimme, ich bin nervös«, haben Sie die Aufmerksamkeit des Publikums verloren, bevor Sie Ihr Referat überhaupt begonnen haben. Mehr zu diesem Punkt erfahren Sie im Kapitel »Genießen Sie Ihren Auftritt«.

So nicht!

Rosa hat Lisas Ausführungen aufmerksam zugehört. Jetzt meint sie nachdenklich: »Mit anderen Leuten ins Gespräch zu kommen finde ich gar nicht so schwierig. Ich finde es viel schwieriger, mit Leuten umzugehen, die dir Dinge erzählen, die du gar nicht hören willst. Da weiß ich nie, wie ich reagieren soll.«

»Was für Dinge denn?«, will Fabio wissen.

»Persönliche Dinge, die irgendwie peinlich sind und wo du gar nicht weißt, wie du reagieren sollst. Wenn sich zum Beispiel jemand vorstellt mit den Worten: ›Hallo, ich bin Sandra. Mir wurde gestern gekündigt.

Dabei habe ich siebzehn Jahre für meine Firma gearbeitet. In meinem Alter finde ich bestimmt keine neue Stelle mehr.‹ Oder auch endlose, langweilige Geschichten über Leute, die du gar nicht kennst. Einmal hatte ich ein wirklich unangenehmes Erlebnis, da werde ich heute noch wütend, wenn ich darüber nachdenke!«, sagt sie heftig, und man spürt, dass es ihr ernst ist.

Hannah und Fabio sind ganz Ohr, und fordern Rosa auf: »Erzähl mal.« Die Geschichte möchten sie nun wirklich alle hören.

»Mein Mann und ich waren zu einer Hochzeitsfeier eingeladen. Wir saßen mit einem uns unbekannten Ehepaar am Tisch. Bereits bei der Vorspeise begann der Mann, uns von den Kurzgeschichten zu erzählen, die er schreibt. Wir waren höflich interessiert. Es stellte sich bald heraus, dass seine Geschichten düster und unappetitlich waren. Mir blieb das Essen im Hals stecken.«

»Was für Geschichten?«, fragt Fabio neugierig.

»Das mag ich gar nicht erzählen. Ist auch egal. Aber das Schlimmste war, dass ich wie gelähmt war und nicht wusste, was ich tun sollte. Schließlich waren wir beim Essen. Aufstehen und mit ein paar entschuldigenden Worten verschwinden war nicht möglich.«

»Und die anderen Leute am Tisch?«, fragt Hannah.

»Denen ging es wie uns. Keiner sagte etwas.«

Warum ist eine solche Situation so unangenehm? Weil wir die andere Person nicht kennen. Und weil sie die Konventionen, die zwischen Fremden bestehen, verletzt. Es ist nicht üblich, dass wir wildfremden Menschen unser Herz ausschütten, unser Leid klagen, ihnen unsere politischen Ansichten kundtun, mit ihnen philosophische Theorien diskutieren, ihnen komplizierte technische Probleme erläutern oder sie mit endlosen Geschichten in Beschlag nehmen. Es ist nicht üblich – und nicht angebracht.

Leider gibt es immer wieder Menschen, welche die wichtigste Regel eines ersten Kennenlernens nicht kennen oder beachten.

Diese lautet: Smalltalk bleibt immer an der Oberfläche – egal, wie sympathisch man sich in den ersten Minuten auch ist. Der Sinn des Smalltalks liegt darin, sich auf unverbindliche Art kennenzulernen, Gemeinsamkeiten zu entdecken, Sympathien füreinander zu entwickeln. Oder zu merken, dass der andere nicht die gleiche Wellenlänge hat, sodass die Möglichkeit besteht, sich zu trennen, ohne dass jemand das Gesicht verliert. Etwas platt kann man sagen: Es geht darum, sich zu »beschnuppern«. Tiefgründiges ist hier fehl am Platz.

Bleiben Sie beim ersten Gespräch unverbindlich und an der Oberfläche. Erzählen Sie keine intimen Dinge über sich, stellen Sie keine allzu persönlichen Fragen und nehmen Sie den anderen nicht mit Ihren Geschichten in Beschlag.

Was tun Sie, wenn der andere die Regeln guten Smalltalks missachtet und etwas sagt, das Ihnen unangenehm ist? Übergehen Sie die Bemerkung und springen Sie nochmals zum letzten Thema zurück. Lassen Sie sich nicht provozieren, wenn er weiter bei dem wunden Punkt bleibt. Beschließen Sie das Thema mit dem Hinweis: »Da kann man geteilter Meinung sein.« Oder beenden Sie das Gespräch und wenden Sie sich einem anderen Gesprächspartner zu.

Und wenn der Fall so liegt wie bei Rosa? Wenn Sie das Gespräch nicht schnell beenden und sich aus dem Staub machen können? Dann bleibt Ihnen nur der harte Weg: Sagen Sie Ihrem Gegenüber, dass sein Verhalten oder seine Bemerkungen Sie stören, und bitten Sie ihn, damit aufzuhören: »Ich finde Ihre Geschichte etwas unappetitlich. Und wir sind doch beim Essen. Bitte hören Sie auf zu erzählen, ich möchte das wirklich nicht hören.« Das ist der Beziehung zum Betroffenen zwar nicht unbedingt zuträglich, aber schließlich haben Sie ein Anrecht darauf, Ihr Essen in Ruhe zu genießen. Und die anderen Gäste werden es Ihnen danken.

Und dann gibt es auch noch ihn: den Prahlhans, der seine heldenhaften Handlungen in den buntesten Farben schildert, den Lügenbaron, dem keine Übertreibung peinlich ist, und den groben Klotz, der ohne Rücksicht auf sein Gegenüber derbe Witze reißt und selbst darüber am lautesten lacht. Sie alle sind zwar ärgerlich, aber unbedeutend. Lassen Sie sich von solchen Selbstdarstellern nicht aus der Ruhe bringen. Und verfallen Sie bitte nicht auf den Gedanken, Sie müssten sich von deren Verhalten eine Scheibe abschneiden. Auch wenn Aufschneider für kurze Zeit ganz amüsant sein können – die meisten Menschen finden zurückhaltende Menschen viel angenehmer und liebenswerter. Zu wenig Schüchternheit kann für das Auftreten einer Person genauso schlecht sein, wie zu viel.

Lassen Sie sich von Aufschneidern, Alleinunterhaltern und allzu neugierigen Menschen nicht beeindrucken oder in die Enge treiben. Sagen Sie, dass ihr Verhalten Sie stört, oder beenden Sie das Gespräch.

Überlegen Sie sich auch, worüber Sie auf keinen Fall sprechen wollen. Wie im Fall von Hannah, die nicht über ihr Beziehungsaus sprechen will, kann es ein persönliches Thema sein, das Sie vermeiden wollen. Legen Sie sich bereits im Vorfeld zurecht, was Sie sagen, wenn Sie auf dieses Thema angesprochen werden.

Es kann auch sein, dass Sie auf bestimmte Personen angesprochen werden, über die Sie nicht sprechen wollen, zum Beispiel über Ihren Ex-Freund, einen ehemaligen Arbeitgeber oder einen Konkurrenten. Überlegen Sie auch in Bezug auf diese Leute, was Sie antworten werden, wenn Sie darauf angesprochen werden. Wenn jemand Sie fragt: »Wie geht es denn deiner Ex? Hast du noch Kontakt zu ihr?«, dann sagen Sie auf jeden Fall etwas Positives oder Neutrales wie: »Brigitte geht es gut. Sie ist kürzlich zum zweiten Mal Mutter geworden. Das freut mich für Sie.« Wenn Sie keinen Kontakt mehr haben, antworten Sie: »Leider haben wir keinen Kontakt mehr. Aber ich hoffe, es geht ihr gut.«

Zögern sie nicht, die Dinge etwas positiver darzustellen, als Sie sind. Wir sind immer noch im Smalltalk-Modus: Sie sprechen hier nicht mit Ihrer besten Freundin, sondern mit einem Fremden, den diese Themen im Grunde nichts angehen.

Achtung: Fettnäpfchen!

Wenn Sie sich an die beschriebenen Regeln halten, sollte eigentlich nicht viel schiefgehen. Dass Sie beim Smalltalk dennoch unwissentlich oder aus Unachtsamkeit ins Fettnäpfchen treten, kann trotzdem vorkommen. Was tun?

Am elegantesten ist es, wenn Sie die Peinlichkeit einfach übergehen und ein anderes Thema ansprechen. Wenn Sie noch beim Sprechen merken, dass Sie die nächste Bemerkung lieber nicht machen sollten, dann tun Sie es auch nicht. Stoppen Sie und wechseln das Thema. Da wir in der Kommunikation sowieso häufig mitten im Satz abbrechen und einen neuen Gedankenstrang aufgreifen, fällt das nicht weiter auf.

Wenn die unglückliche Bemerkung schon raus ist, entschuldigen Sie sich: »Das war eine unbedachte Aussage. Bitte entschuldigen Sie.« Halten Sie Ihre Entschuldigung knapp. Alle werden froh sein, wenn der peinliche Moment schnell vorüber ist und sie sich wieder einem anderen Thema zuwenden können.

Und wenn gar nichts mehr nützt und das peinliche Schweigen anhält? Da hilft nur noch ablenken: »Ich verdurste. Möchte jemand etwas von der Bar?« Damit verlassen Sie die Szene.

Ende gut, alles gut

Hannah hat ihre Schorle ausgetrunken und will gehen. Sie schaut auf die Uhr. »Was, schon fast eine Stunde um? Das ging schnell«; denkt sie erstaunt und zieht rasch ihren Mantel an.

»Du gehst?«, fragt Fabio.

»Ja, ich muss noch etwas einkaufen, bevor die Geschäfte schließen.«

Fabio streckt ihr die Hand hin. »Es hat mich gefreut, dass du mitgekommen bist. Und vielleicht klappt's das nächste Mal ja wieder. Das wäre toll.«

»Schön, dass ich dich etwas besser kennengelernt habe, Hannah«, meint auch Rosa und umarmt sie. »Und genieß das Wochenende.«

Bevor sie geht, schaut sie sich nach Lisa um, aber diese ist bereits in ein Gespräch mit einer anderen Gruppe vertieft.

Als sie mit der Straßenbahn nach Hause fährt, denkt Hannah über ihren Besuch in der Enothek nach. Einerseits ist sie zufrieden, dass sie überhaupt hingegangen ist und sich am Gespräch beteiligt hat, auf der anderen Seite ärgert sie sich darüber, dass Sie den anderen und vor allem Lisa verraten hat, dass sie gehemmt ist. Was Fabio jetzt wohl über sie denkt? Und Rosa? Sie erinnert sich an Fabios nette Worte und an Rosas herzliche Umarmung und nimmt sich vor, bis auf Weiteres nur noch an diese positiven Erlebnisse zu denken und ihre zweifelnden Gedanken auszublenden.

Der Smalltalk heißt mitunter so, weil er ein kurzes Gespräch ist. Fünf, allerhöchstens zehn Minuten, dann sollten Sie sich anderen Gesprächspartnern zuwenden. Menschen, die Mühe haben, andere anzusprechen, bleiben häufig zu lange an einer Person »kleben« – froh, endlich einen Gesprächspartner gefunden zu haben. Das ist nicht der Sinn des Smalltalks. Wie aber kommen Sie zu einem guten Ende und beschließen das Gespräch elegant? Die Verabschiedung ist genauso wichtig wie die Begrüßung. Während der erste Eindruck entscheidet, ob wir mit jemandem ins Gespräch kommen wollen, entscheidet der letzte Eindruck darüber, wie wir ihn in Erinnerung behalten.

Anhand der letzten Worte schätzen wir ab, wie viel Freude unser Partner am Gespräch hatte und wie begeistert er von uns ist. Wenn jemand nach einem anregenden Gespräch kurz angebunden sagt: »Also dann, auf Wiedersehen«, auf dem Absatz kehrtmacht und verschwindet, haben wir automatisch das Gefühl, etwas falsch gemacht und den anderen enttäuscht zu haben.

Verabschieden Sie sich von Ihrem Bekannten genauso herzlich oder sogar noch eine Nuance herzlicher, als Sie ihn begrüßt haben.

Eine solche kalte Dusche ist nicht das, was unser Gegenüber nach einem guten Gespräch verdient. Achten Sie deshalb darauf, dass Sie sich vom anderen genauso herzlich verabschieden, wie Sie ihn zu Beginn des Gesprächs begrüßt haben. Lächeln Sie, schauen Sie ihm beim Verabschieden in die Augen und bedanken Sie sich für das Gespräch. Drehen Sie sich auf keinen Fall bereits während der Verabschiedung weg. Wenn Ihnen das Gespräch gefallen hat, sagen Sie es: »Das war ein wirklich interessantes Gespräch. Ich habe mich sehr gefreut, dass wir uns kennengelernt haben.« Falls Sie das Gespräch zu einem späteren Zeitpunkt gerne fortsetzen möchten, sagen Sie: »Es hat mich gefreut, Sie kennenzulernen. Vielleicht unterhalten wir uns später nochmals, das würde mich freuen.« Falls Sie keine Lust auf ein weiteres Gespräch haben, sagen Sie: »Ich wünsche Ihnen weiterhin einen schönen Abend.«

Grundsätzlich müssen Sie nicht begründen, warum Sie das Gespräch beenden. Falls Sie das Auslassen einer Erklärung jedoch unhöflich finden, sagen Sie kurz: »Ich möchte gerne noch einige andere

Gäste begrüßen. Es hat mich gefreut, Sie kennenzulernen. Ich wünsche Ihnen noch einen schönen Abend.«

Falls Sie sich gegenseitig sympathisch sind, ergreifen Sie die Initiative, um die Beziehung zu vertiefen. Fragen Sie ungeniert: »Wollen wir uns einmal zum Mittagessen oder auf einen Kaffee treffen?«

Nehmen Sie Visitenkarten mit. Falls Sie keine geschäftlichen Visitenkarten haben, empfehle ich Ihnen, private Karten drucken zu lassen. So können Sie einfach mit den Menschen, die Sie mögen, in Kontakt bleiben. Bewahren Sie Ihre Visitenkarten in einem attraktiven Etui auf und überreichen Sie sie mit Stolz. Wenn die andere Person Ihnen ihre Karte überreicht, stecken Sie sie nicht gleich ein, sondern betrachten Sie sie aufmerksam, als wäre sie ein Kunstwerk, das nur für Sie gemalt wurde. Behalten Sie die Karte danach in der Hand, bis Sie sich verabschiedet haben.

Am elegantesten beenden Sie ein Gespräch, indem Sie ihre neue Bekannte an eine andere Person weiterreichen. Manchmal müssen sie dazu gar nicht aktiv werden, weil sich jemand zu Ihnen gesellt und am Gespräch teilnimmt. Sie können sich dann offiziell verabschieden oder auch nur zum Gruß nicken und weggehen.

Oder Sie suchen bewusst einen passenden Gesprächspartner. Ihre neue Bekannte ist eine eifrige Snowboarderin? Dann stellen Sie sie einem Kollegen vor, der ebenfalls gerne Snowboard fährt: »Dort drüben steht mein Kollege. Er ist ebenfalls begeisterter Snowboarder. Kommen Sie, ich mache Sie bekannt.« Dann gehen Sie zu Ihrem Kollegen und sagen: »Dies ist Heike Schmidt, sie fährt ebenso gerne Snowboard wie du.« Die beiden geben sich die Hand und nehmen das Gespräch übers Snowboarden auf. Dies ist der Moment, wo Sie sich diskret zurückzuziehen.

Verbessern Sie Ihren Smalltalk-Stil

Smalltalk öffnet Ihnen viele Türen. Deshalb lohnt es sich, dass Sie Ihren Smalltalk-Stil regelmäßig überprüfen und trainieren. Beantworten Sie dazu folgende Fragen:

- Interessiere ich mich für mein Gegenüber? Stelle ich Fragen und höre ich aufmerksam zu?
- Nehme ich Bemerkungen und Themen auf, die meine Gesprächspartnerin einbringt? Bitte ich gelegentlich um Rat oder eine Expertenmeinung?
- Konzentriere ich mich genügend auf das Gespräch oder schweife ich mit meinen Gedanken ab und beobachte stattdessen mich selbst?
- Spreche ich über unverbindliche Themen, die beim anderen ein gutes Gefühl auslösen?
- Stelle ich mich selbstbewusst vor? Sage ich meinen Namen laut und deutlich?
- Merke ich mir die Namen meiner Gesprächspartnerinnen und -partner? Spreche ich sie danach mit Namen an?
- Wie reagiere ich, wenn mir etwas Peinliches herausrutscht? Gehe ich gelassen darüber hinweg oder mache ich in meiner Erklärungsnot alles noch schlimmer?
- Wie reagiere ich, wenn andere sich danebenbenehmen?
- Beende ich Gespräche nach maximal zehn Minuten? Gelingt es mir, mich vom anderen »loszueisen«?
- Achte ich auf den »letzten Eindruck«? Beende ich ein Gespräch genauso freundlich, wie ich es begonnen habe? Zeige ich dem anderen, dass ich unser Gespräch geschätzt habe?

Prüfen Sie nun, wie gut Sie in den einzelnen Punkten abschneiden und wo Verbesserungsbedarf besteht: Welche Punkte erfülle ich bereits gut? Wo kann ich noch besser werden? Legen Sie sich dann auf

Maßnahmen fest, um Ihren Smalltalk-Stil zu verbessern, und notieren Sie diese Maßnahmen in Ihrem Tagebuch.

Üben Sie so oft wie möglich. Wenn eine Maßnahme lautet: »Bei Toms Hochzeit sage ich laut und deutlich meinen Namen und dass ich Toms Schwester bin«, dann üben Sie das vorher zu Hause und sagen genau die Worte in der Lautstärke, wie Sie es beim Fest dann auch machen werden. Betrachten Sie es als eine Art Rollenspiel: Sie spielen Ihr selbstbewusstes Ich.

Wenn Sie dies intensiv zu Hause und zu den verschiedenen Anlässen üben, werden Sie mit der Zeit Ihren eigenen, selbstbewussten Smalltalk-Stil entwickeln.

Spielen Sie mit Ihrer Sprache

Hannahs Besuch in der Enothek liegt bereits einige Wochen zurück. Beim darauf folgenden Treffen hatte sie Charlotte und mir davon erzählt. Wir hatten das Gefühl, dass ihr Fabio ganz gut gefällt. Allerdings hat sie bemängelt, dass er zuweilen etwas arrogant wirke. Ob sie sich in den letzten Wochen wieder einmal mit ihm getroffen hat?

Hannah und ich haben uns im Il Caffè verabredet. Als sie zur Türe hereinkommt, sehe ich gleich, dass sie bedrückt ist.

Sie wiegelt jedoch ab: »Oh, es geht mir ganz gut zurzeit. Ich gehe jetzt ab und zu mit meinen Bürokollegen essen. Das finde ich zwar immer noch anstrengend, aber langsam gewöhne ich mich daran. Und ich bin nach dem Singen auch noch ein- oder zweimal mit der Gruppe etwas trinken gegangen.«

»Und wie war's?«, frage ich gespannt.

»Ganz in Ordnung. Ich habe in der Zwischenzeit schon einige vom Chor besser kennengelernt und kann mich ganz gut mit ihnen unterhalten. Ich schaue die Leute öfter an und habe nicht mehr so oft das Gefühl, etwas Falsches zu sagen.«

»Das freut mich!« Aber etwas anderes interessiert mich noch viel mehr. »Und Fabio? War er auch da? Hast du dich wieder einmal mit ihm getroffen?«

»Ja, er war auch da«, erwidert Hannah zögerlich. Ihr Gesicht verdunkelt sich. »Und wir unterhalten uns auch gelegentlich. Alleine haben wir uns aber nie getroffen.«

»Warum nicht?«, will ich wissen.

»Das liegt doch auf der Hand: Ich bin langweilig und peinlich. Ich stottere, werde rot, verstehe keinen Witz, geschweige denn, dass ich selber etwas Lustiges erzählen könnte.«

Ich traue meinen Ohren nicht. Wie kann diese hübsche, liebenswerte und intelligente Frau nur so schlecht über sich reden? Doch das war noch nicht alles. Hannahs Selbstabwertung geht weiter: »Er hat mich damals doch nur aus Mitleid in die Enothek mitgenommen, weil im Chor keiner mit mir geredet hat und ich in der Pause immer alleine rumgestanden habe. Seit er gemerkt hat, wie langweilig ich bin, redet er nur noch mit mir, wenn er muss.«

Sprache ist viel mehr als nur sprechen. Jedes Wort, jeder Laut und jeder Satz wirken – und schaffen Wirklichkeit. Wir definieren uns durch die Sprache, die wir sprechen. Wie wir über uns und unsere Situation sprechen, so nehmen wir uns und unsere Situation wahr.

Genauso, wie unser Denken unser Sprechen beeinflusst, beeinflusst unser Sprechen auch unser Denken. Jeder schafft sich mit seinem Denken und Sprechen seine eigene Wirklichkeit. Wenn wir wohlwollend über uns sprechen, werden wir auch wohlwollend über uns denken. Wenn wir abwertend über uns sprechen, werden wir abwertend über uns denken. Und dies hat wiederum einen Einfluss auf unsere Gefühle und unser Handeln.

Ihre Sprache ist eine mächtige Verbündete auf Ihrem Weg zu Ihrem selbstbewussten Ich. Beginnen Sie jetzt gleich, sich selber zuzuhören und auf die Besonderheiten Ihrer Sprache zu achten.

Von besonderer Bedeutung sind dabei auch die inneren Monologe, die wir fast unaufhörlich mit uns selbst führen. Selbstgespräche sind durchaus sinnvoll, wenn wir sie nutzen, um Gefühlen wie Frustration, Trauer und Wut oder auch unserer Freude ein Ventil zu geben. Sie dienen auch unserer Entwicklung, wenn wir uns selber Fragen stellen, auf die wir dann eine Antwort suchen. Am häufigsten nutzen wir den inneren Monolog jedoch, um uns selbst zu kritisieren und abzuwerten.

Unsere Selbstgespräche haben einen großen Einfluss auf unsere Gefühle und unser Handeln. Die Art der Sprache im Selbstgespräch beeinflusst, welche Gedanken daraus erwachsen und infolgedessen welche Handlungen. Führen wir häufig negative Selbstgespräche, dann fühlen wir uns schlecht und lähmen uns in unserem Handeln.

Wenn Sie eine Zitrone auspressen, was kommt heraus? Nun, Sie erhalten Zitronensaft. Und warum? Weil eine Zitrone Zitronensaft enthält. Es spielt keine Rolle, wer eine Zitrone auspresst, wann er es tut oder wie er es tut. Immer ist das Ergebnis dasselbe: Zitronensaft. Auch aus einem Menschen kann nur das herauskommen, was in ihm steckt. So wie aus einer Zitrone kein süßer Apfelsaft herausfließen kann, so kann ein Mensch mit abwertenden Selbstgesprächen kein selbstbewusstes Verhalten zeigen.

Unsere Sprache ist ein Teil unserer Persönlichkeit. Sie ist so tief in uns verankert, dass sie uns gar nicht mehr auffällt und wir sie nicht hinterfragen. Ein großer Fehler! Denn häufig verwenden wir eine Sprache, die uns daran hindert, uns zu entfalten und ein gelassenes, glückliches Leben zu führen.

Sie haben richtig gehört: Ihr Lebensglück hängt zu einem großen Teil von Ihrer Sprache ab. Durch die Art, wie Sie mit sich selber sprechen und wie Sie über sich und Ihr Leben sprechen, und durch die Worte, die Sie dabei verwenden, stellen Sie die Weichen für Ihren Erfolg und Ihre persönliche Zufriedenheit.

»Und warum fragst du ihn nicht, ob ihr einmal etwas zusammen trinken oder essen geht?«, platzt es aus mir heraus.

Entgeistert schaut mich Hannah an: »Aber Petra, ich habe dir doch gesagt, was los ist. Er findet mich schrecklich. Und da soll ich hingehen und ihn um ein Date bitten? Das tue ich mir nicht an!«

»Als du Charlotte und mir das letzte Mal von deinem Ausflug in die Enothek erzählt hast, hat das aber viel positiver geklungen. Ich habe gedacht, du magst ihn. Möchtest du denn gar nichts mehr von ihm wissen?«

Hannah seufzt und verbirgt ihr Gesicht in den Händen. »Ich würde schon gerne mit ihm ausgehen, aber ohne die ganze Clique vom Gospelchor. Aber ich kann ihn nicht fragen. Ich kann nicht. Was ist, wenn er mich tatsächlich zum Gähnen findet? Ich will mich nicht lächerlich machen!«

Ich lege den Arm um sie und versuche, sie zu beruhigen.

Da schaut sie mich an und sagt: »Und außerdem findet bald Toms Hochzeitsfest statt und ich muss diese Rede halten.«

Dem kann ich nun nicht folgen. »Was hat das denn miteinander zu tun?«, frage ich erstaunt.

»Ich muss doch diese Rede halten«, wiederholt sie und klingt dabei so lustlos, als wenn sie sagen würde: Ich muss mir morgen beim Zahnarzt Weisheitszähne ziehen lassen. »Und die Rede muss ich noch vorbereiten. Da bleibt mir nicht mehr viel Zeit für Verabredungen. Ich wünschte, ich hätte Tommy nie zugesagt. Aber jetzt ist es nun mal so, und ich muss das wohl oder übel durchziehen.«

In unserem täglichen Reden finden sich viele Ausdrucksweisen, die uns einschränken, schwächen oder unter Druck setzen. Wie häufig sagen wir Sätze wie: »Ich kann nicht«, »Ich muss!« oder »Ich darf auf keinen Fall …«.

Was bedeutet es, wenn Hannah sagt: »Ich muss diese Rede halten«? Warum muss sie die Rede halten? Weil ihr Bruder sie zwingt?

Ihr droht, sie von der Gästeliste zu streichen, falls sie sich weigert? Weil sie selber sich zwingt?

Dinge, die wir tun müssen, lasten zentnerschwer auf uns. Wie soll Hannah mit Freude und Leichtigkeit eine Rede halten, wenn der innere Zwang »Ich muss!« auf ihr lastet? Indem sie ihre Aussage umformuliert, gewinnt diese eine ganz andere Bedeutung: »Ich werde eine Rede halten« klingt zuversichtlich und drückt aus: »Jawohl, ich werde das machen! Und ich kann es!« Als Alternative kann sie auch sagen: »Ich darf eine Rede halten.« Damit zeigt sie, dass es ein Glück und eine Ehre ist, eine solche Rede halten zu dürfen.

Wenn Hannah sich mit diesen bejahenden Gedanken und Worten auf die anstehende Rede einstimmt, wird sie bei der Vorbereitung viel mehr Freude und Zuversicht erleben. Sie wird selbstbewusster vor ihr Publikum treten, und der Funke wird auf die Gäste überspringen.

Selbstverständlich kann sich Hannah auch entscheiden, die Hochzeitsrede nicht zu halten. Das ist ihr gutes Recht. Das kann sie ihrem Bruder sagen, sodass er sich nach einem anderen Redner umschauen kann. Natürlich wird sie diese Absage freundlich formulieren. Denn die wohlwollende Sprache gilt nicht nur gegenüber uns selbst, sondern auch gegenüber anderen Menschen. Sie wird zum Beispiel sagen: »Du, Tommy, es ist sehr lieb, dass du mich als Rednerin angefragt hast, ich fühle mich geehrt. Allerdings wäre ich wegen der Rede während der ganzen Hochzeitsfeier so nervös, dass ich die Feier nicht richtig genießen kann. Bitte frag jemand anderen.«

Mit den Formulierungen »Ich muss« und »Ich kann nicht« schiebt man die Verantwortung von sich selber auf eine äußere Ursache ab. Wie wenn es eine Art »göttliche Macht« gäbe, die mir vorschreibt, dass ich »nicht kann« oder »muss«. »Ich muss diese Rede halten« drückt aus, dass ich das nicht freiwillig mache. Ich muss. Und wer oder was immer mich zwingt, ich selbst bin es nicht. Und das ist schlicht und einfach falsch. Wir haben immer die Wahl. Wir können die Rede halten oder nicht. Es ist unsere Entscheidung.

Für welche Variante Hannah sich auch entscheidet: Es ist sicher viel entlastender für sie und fairer gegenüber ihrem Bruder, wenn sie auf das qualvolle »Muss« verzichtet und stattdessen ihre echten Empfindungen ausdrückt.

Verstecken Sie sich nicht hinter unreflektierten Formulierungen wie »ich muss« oder »ich kann nicht«, sondern machen Sie sich bewusst, was Sie wollen, und sagen Sie es entsprechend. Dadurch wirken Sie echt und werden für Ihr Gegenüber fassbar.

Das Gleiche gilt für die Aussagen »Ich kann nicht« und »Ich darf auf keinen Fall …«. Wenn Sie sich das nächste Mal sagen hören: »Ich kann nicht!«, fragen Sie sich: Warum kann ich nicht? Fehlt mir die Zeit? Das Geld? Das Wissen? Der Mut? Will ich nicht? Oder hindert mich tatsächlich ein wichtiger Grund daran? Und wenn Sie sagen: »Ich darf auf keinen Fall …«, fragen Sie sich: Und warum darf ich nicht? Hat es mir jemand verboten? Gibt es gar ein Gesetz dagegen? Oder verbiete ich es mir selber? Sie merken: Mit solchen Formulierungen behindern Sie sich selbst. Sie bringen Sie nicht weiter, sondern versperren Ihnen den Weg und behindern Ihre Entwicklung.

Schüchterne Menschen haben häufig das Gefühl, dass sie etwas tun müssten, es aber nicht können. Indem sie sich ihrer bevorzugten Formulierungen bewusst werden, können sie mehr über ihre Bedürfnisse erfahren und sinnvolle Alternativen finden. Das Leben besteht plötzlich nicht mehr nur aus Dingen, die man tun muss oder nicht kann. Stattdessen rückt der wahre Beweggrund, die echte Empfindung in den Vordergrund.

Vergessen Sie Probleme, Angst und Stress

Viele Menschen verwenden häufig das Wort »Problem«. »Probleme« finden sich in der Sprache überall, selbst wenn wir das Gegenteil meinen, nämlich »problemlos«. Wie Sie weiter vorne gesehen haben, kann das Gehirn mit Negationen nicht umgehen. Wenn Sie von »problemlos« sprechen, sieht das Gehirn doch immer nur das Problem. Streichen Sie den Begriff »Problem« aus Ihrem Wortschatz.

Ein anderes Beispiel für die Macht negativ besetzter Wörter ist das Wort »Angst«. Wenn Sie sagen: »Ich habe Angst, vor Publikum zu sprechen«, dann manifestiert sich diese Angst körperlich. Sie wird sich an Ihnen festklammern und Sie hemmen. Finden Sie eine Formulierung ohne »Angst«, wie: »Mein Publikum ist kompetent. Davor habe ich Respekt.« Falls Ihnen Respekt ebenfalls zu negativ ist, ersetzen Sie es durch: »Mein Publikum ist kompetent, das erkenne ich an«. Jetzt steht nicht mehr die hemmende Angst im Vordergrund, sondern Ihre Wertschätzung für das Publikum. Dadurch eröffnen sich Ihnen ganz neue Verhaltensmöglichkeiten. Statt wie gelähmt auf die Präsentation zu warten und zu bangen, dass alles gut geht, werden Sie sich vorbereiten, um mit Ihrem kompetenten Publikum mithalten zu können.

Ein weiteres Wort, das uns bei unserer Entfaltung behindert, ist »Stress«. Wir erleben andauernd Stress, sind gestresst, haben ein stressiges Leben. Gestresst zu sein ist »in«: Wenn wir zu einer Netzwerkveranstaltung eingeladen sind, gehen wir hin, obwohl wir dazu »viel zu gestresst« sind und der ganze Rummel mit all den unbekannten Menschen »uns stresst«. Und wenn wir uns nach Monaten endlich wieder einmal mit unserer besten Freundin zum Kaffee verabredet haben, stresst uns das ungemein, weil wir dazu im Moment gar keine Zeit haben – weil es im Job grad »so stressig« ist. Ich frage Sie: Warum tun wir uns so etwas an?

Wenn Sie auf diese Art und Weise über Ihr soziales Leben denken und sprechen, werden Sie nur eines erleben: Stress! Jedes Treffen, jede Einladung wird zu einem Rennen gegen die Zeit. Von Lust, Freude und Leidenschaft keine Spur.

> Streichen Sie die Worte »Problem«, »Angst« und »Stress« aus Ihrem Vokabular und ersetzen Sie sie durch positive Begriffe, die Sie unterstützen und Ihnen Mut machen.

Achten Sie auch beim Sprechen auf Ihre Somatischen Marker: Löst ein Wort oder eine Formulierung bei Ihnen eine negative Empfindung aus, ist es ein Wort, das Sie hinterfragen sollten. Wenn Hannah sagt: »Er findet mich schrecklich« – wie wirkt das auf Sie? Sagen Sie diesen Satz ein paarmal laut vor sich hin: Er findet mich schrecklich. Er findet mich schrecklich. Was empfinden Sie dabei?

Sprechen Sie wohlwollend mit sich selbst und über sich. Suchen Sie nach den Worten und Formulierungen, die Ihnen Kraft und Selbstvertrauen geben. Und streichen Sie Worte und Formulierungen, die Sie abwerten oder schwächen.

> Verwenden Sie bewusst Formulierungen und Wörter, die Ihnen guttun. Dadurch gewinnen Sie an Selbstvertrauen und Ausstrahlung.

Sag mir, wie du sprichst, und ich sage dir, wer du bist

In der Sprache drücken wir unsere Persönlichkeit aus. Unsere individuelle Sprache offenbart weit mehr, als wir ahnen, denn sie steht in direktem Zusammenhang mit unserer Geschichte, unseren Werten und unserem Denken. In der Sprache werden wir erlebbar, nach dem Motto: »Sag mir, wie du sprichst, und ich sage dir, wer du bist«.

So, wie Sie sprechen, werden Sie auch von anderen wahrgenommen. Wer langatmig und kompliziert spricht, vermittelt den Eindruck, ein umständlicher Mensch zu sein. Wer leise und mit gesenktem Kopf spricht, wird als scheu und zurückhaltend eingeschätzt. Wer laut und polternd spricht, wird als bedrohlich wahrgenommen. Wer hochtrabend und belehrend spricht, gilt als Wichtigtuer.

Es mag sein, dass Sie solches »Schubladendenken« unsympathisch oder ungerecht finden. Das ändert jedoch nichts daran, dass es der Realität entspricht. Wir Menschen haben die Eigenschaft, andere blitzschnell einzuschätzen und zu kategorisieren. Im ersten Moment basieren diese Einschätzungen noch auf unserer subjektiven Wahrnehmung und unseren Fantasien. Nach einiger Zeit verfestigt sich dieses Bild, und wir glauben, mit einiger Sicherheit zu wissen, »was das für einer ist«. Dieser Ablauf geschieht immer, er ist ein Trick unseres Gehirns, der uns hilft, Information effizient zu verarbeiten und schnell wieder darauf zugreifen zu können.

Werden Sie persönlich!

Als wir uns verabschieden, hat Hannah wieder etwas Mut gefasst. Sie hat erkannt, dass sie für ihre Gedanken und die Art und Weise, wie sie mit sich spricht, selber verantwortlich ist. Und dass sich ihre Gefühle ändern, wenn sie ihr inneres Sprechen ändert. Sie will sich die Sache mit Fabio nochmals überlegen. In Bezug auf die Hochzeitsrede haben wir abgemacht, dass ich ihr bei der Vorbereitung helfen werde.

Als Hannah gegangen ist, bestelle ich nochmals einen Cappuccino. Plötzlich schallt »Spiel mir das Lied vom Tod« von Ennio Morricone durchs Café; es geht mir durch Mark und Bein. Der Mann, der am Nachbartisch sitzt, nimmt sein Mobiltelefon zur Hand, und das Lied verstummt. »Hallo? Ach du bist's!«, sagt er.

Ich habe einmal gelesen, dass wir immer besonders konzentriert zu-

hören, wenn jemand telefoniert, weil unser Gehirn die fehlenden Inhalte ergänzen möchte.

»Am Wochenende?«, fährt er fort, »da waren wir bei Kretschmers eingeladen.« ... »Geht so. Man geht da ja nicht wirklich gerne hin. Du weißt ja, Karin ist eine ganz passable Köchin, aber man muss da immer so viel essen. Und dann redet man unentwegt von den letzten Ferien. Das dauert. Dabei möchte man schon lange heimgehen.«

»Die armen Kretschmers«, geht es mir durch den Kopf, und ich frage mich, ob wir wohl auch Freunde haben, die sich in aller Öffentlichkeit so über uns äußern. Ich zahle und gehe. Was der Mann sonst noch so alles erlebt hat am letzten Wochenende, will ich gar nicht wissen.

Warum empfinden wir ein solches Gespräch als abwertend? Indem er von »man« statt von »ich« spricht, äussert der Sprechende zwar Kritik, übernimmt dafür jedoch keine Verantwortung: Er sagt nicht, dass er zu viel gegessen hat oder dass er lieber früher nach Hause gehen würde. Er sieht es als allgemein gültige Regel, bei den Kretschmers zu viel essen und zu lange sitzen bleiben zu müssen.

Wenn schon Kritik, dann in der Ich-Form: »Wir waren bei den Kretschmers eingeladen. Ich gehe da nicht so gerne hin. Karin ist eine ganz passable Köchin, aber ich esse da viel zu viel. Und dann reden wir unentwegt von den Ferien, das dauert mir einfach zu lange. Ich hätte viel früher heimgehen wollen.« So klingt die Aussage doch schon deutlich weniger negativ. Der Sprecher übernimmt Verantwortung für sein Tun und Empfinden: Er hat zu viel gegessen, und er wollte früher heimfahren und hat es nicht getan. Es ist seine persönliche Sicht des Abends.

Übernehmen Sie Verantwortung für Ihr Sprechen. Reden Sie von sich und vermeiden Sie das unpersönliche »man«.

Das unpersönliche »man« hat noch einen weiteren Nachteil: Es lässt den Sprechenden uninteressant erscheinen. Warum? Weil ein »man« ein Niemand ist, jemand aus der Masse. Und wer interessiert sich schon dafür, was jemand aus der Masse erlebt? Sprache muss persönlich sein, den Menschen hinter den Worten zeigen. Wir wollen unseren Gesprächspartner spüren, seine Sicht der Welt einnehmen, an seinen Erlebnissen teilhaben.

> Sprechen Sie von sich. Werden Sie persönlich. Zeigen Sie den Menschen hinter den Worten. Denn das ist es, was andere magisch anzieht: eine echte, greifbare Persönlichkeit.

Finden Sie Ihre Wohlfühlsprache

Ihre Art zu sprechen können Sie jederzeit ändern. Natürlich nicht von heute auf morgen. Aber indem Sie sich aufmerksam zuhören und sich immer wieder bewusst machen, was Sie tatsächlich sagen und was Sie eigentlich sagen wollen, können Sie Schritt für Schritt alte, überholte Sprachmuster durch neue ersetzen:

- Hören Sie sich zu, wenn Sie reden: Betone ich immerzu, wie problematisch alles ist oder wie viel Stress ich habe? Versuchen Sie, solche schädlichen sprachlichen Automatismen aufzudecken und durch reflektierte Formulierungen zu ersetzen.
- Legen Sie fest, welche Wörter und Formulierungen Sie aus Ihrem Vokabular streichen und ersetzen möchten. Zum Beispiel, dass Sie »Ich muss …« ersetzen wollen durch »Ich darf …« oder dass Sie statt von »man« von »ich« reden möchten.
- Genauso wie es Wörter und Wendungen gibt, die Sie behindern und belasten, gibt es Wörter, die sich gut anfühlen und Sie wach-

sen lassen. Finden Sie heraus, welche Wörter das sind. Vergleichen Sie Ihr tatsächliches Sprechen immer wieder mit Ihrer Wohlfühlsprache. Wo weichen die beiden voneinander ab? Was kann ich noch verbessern?

- Lassen Sie Ihre Wohlfühlwörter so häufig wie möglich in Ihre Gespräche einfließen.

Nehmen Sie sich am Ende jedes Tages ein paar Minuten Zeit, um Ihre Sprache an diesem Tag zu überdenken. Haben Sie sich überhaupt zugehört? Sind Ihnen »Ich muss«-Formulierungen aufgefallen? Haben Sie wieder betont, wie gestresst Sie sind? Wann und mit wem haben Sie so gesprochen? Nehmen Sie sich vor, beim nächsten Mal hilfreiche Formulierungen zu gebrauchen.

Diese Reflexion machen Sie jeden Tag. Überlegen Sie, wann Sie sich passend ausgedrückt haben und wann nicht. Freuen Sie sich, wenn Sie es gut gemacht haben, und nehmen Sie sich vor, es besser zu machen, wenn es nicht gut gelaufen ist. Jeden Tag. Bis die gewünschte Formulierung zu Ihrem natürlichen Repertoire gehört.

Sie können Ihre Sprache verändern. Spielen Sie mit der Sprache, indem Sie verschiedene Formulierungen ausprobieren und die Wirkung auf sich selbst und Ihr Gegenüber beobachten.

Forderungen wie Granit

Mein Telefon vibriert. Es signalisiert eine neue Nachricht von Charlotte:

»good news. hast du heute abend zeit zum feiern?«

»herr k.?«

»☺ 19 uhr im da gianni? die proseccos gehen auf mich!«

»gerne. bin gespannt!«

Als ich an dem Abend ins Ristorante Da Gianni komme, sitzt Charlotte schon da, vor sich zwei Gläser Prosecco.

»Komm, setz dich«, sagt sie aufgeregt, drückt mir ein Glas in die Hand und prostet mir zu. »Wir haben was zu feiern!«

»Na, sag schon: Worum geht es denn?«

»Natürlich um Herrn K.« Charlotte strahlt mit dem venezianischen Kronleuchter um die Wette. »Ich hab's gemacht. Ich habe es ihm heute tatsächlich gesagt. Ich kann es noch gar nicht fassen, dass ich es endlich hinter mich gebracht habe!«

»Ich gratuliere dir! Du bist die Größte.« Ich stehe auf und drücke sie fest. »Ich habe gewusst, dass du das packst. Aber wie genau ist es denn gelaufen? Was hast du gesagt?« Ich will alle Details wissen.

»Am Dienstag hat Herr K. immer seinen freien Tag. Und ich hatte mir fest vorgenommen, die Aussprache heute zu führen. Offen gesagt habe ich den Druck absichtlich noch etwas erhöht, indem ich Robert gesagt habe, dass heute der Tag null ist. So konnte ich nicht kneifen.«

»Clever! Ich weiß nicht, ob ich so weit gegangen wäre.«

»Oh doch, sonst hätte ich es womöglich wieder hinausgeschoben. Also, ich habe einen guten Moment abgewartet und bin dann zu ihm hoch. Ich habe geklingelt. Aber keiner hat geöffnet. Ich dachte schon, er geht mir aus dem Weg.«

»Und dann bist du unverrichteter Dinge wieder abgezogen?«

»Fürs Erste ja. Aber ich habe mich nicht von meinem Vorsatz abbringen lassen«, sagt sie stolz. »Ich habe eine halbe Stunde gewartet und es nochmals probiert. Und da hat's geklappt. Ich habe zu Herrn K. gesagt: »Herr Kaufmann, bei Ihnen läuft die ganze Nacht Musik. Mich stört das, und ich kann deswegen nicht schlafen. Bitte schalten Sie in der Nacht die Musik aus.« Und das habe ich so ruhig und bestimmt wie möglich gesagt.«

»Aha.«

»Und weißt du was?« Charlotte lehnt sich weit über den Tisch und schaut mich vielsagend an. »Es war ihm super unangenehm! Er lässt die ganze Nacht über Musik laufen, auch wenn er schläft. Ihn hindert die Musik nicht am Schlafen – ganz im Gegenteil. Darum war es ihm gar nicht bewusst, dass der Lärm uns stören könnte. Er hat mir versprochen, die Musik von nun an über Nacht auszuschalten.«

»Das heißt, deine ganzen Ängste und Bedenken waren umsonst?«

»Ja, sieht so aus. Ist schon etwas peinlich.«

»Ach, hör doch auf. Das ist doch nicht peinlich. Ich hoffe nur, dass du das nächste Mal an Herrn K. denkst, bevor du dich wieder in irgendwelche Fantasien verrennst.«

Wenn Sie ein Anliegen klipp und klar rüberbringen möchten, brauchen Sie eine starke, selbstbewusste Sprache. Leider tun wir uns mit dieser häufig schwer, da wir – bewusst oder unbewusst – nicht anecken, andere nicht verletzen und uns nicht unbeliebt machen wollen.

Jeder Mensch möchte beliebt sein und geschätzt werden. Zumindest von den Menschen in seinem Umfeld. Kritische Worte und konfliktträchtige Gespräche stehen diesem Ziel eher im Weg, als dass sie es fördern. So denken zumindest viele. Deshalb gehen sie unangenehmen Gesprächen und Konfrontationen gerne aus dem Weg, genau wie Charlotte es lange Zeit gemacht hat. Oder sie wählen eine »weiche« Sprache, wenn es im Grunde hart zur Sache geht. Und sabotieren sich damit selbst.

Wenn Sie sich durchsetzen möchten, halten Sie sich am besten an einen Grundsatz des Harvard-Konzepts: Hart in der Sache, weich zum Menschen. Was heißt das? Sie haben ein Anrecht auf Ihren Standpunkt, auf Ihre Forderungen und Ihre Grenzen. Setzen Sie sich dafür ein, kämpfen Sie dafür, geben Sie sich zuweilen kompromisslos und bleiben Sie hart in der Sache. Verhalten Sie sich dabei aber freundlich und höflich gegenüber Ihrem Kontrahenten und wertschätzen Sie ihn als Menschen. Das ist gemeint mit »weich zum Menschen«.

»Weich zum Menschen« meint aber *nicht* »weich in der Sprache«. Denn wenn Sie Ihren Standpunkt klar und mit Nachdruck vertreten wollen, müssen Sie auch eine klare, starke Sprache sprechen. Und genau hier passieren viele Fehler.

Weil wir uns vor der Konfrontation fürchten und uns beim anderen nicht unbeliebt machen möchten, sabotieren wir uns häufig selber, indem wir eine »weiche« Sprache wählen. Das heißt, wir stellen unsere Forderungen nicht klar und unmissverständlich dar, sondern benutzen »Weichmacher«, die unsere Aussagen abschwächen.

Schluss mit Weichspüler

Typische »Weichmacher«, die sich gerne in unsere Sprache einschleichen, sind Füllwörter wie »eigentlich«, »ein bisschen«, »irgendwie« und »ich denke«.

Mit welchen Worten wird Charlotte ihr Ziel eher erreichen? Wenn sie sagt: »Die laute Musik stört mich«, oder: »Irgendwie stört mich die laute Musik«? Wann wird Herr K. sich eher gezwungen sehen, die Musik auszuschalten? Nur dann, wenn die Forderung auch als solche bei ihm ankommt.

Verzichten Sie auf sprachliche »Weichmacher« wie »eigentlich«, »ein bisschen«, »irgendwie« und »ich denke« und sprechen Sie stattdessen klar und selbstbewusst.

Auch mit der Satzmelodie können Sie Ihre Aussagen abwerten und »weich spülen«: Wenn Sie Ihre Stimme am Ende des Satzes senken, geben Sie Ihrer Aussage Gewicht. Der Satz ist dann wie eine Feststellung oder eine Anweisung. Bleibt die Stimme jedoch hoch, klingt Ihre Forderung eher nach einer Frage.

Versetzen Sie sich in die Situation von Charlotte, die ihren Nachbarn bittet, die Musik leiser zu stellen. Eine entschiedene Aussage lautet: »Herr Kaufmann, bitte machen Sie in der Nacht die Musik aus.« Dieser Satz ist bestimmt, aber höflich. Charlotte hat sogar noch eine Bitte formuliert, was sie in Anbetracht der Tatsache, dass es sich um eine Störung der Nachtruhe handelt, gar nicht tun müsste. Sagen Sie diesen Satz so, wie er oben steht, laut vor sich hin. Senken Sie am Ende des Satzes die Stimme und machen Sie eine kleine Pause. Diese entspricht dem Punkt beim Schreiben. Hören Sie in sich hinein, wie der Satz so klingt.

Nun sagen Sie diesen Satz nochmals, heben jedoch am Ende des Satzes die Stimme an: »Herr Kaufmann, bitte machen Sie in der Nacht die Musik aus.« Was passiert? Der Satz klingt nun nicht mehr wie eine Aufforderung, sondern wie eine Frage; ganz so, als ob zum Schluss nicht ein Punkt stehen würde, sondern ein Fragezeichen: »Herr Kaufmann, bitte machen Sie in der Nacht die Musik aus?« Statt einer klaren Aufforderung formuliert sie eine Frage, die es für ihr Gegenüber offen lässt, ob er ihrem Wunsch nachkommen möchte oder nicht.

Wenn Sie eine Forderung und Behauptung aufstellen, senken Sie am Ende des Satzes die Stimme. Dann wirkt Ihre Aussage wie eine Deklaration und nicht wie eine Frage.

Noch stärker wäre ihre Forderung, wenn Charlotte ganz auf die Bitte verzichten würde: »Herr Kaufmann, machen Sie in der Nacht die Musik aus.« Sprechen Sie sich auch diesen Satz einige Male laut vor. Merken Sie, wie Sie gleich viel stärker und selbstsicherer klingen? Wahrscheinlich haben Sie sich in der Zwischenzeit auch selbstbewusst aufgerichtet. Eine so klar formulierte Anweisung lässt sich nicht mit hängenden Schultern und leiser Stimme sagen.

Als ich von meinem Essen mit Charlotte nach Hause fahre, denke ich über unser Gespräch nach und über die vielen Beratungsgespräche, die ich schon mit Menschen geführt habe, die sich besser durchsetzen wollen. Viele schüchterne Menschen tun sich schwer damit, ihren Standpunkt klar und bestimmt zu formulieren. Häufig ist gar nicht der »Gegner« das Problem, sondern sie sabotieren sich selber, indem Sie zu weich auftreten, sich im Gespräch zu sehr zurückhalten oder sogar schlecht über sich reden.

»Ich bin froh, dass Charlotte die Konfrontation endlich gewagt und sich durchgesetzt hat«, geht es mir durch den Kopf. »Das ist sicher eine hilfreiche Erfahrung, die ihr zukünftig nützen wird.«

Die Dosis entscheidet

In diesem Buch haben Sie bereits erfahren, wie wichtig es ist, dem Gegenüber aufmunternde, unterstützende Rückmeldungen zu geben und ihm dadurch zu zeigen, dass Sie aufmerksam und interessiert zuhören. Sei dies, indem Sie Fragen stellen, einzelne Aussagen aufnehmen und weiterverfolgen oder durch körpersprachliche und paraverbale Signale wie Kopfnicken oder ein zustimmendes »Hmm …«. Solche Signale sind für konstruktive Gespräche hilfreich und sogar nötig.

Für schüchterne Menschen bergen sie jedoch eine Gefahr: Da sie davor zurückschrecken, den aktiven Redepart zu übernehmen, legen sie meist ein stark unterstützendes Gesprächsverhalten an den Tag. Sie unterstützen also viel häufiger andere beim Sprechen und artikulieren sich selber kaum. Dies führt zu einer einseitigen Gesprächssituation: Entweder der andere genießt den roten Teppich, der für ihn ausgerollt wird, und nutzt ihn entsprechend aus. Oder er erhält den Eindruck, dass sein Gegenüber nichts von sich selber preisgeben will. Unter Umständen langweilt ihn dann die

Gesprächssituation, und er sucht sich einen redseligeren Partner. Wie auch immer: Gespräche, bei denen die Partner nicht auf Augenhöhe miteinander reden, sind schlecht.

Dosieren Sie Ihre positiven Rückmeldungen: Geben Sie genügend Rückmeldungen, um sich als aufmerksame Person zu zeigen, lassen Sie jedoch auch Ihre persönlichen Ansichten und Erlebnisse einfließen. So entsteht ein Gespräch zwischen Gleichberechtigten.

Machen Sie sich nie selber schlecht

Es ist für mich immer wieder erstaunlich, wie bereitwillig wir in unseren Breitengraden auf unsere Schwächen, Makel und Mängel hinweisen. Und zwar nicht nur Schüchterne, sondern auch selbstbewusste Menschen. Da ist beispielsweise die Gastgeberin, die sich bei ihren Gästen entschuldigt, weil sie keine besonders gute Köchin sei, oder dafür, dass sie keine Zeit hatte, die Wohnung zu putzen, bevor der Besuch kommt. Oder da ist die Teamkollegin, die sich zu Beginn ihrer Präsentation dafür entschuldigt, dass sie die Zeit des Publikums mit ihren langweiligen Projektergebnissen in Anspruch nimmt.

Manche Menschen entschuldigen sich andauernd, auch wenn sie gar nichts gemacht haben, für das sie sich entschuldigen müssten. Und ganz besonders trifft dies auf Schüchterne zu. Es lohnt sich also, das Wort »entschuldigen« einmal genauer unter die Lupe zu nehmen. Das Verb »entschuldigen« handelt von Schuld. Indem wir uns entschuldigen, geben wir zu verstehen, dass wir Schuld auf uns geladen haben und uns dieser Schuld entledigen wollen. Ein großes Unterfangen. Wenn nun Ihre Kollegin Sie zu einem gemütlichen Abend mit Freunden einlädt und das Essen ist nicht ganz so toll: Hat sie sich dann schuldig gemacht? Oder die Kollegin, welche die Projektergebnisse präsentiert: Trägt sie Schuld, weil die Ergebnisse nicht bahnbrechend sind?

Die meisten Entschuldigungen sind übertrieben. Indem Sie sich für nichtige Dinge entschuldigen, machen Sie sich klein und setzen sich in den Augen der anderen herab. Hören Sie auf damit!

Natürlich lautet die Alternative nicht, zu lügen oder Dinge zu beschönigen. Aber wenn Sie schon nichts Positives über sich zu erzählen haben, sagen Sie wenigstens nichts. Wecken Sie keine schlafenden Hunde, indem Sie auf etwas aufmerksam machen, das sonst gar niemand je bemerkt hätte.

Die wichtigste Regel im Selbstmarketing, die ich meinen Kundinnen und Kunden immer wieder einschärfe, lautet: Mach dich nie selber schlecht. Und dies gilt nicht nur für unnötige Entschuldigungen, sondern ganz generell für all die negativen Dinge, die wir so gerne über uns sagen – und die so absolut unwichtig sind und nur eines zur Folge haben: uns selber schlecht aussehen zu lassen. Zum Beispiel die Bemerkung, dass wir heute einen ganz alten Fummel anhaben, dass wir im letzten Urlaub drei Kilo zugenommen haben, dass unsere Wohnung viel zu klein ist oder dass wir halt nur in die Türkei in die Ferien fahren und nicht nach Malaysia.

Ich frage Sie: Wer will mit jemandem zusammen sein, der so unattraktiv ist? Die Menschen fühlen sich zu Gewinnern hingezogen, sie wollen keine Verlierer. Also stellen Sie sich nicht wie eine Verliererin oder ein Verlierer dar. Denn so wie Sie sich darstellen, so werden Sie auch gesehen.

> Halten Sie sich an die goldene Regel des Selbstmarketings: Sprechen Sie nie negativ über sich. Machen Sie sich nie selber schlecht. Weder bei anderen, noch bei sich selber.

Lieben Sie sich selbst – mit all dem, was Sie zu bieten haben, und auch mit dem, was Ihnen fehlt. Denn das sind Sie! Ändern Sie es, wenn es Sie stört. Nehmen Sie ab, wenn Ihr Gewicht Sie belastet. Lernen Sie kochen, wenn Sie sich für eine schlechte Köchin halten. Oder akzeptieren Sie die Dinge so, wie Sie sind – zumindest gegen aussen. Aber machen Sie sich nicht selber schlecht!

Sprechen Sie kraftvoll und selbstbewusst

Beobachten Sie sich, wenn Sie sprechen. Hören Sie sich zu und decken Sie hinderliche Sprachgewohnheiten auf:

- Welche Wörter benutze ich, die meine Aussagen abschwächen und weich spülen?
- Wie betone ich Forderungen und Anweisungen? Senke ich die Stimme am Ende des Satzes oder hebe ich sie an?
- Unterstütze ich meinen Gesprächspartner übermäßig mit bekräftigenden Rückmeldungen?
- Wann entschuldige ich mich für nichtige Dinge?
- Welche negativen Dinge sage ich über mich? In welchen Situationen mache ich mich selber schlecht?
- Welche sonstigen Automatismen haben sich in meine Sprache eingeschlichen, die meine Durchsetzungsstärke schmälern?

Gewinnen Sie Freunde

Dieses Wochenende ist Hannah bei Charlotte und Robert zum Essen eingeladen. Allerdings ist sie nicht der einzige Gast, sondern es sind noch zwei weitere Paare dabei.

»Sonja und Peter kennen wir schon sehr lange.« Charlotte erklärt Hannah die Gästeliste. »Mit Sonja habe ich in meiner Studentenzeit zusammengewohnt. Und Ulrike und Marcel kennen wir seit rund drei Jahren. Marcel ist ein Arbeitskollege von Robert. Beide sind sehr nett.«

»Und warum habt ihr gerade diese Leute eingeladen?«

»Wir dachten, das passt gut zusammen. Ulrike arbeitet in einer Anwaltskanzlei. Und Sonja und Peter sind echte Profis im Networking. Die kennen wirklich alles, was Rang und Namen hat. Ich dachte, wir können da noch ein paar Tipps für uns gewinnen«, meint sie und zwinkert Hannah zu.

»Das ist nett von dir«, murmelt Hannah und würde am liebsten gleich wieder absagen. Der Gedanke, dass die anderen Gäste sie belehren wollen und sich womöglich über ihre Hemmungen lustig machen, bereitet ihr Schweißausbrüche. Abwehrend sagt sie: »Aber nicht, dass du hingehst und allen erzählst, dass ich ein Problem mit Beziehungen habe!«

»Sicher nicht, bist du verrückt?« Charlotte gibt sich betont entrüstet. »Abgesehen davon hast du doch kein Problem mit Beziehungen, du bist einfach etwas zurückhaltend, das ist alles.«

Dieses Gespräch verunsichert Hannah, und sie kommt ins Grübeln. Hat sie sich etwa in Charlotte getäuscht? Ist Charlotte doch nicht die loyale und verständnisvolle Freundin, die sie in ihr gesehen hat? Hat sie Hannah nur eingeladen, um sich auf ihre Kosten zu amüsieren? Was, wenn alles nur aufgesetzt ist?

Wie halten Sie es mit der Freundschaft? Gibt es in Ihrem Leben jemanden, dem Sie vertrauen, mit dem Sie die wichtigsten Erlebnisse teilen und offen über Ihre Gefühle sprechen können?

Von der Antike bis heute beschäftigen sich Philosophen, Soziologen, Psychologen und seit einigen Jahren sogar Ökonomen mit der Frage, was Freundschaft ist und wie sie entsteht. Obwohl der Begriff schillernd und vielschichtig ist, lassen sich bei den verschiedenen Definitionen einige Gemeinsamkeiten deutlich erkennen. So ist Freundschaft immer gegenseitig; eine einseitige Zuneigung gilt nicht als Freundschaft. Freunde sind einander wohlwollend gesinnt und unterstützen sich gegenseitig in der persönlichen Entwicklung. Mit guten Freunden können wir entspannen und »ganz wir selber« sein. Häufig wird betont, dass es zwischen Freunden ein Band gibt, das beide verbindet. Dieses Band können geteilte Werte und Ideale sein oder gemeinsame Interessen oder Tätigkeiten und natürlich die gegenseitige Zuneigung.

Letztendlich ist es aber nicht so wichtig, was Wissenschaftler, Gelehrte und Poeten über Freundschaft sagen. Denn was Freundschaft für Sie bedeutet und was Sie von einer bereichernden Freundschaft erwarten, entscheiden Sie selbst.

Gehen Sie in Gedanken die Menschen durch, die Sie von Herzen mögen. Warum haben Sie diese Menschen gern? Schätzen Sie ihre Intelligenz, ihren Witz oder ihren Charme? Mögen Sie die interessanten Gespräche, die gemeinsamen Ausflüge oder das Verständnis und die tröstenden Worte, die sie Ihnen in schwierigen Zeiten schenken? Oder gibt es dafür ganz andere Gründe?

Was auch immer der Grund für Ihre Freundschaften ist: Sie geben Ihren Freunden etwas Wertvolles und erhalten dafür etwas Wertvolles zurück.

Wünschen Sie sich Freunde

Um herauszufinden, welche Bedeutung Freundschaften für Sie haben und welche Freunde Sie sich wünschen, helfen Ihnen folgende Fragen:

- Was bedeuten mir Freundschaften ganz persönlich? Weshalb möchte ich überhaupt Freundinnen und Freunde haben?
- Was erwarte ich von meinen Freunden?
- Was dürfen meine Freunde von mir erwarten?
- Wie groß darf der Aufwand sein? Wie viel Zeit und Energie will ich in meine Freundschaften investieren?
- Wie muss der andere sich verhalten, damit ich sagen kann: Sie ist eine echte Freundin oder er ist ein wahrer Freund?
- Was würde ich bei einer Freundin oder einem Freund nie tolerieren?

Freundschaftspflege ist immer eine Entdeckungsreise. Wir entdecken andere Menschen – was sie antreibt, wie sie leben, was ihnen Freude macht. Wir entdecken dabei aber auch immer uns selbst – wer wir sind, was uns wichtig ist, welche Bedürfnisse wir haben, was uns motiviert.

Freundschaften fallen uns nicht in den Schoß. Wir müssen uns um sie bemühen. Auch wenn wir es häufig glauben: Es ist nicht einfach Zufall, dass eine innige Freundschaft entsteht. Mit unserem Verhalten können wir bewusst dazu beitragen, dass der Funke zwischen uns und den Menschen in unserem Umfeld überspringt.

Wertschätzung macht sich bezahlt

Die Gäste bestaunen die Hauptspeise: »Gebratenes Lammnierstück mit einer Sinfonie aus Mango und Karotte«, wie Robert stolz verkündet. Der Abend gefällt Hannah wider Erwarten gut. Die Gäste sind umgänglich, wie Charlotte es vorausgesagt hatte. Ulrike interessiert sich sehr für Hannahs Arbeit. Sie selbst hat eine Teilzeitstelle als Assistentin in einem Anwaltsbüro. Ihr Mann Marcel ist witzig und unterhält die Runde mit kurzen Anekdoten.

Sonja und Peter arbeiten beide bei einer großen Pharmafirma. Nachdem Charlotte ihr gesagt hatte, dass die beiden gute Netzwerker sind, hat sich Hannah vorgestellt, die beiden seien laut und jovial. Das ist aber gar nicht so. Vor allem Peter tritt bescheiden auf. Er sagt nicht viel, stellt ab und zu eine Frage und ist ein konzentrierter Zuhörer. Sonja dagegen sprüht vor Energie. Sie ist lebhaft und sehr herzlich.

Als die anderen Charlotte fragen, woher sie Hannah kennt, antwortet diese nur: »Wir haben eine gemeinsame Freundin.« Hannah ist froh, dass Charlotte so diskret ist.

Im Verlauf des Abends sprechen sie auch über den Job und die Schwierigkeiten, die man gemeinhin mit Chefs und Kollegen so hat. Dabei fällt Hannah auf, wie wertschätzend Sonja und Peter über ihre Kollegen und Chefs sprechen. Während Marcel sich lauthals über die Reorganisation und den neuen Vorgesetzten beschwert, findet vor allem Sonja nur lobende Worte für die Menschen in ihrem Umfeld. Das beeindruckt Hannah.

»Hast du dir mal überlegt, warum wir nach so langer Zeit immer noch so gute Freundinnen sind?« Sonjas Frage reißt Hannah aus ihren Gedanken. Charlotte stutzt einen Moment, dann sagt sie scherzend: »Tja, das fragte ich mich manchmal auch!« Als sie merkt, dass alle gespannt auf eine Antwort warten, fährt sie fort: »Du hast schon recht: Außer mit dir habe ich fast keine Kontakte mehr zu Studienkollegen. Warum also grad wir beide?« Nach einigem Überlegen sagt sie: »Ich glaube, weil sich un-

sere Leben in die gleiche Richtung entwickelt haben. Wir haben immer noch eine ähnliche Lebensweise: Wir arbeiten beide in Teilzeit, haben eine Familie, interessieren uns für die gleichen Themen. Und wir haben uns die ganzen Jahre über umeinander bemüht, waren füreinander da und haben unsere Probleme miteinander besprochen. Und wir haben viele gemeinsame Erinnerungen. All die Dinge, die wir in unserer Studentenzeit erlebt haben, das hat uns zusammengeschweißt.«

Im menschlichen Zusammenleben spielt das sogenannte Reziprozitätsprinzip eine große Rolle – ein psychologisches Prinzip, das besagt, dass wir etwas zurückgeben wollen, wenn wir etwas erhalten haben. Reziprozität findet sich in vielerlei Alltagssituationen: Wenn zwei Freundinnen einander Komplimente machen: »Du hast schöne Schuhe.« – »Und du eine tolle Tasche!« Oder wenn Liebespaare turteln: »Schatz, ich liebe dich.« – »Ich dich auch!« Sicher kennen Sie die Situation, wenn Sie sich in einem Geschäft beraten lassen: Die Verkäuferin nimmt sich Zeit, erklärt Ihnen zwanzig Minuten lang die Vorzüge und Nachteile der verschiedenen Kaffeeautomaten. Fühlen Sie sich da nicht innerlich geradezu genötigt, etwas zu kaufen? Das ist Reziprozität. Die Verkäuferin hat Ihnen etwas geschenkt – ihre Zeit und ihre freundliche und hilfsbereite Art. Im Grunde macht sie nur ihren Job, und das wissen Sie auch – und dennoch haben Sie das Bedürfnis, sich dafür erkenntlich zu zeigen.

Das Prinzip der Reziprozität findet sich in Freundschaften häufig. Unter anderem spielt es auch bei der Wertschätzung, die wir anderen entgegenbringen, eine Rolle: Wenn Sie Ihre Bekannten wertschätzen, werden diese Sie ebenfalls wertschätzend behandeln.

Verschenken Sie Wertschätzung mit vollen Händen: Je mehr Wertschätzung Sie verschenken, desto mehr Wertschätzung erhalten Sie auch wieder zurück.

Wertschätzung können Sie auf vielfältigste Weise zeigen: Ein warmer Händedruck, ein Lächeln, eine Umarmung, ein ernst gemeintes Lob, ein schönes Kompliment, Aufmerksamkeit, Zeit, Höflichkeit, eine kleine Überraschung – das alles sind wertschätzende Gesten, mit denen Sie Herzen gewinnen.

Natürlich gibt es auch von dieser Regel Ausnahmen: Menschen, die nur auf ihren eigenen Vorteil aus sind und sich keinen Deut darum scheren, ob der andere auch auf seine Kosten kommt. Sie sind jedoch die Ausnahme. Der Großteil der Menschen verhält sich intuitiv nach dem Reziprozitätsprinzip.

Gleich und Gleich gesellt sich gern

Ähnlichkeit macht sympathisch. Wir mögen Menschen, die uns ähnlich sind, mit denen uns etwas verbindet. Gemeinsamkeiten schaffen einen unmittelbaren Bezugspunkt, unabhängig davon, in welchem Bereich die Gemeinsamkeit liegt. Wir wissen, mit wem wir es zu tun haben. Wir sind gleich – und dies verbindet uns.

Ähnlichkeit kann sich auf ganz verschiedene Merkmale beziehen: auf Alter, Kleidung oder Herkunft, auf bestimmte Fähigkeiten oder auf gemeinsame Interessen und Hobbys. Warum freunden wir uns im Ausland schnell mit unseren Landsmännern und -frauen an? Weil wir die gleiche Nationalität haben. Warum helfen sich Bergsteiger gegenseitig, selbst wenn sie einander nicht kennen? Weil sie sich in der gleichen Situation befinden. Warum können wir mit einer fremden Person stundenlang über unsere Erlebnisse auf Sumatra reden? Weil wir am gleichen Ort in den Ferien waren. Das verbindet, schafft Vertrauen und macht aus Fremden – nun ja, nicht gerade Freunde, aber wenigstens vertraute Bekannte.

Wir haben einen angeborenen Hang, mit den Menschen eine enge Beziehung einzugehen, die zu »unserer« Gruppe gehören. Dank diesem Mechanismus fühlen wir uns bestimmten Menschen verbunden – und grenzen uns gleichzeitig von anderen ab. Wer eine Harley-Davidson fährt, gehört automatisch zur Gruppe der Harley-Davidson-Fahrer. Dabei grenzt er sich jedoch auch ab gegen alle, die keine Harley fahren. Sehr schön kann dies auch bei Jugendlichen beobachtet werden: Durch ihren Kleidungsstil, ihre Begrüßungsrituale und sogar durch einen eigenen Slang zeigen sie, dass sie zu ihrer Gruppe gehören, und grenzen sich gleichzeitig von den Erwachsenen ab.

Nicht immer müssen die Gemeinsamkeiten so gewichtig sein. Oft reicht es schon, kleine Gemeinsamkeiten zu entdecken, um einander sympathisch zu finden: Wir waren beide in Kalifornien in den Ferien, wir sind im gleichen Dorf aufgewachsen, wir haben den gleichen Vor- oder Nachnamen, wir lesen gerade das gleiche Buch, wir haben den gleichen Kinofilm gesehen, wir mögen beide portugiesische Rotweine, wir sind beide zu spät zur Veranstaltung erschienen, wir besuchen das gleiche Fitnesscenter, wir haben einen gemeinsamen Bekannten.

Finden Sie Gemeinsamkeiten, dann finden Sie auch Freunde. Denn je mehr Ähnlichkeiten uns mit einer anderen Person verbinden, desto besser verstehen wir uns mit ihr.

Wie wir am Beispiel der Jugendlichen gesehen haben, sind es oft Äußerlichkeiten, die uns ein Zusammengehörigkeitsgefühl geben. Aussehen und Kleidung sind Attribute, die wir sofort erkennen; wir brauchen dafür nicht einmal ins Gespräch zu kommen. Falls wir gerne elegante Kleidung tragen, sind uns Leute, die ebenfalls elegant angezogen sind, sympathischer als Leute in verbeulten Jeans und mit zerfledderter Frisur. Wenn wir uns stattdessen gerne bequem kleiden, mögen wir Leute in Pullis und Turnschuhen.

Das mag nun alles etwas arg einfach klingen, ist in der Realität aber durchaus so. Gehen Sie in Gedanken einmal Ihren Freundeskreis durch: Wer gehört dazu? Welche Art von Freunden haben Sie? Wie sind sie angezogen und wie verhalten sie sich? Treten sie ähnlich auf wie Sie selbst? Oder sind sie völlig unterschiedliche Charaktere? Welche Ansichten haben sie über Gott und die Welt?

Bei dieser Betrachtung werden Sie wahrscheinlich feststellen, dass Sie und Ihre Freunde einander recht ähnlich sind – und zwar nicht nur in Äußerlichkeiten, sondern auch bezogen auf Ihre Werte, Einstellungen und Lebensanschauungen. Was halten Sie und Ihre Freunde für fair und gerecht? Wie denken Sie über wirtschaftliche, gesellschaftliche und politische Themen wie die Bankenkrise, Ausländerintegration oder das Schulsystem? Welche Einstellung haben sie zur Arbeit, zu Religion und Spiritualität? Welchen Stellenwert hat die Familie, die Freizeit?

Einen besonderen Stellenwert nimmt der Humor ein: Wenn wir die gleiche Art Humor haben und über die gleichen Dinge lachen können, fühlen wir uns gleich verbunden. Nie fühlen wir uns einem Menschen näher, als wenn wir herzhaft zusammen lachen.

Humor und gemeinsame Erlebnisse bieten eine wunderbare Grundlage, einander näher zu kommen.

Auch gemeinsame Erlebnisse und insbesondere gemeinsam ausgestandene Krisen können Beziehungen zusammenschweißen. Deshalb sind unsere engsten Vertrauten häufig langjährige Freundinnen und Freunde, mit denen wir viel erlebt und durchgestanden haben. Scheuen Sie sich also nicht, Konflikte anzusprechen und gemeinsam auszutragen. Eine Aussprache, wenn Sie fair und wertschätzend geführt wird, bringt Sie einander näher. Es sind nicht jene Beziehungen die besten, in denen es nie Meinungsverschiedenheiten gibt, sondern die, in denen die Partner konstruktiv mit unterschiedlichen Wünschen umgehen und gemeinsam eine Lösung finden.

Reibung erzeugt Wärme. Tragen Sie Konflikte konstruktiv und wertschätzend aus, und Ihre Beziehung gewinnt an Tiefe und Bestand.

Das subjektiv erlebte Gefühl der Ähnlichkeit entsteht auch dann, wenn wir häufig mit jemandem Kontakt haben – und sei dies nur vom Sehen. Wir finden Menschen umso sympathischer, je häufiger wir ihnen begegnen. Ob in der S-Bahn, beim Einkaufen oder in der Kantine: Immer wieder begegnen wir den gleichen Menschen. Mit der Zeit entwickelt sich ein unsichtbares Band, das uns mit diesen Menschen verbindet. Selbst wenn wir uns nie unterhalten und nur fast unmerklich zur Begrüßung mit dem Kopf nicken, sind wir uns doch bekannt und vertraut.

Versuchen Sie, in jedem Gespräch mindestens eine Gemeinsamkeit herauszufinden, und machen Sie eine erfreute Bemerkung darüber: »Dann haben wir ja die gleiche Uni besucht! Hatten Sie auch Statistik bei Professor Meyer?« Professor Meyer ist eine weitere Gemeinsamkeit, mit der wir das soeben geknüpfte Band festigen können. Und wenn uns dann auch noch die gleichen Erlebnisse mit Professor Meyer verbinden, steht einem Gefühl von Verbundenheit nichts mehr im Wege.

Aus dem Haus, schüchterne Maus!

Charlotte und Hannah gehen in die Küche, um das Dessert vorzubereiten. »Wie gefällt dir der Abend?«, will Charlotte wissen.

»Gut. Eure Freunde sind wirklich nett. Danke, dass du mich eingeladen hast.« Da platzt es aus ihr heraus: »Du Charlotte, darf ich dich etwas fragen?« Hannah läuft rot an, aber sie versucht es zu ignorieren. »Ich habe im Gospelchor doch diesen Mann kennengelernt.«

»Fabio?«

»Ja, Fabio. Er ... Ich bin zu einer Geburtstagsfeier eingeladen. Eine Kollegin aus dem Chor feiert ihren Sechzigsten. Fast der ganze Chor geht hin. Und ... ich weiß nicht, ob ich auch gehen soll.«

»Warum denn nicht? Wegen Fabio?«

»Er ist höflich, und wir reden auch ab und zu miteinander. Aber ich habe das Gefühl, er macht das nur aus Mitleid. Weil ich sonst alleine bin.«

»Warum sollte er denken, dass du alleine bist? Das bist du doch gar nicht, du bist ja heute Abend hier. Wo findet die Party denn statt?«

»In der Enothek, da gehen wir jeweils auch nach der Probe hin. Es gibt Getränke und Häppchen. Was soll ich denn nur machen?«

»Aber das ist doch ganz klar: Geh hin. Unbedingt. Es gibt da noch viele andere Leute, mit denen du dich unterhalten kannst. Und wenn der ganze Chor da ist, kennst du ja schon einige.« Charlotte rührt schwungvoll in der Schokoladencreme. Und genauso energisch sagt sie: »Hannah, wenn du Leute kennenlernen willst, musst du auch unter Leute gehen.«

Wann ist es Ihnen das letzte Mal passiert, dass jemand an Ihrer Türe geklopft und gesagt hat: »Hier bin ich. Lass uns Freunde sein.« Noch nie? Klar, denn so läuft es nicht. Wer nur zu Hause sitzt, wird keine Freunde gewinnen. Allerhöchstens virtuelle, aber diese stillen Ihr Bedürfnis nach Nähe und Zuneigung nur bedingt.

Verbringen Sie deshalb mehr Zeit an Orten, wo Menschen sind: Werden Sie Mitglied in einem Verein oder treten Sie einem Sportclub bei, dort treffen Sie Leute mit den gleichen Interessen. Nehmen Sie Einladungen an, besuchen Sie Businessveranstaltungen und treten Sie einem Berufsverband oder einem beruflichen Netzwerk bei.

Falls Sie sehr selten aus dem Haus gehen, um sich unter die Leute zu mischen, oder wenn sie lange mit sich ringen, ob Sie eine Einladung annehmen wollen oder nicht, werfen Sie eine Münze. So ist die Entscheidung in Sekunden getroffen und bereitet Ihnen keine schlaflosen Nächte. Allerdings müssen Sie sich dann konsequent an den Schiedsspruch der Münze halten.

Auch wenn Sie Malkurse, Sportclubs, Partys oder Tagungen besuchen, können Sie einsam und allein in einer Ecke sitzen. Es reicht deshalb nicht, einfach hinzugehen. Sie müssen mit den Menschen reden, um sie kennenzulernen. Und ihnen die Chance zu geben, Sie kennenzulernen!

Nutzen Sie die Fähigkeiten, die Sie sich bisher erarbeitet haben, und sprechen Sie mit so vielen Menschen wie möglich. Gehen Sie auf den anderen zu. Lachen Sie. Stellen Sie sich vor. Machen Sie Smalltalk. Seien Sie dabei nicht allzu wählerisch – Sie wissen nie, was sich aus einem Kontakt ergibt. Unverhofft kommt oft. Dies trifft auch auf Freundschaften zu. Man weiß nie, zu welcher Gelegenheit und mit welcher Person sich eine Freundschaft ergibt. Jedes Kennenlernen birgt ungeahnte Chancen. Wie reizvoll!

In jeder Person und hinter jedem Gesicht kann sich ein lieber Freund oder eine treue Freundin verbergen. Genießen Sie die Chancen, die sich mit jedem neuen Kontakt auftun.

Natürlich führen nicht alle Kontakte zu einer Freundschaft. Viele Gespräche enden ergebnislos oder als lose Bekanntschaft, was ja auch ganz in Ordnung ist. Bleiben Sie dennoch dran: Plötzlich finden Sie tatsächlich eine gute Freundin oder einen lieben Freund.

Smalltalk allein reicht nicht aus, um Freunde zu gewinnen, denn Smalltalk bleibt an der Oberfläche. Freundschaften dagegen sind tiefe, vertrauensvolle Beziehungen. Vertrauen braucht Zeit, es entsteht nur, wenn man einander kennt.

Fragen Sie deshalb Ihre neue Bekannte, ob Sie an einem zweiten Treffen interessiert ist, um den Kontakt zu vertiefen. Wenn Sie befürchten, aufdringlich zu wirken, spielen Sie ihr den Ball zu: »Es hat mich gefreut, Sie kennenzulernen. Wenn Sie einmal Lust auf ein gemeinsames Mittagessen haben oder einen Kaffee trinken gehen möchten, würde ich mich freuen. Hier ist meine E-Mail-Adresse. Melden Sie sich einfach, wenn es für Sie passt.« So hat die andere Person die Wahl, ob sie Sie treffen möchte oder nicht.

Vielleicht hat sie auch kein Interesse oder keine Zeit für neue Bekanntschaften. Nehmen Sie das nicht persönlich. Auch wenn sich daraus nichts ergibt, haben Sie gewonnen, denn Sie haben eine weitere Übungseinheit »Freunde gewinnen« absolviert. Es ist wie bei Bewerbungsgesprächen: Die meisten führen nicht zu einer Anstellung. Sie sind aber jedes Mal ein tolles Übungsfeld, um dann, wenn es um den Traumjob geht, auftrumpfen zu können.

Geben ist seliger denn nehmen

»Und was ist das Wichtigste beim Netzwerken?«, fragt Ulrike und streut sich etwas Zucker in den Kaffee. Offensichtlich hat Charlotte ihr ebenfalls erzählt, dass Sonja und Peter gute Netzwerker sind.

Sonja muss nicht lange überlegen, sondern sagt wie aus der Kanone geschossen: »Dass ich zuerst etwas gebe, bevor ich etwas erhalte.«

»Ach ja?« Ulrike runzelt die Stirn. »Aber ich netzwerke doch, weil ich von meinen Kontakten etwas erwarte – nicht umgekehrt.«

Peter schüttelt den Kopf. »Das ist leider ein Mythos, an den viele glauben. Ein Netzwerk basiert darauf, dass beide geben und nehmen – aus Freundschaft und aus Interesse. Netzwerke – oder Beziehungen generell –, bei denen alle nur profitieren wollen, funktionieren nicht.«

»Aber was kann ich dem anderen denn geben?«, fragt Charlotte.

»Oh, da gibt es eine ganze Menge. Beim beruflichen Netzwerken sind es Informationen, Kontakte, Unterstützung, Ideen, Aufträge, Empfehlungen und so weiter. Alles, was für den anderen einen Nutzen hat.«

»Na, da gäb's doch eine Menge Informationen aus der Anwaltskanzlei, die du ›verschenken‹ könntest, Ulrike«, wirft Marcel ein und lacht.

Ulrike boxt ihn sanft in die Seite und sagt ungeduldig: »Lenk nicht ab! Das interessiert mich. Wie sieht es denn privat aus? Was kann ich privat geben?«

»Alles, was dem anderen Freude macht und irgendwie hilft. Du kannst deinem Nachbarn die Blumen gießen, wenn er in den Ferien ist, die Kinder deiner Schwester hüten ...«. Diesmal fällt Charlotte Sonja ins Wort: »Oder an der Hochzeit deines Bruders eine Rede halten wie Hannah.«

»Das machst du?« Sonja schaut Hannah bewundernd an. »Toll! Da freut sich dein Bruder sicher.«

Bevor Hannah etwas erwidern kann, fährt Peter fort: »Dann sind es aber auch die alltäglichen zwischenmenschlichen Dinge, die zählen: interessante Gespräche, ein offenes Ohr, wenn jemand Probleme hat; dass du dir Zeit für deine Lieben nimmst, ein Kompliment oder ganz einfach Zuneigung. Natürlich können das auch kleine Geschenke sein. Wichtig ist dabei aber weniger der Wert des Geschenks als die Geste der Wertschätzung.«

Wenn wir die zehn Freundschaftsgebote niederschreiben müssten, würde das erste lauten: Geben ist seliger denn nehmen. Denn um etwas zu erhalten, müssen wir zuerst etwas geben.

Wir trachten in sozialen Beziehungen nach fairen Gegenleistungen für unseren Einsatz. Ist das nicht der Fall, so entsteht ein Ungleichgewicht, das uns ein schales Gefühl gibt. Dieses Fairnessprinzip ist eine gesellschaftliche Norm: Im Verlauf ihrer Sozialisation lernen die Mitglieder einer Gesellschaft, dass Fairness langfristig vorteilhafter ist als Unfairness. Mit anderen Worten: Wir möchten, dass unser Zusammenleben mit anderen gerecht verläuft. Wir wollen ähnlich viel investieren wie unsere Partner und auch ähnlich viel zurückerhalten.

Das klingt Ihnen zu ökonomisch, zu berechnend? Zu sehr nach einem Tauschgeschäft der Gefühle? Entgegen der romantischen Ansicht, wirtschaftliche Überlegungen hätten in Freundschaft und Liebe nichts verloren, machen wir am Ende des Tages doch alle unsere emotionale Buchhaltung: Wie viel bin ich bereit, in die Freundschaft zu investieren? Und wie groß muss mein Ertrag aus dieser Investition sein? Was habe ich gegeben und was erhalten? Lohnt sich diese Freundschaft für mich?

Um gute Freunde zu haben, müssen Sie eine ebenso gute Freundin und ein ebenso guter Freund sein.

Dabei spreche ich nicht von finanziellen Investitionen, die in Euro oder Franken abgerechnet werden, sondern von immateriellen Werten wie Zuneigung, Zeit, Unterstützung, Wissen, Vertrauen, Freude oder Humor.

Natürlich machen wir uns diese Überlegungen nicht bewusst, sonst wäre der eben ausgeführte Gedanke für Sie ganz normal. Unser

Unbewusstes kalkuliert jedoch sehr wohl, wo die Rechnung für uns aufgeht und wo nicht. Natürlich gibt es auch von dieser Regel Ausnahmen: Menschen, die altruistisch einfach nur geben und nichts zurückerwarten. Solche Menschen sind allerdings selten: Selbstlos geben können nur die wenigsten.

Jeder Mensch besitzt viele Gaben, die er mit anderen teilen kann. Diese reichen von Persönlichkeit, Charakter, Gefühlen, Wissen, Zeit, Humor und Schönheit bis zu Kontakten, Geld und Ansehen. Dabei sind unsere Gaben nicht etwa begrenzt – ganz im Gegenteil: Wir selber können sie vermehren, indem wir sie pflegen und erweitern und indem wir neue Gaben entwickeln und zu den bestehenden hinzufügen.

Je mehr Gaben Sie haben, desto mehr haben Sie auf dem »Tauschmarkt der Freundschaft« zu bieten – und desto attraktiver sind Sie. Es lohnt sich also, dass Sie immer wieder in Ihre Gaben investieren.

Teilen Sie Ihre Gaben

Beschenken Sie großzügig Menschen, die Sie mögen, und Sie werden Zuneigung zurückerhalten. Dabei geht es nicht um Gaben, die eine dicke Brieftasche voraussetzen, sondern um Geschenke wie Wertschätzung, Zeit, Zuneigung oder ein offenes Ohr. Folgende Fragen helfen Ihnen, Ihre Gaben zu benennen:

- Welche Bedürfnisse haben meine Bekannten? Wie fühlen sie sich gerade? Wo drückt sie der Schuh?
- Was brauchen sie von mir? Womit kann ich sie unterstützen und ihnen helfen?
- Welche Gaben sind für meine (potenziellen) Freunde wertvoll?

- Womit kann ich jemandem eine Freude machen?
- Welches Geschenk könnte der Beginn einer schönen Beziehung sein?

Entwickeln Sie ein Gespür für die Bedürfnisse des anderen. Beachten Sie kleine Besonderheiten und Details und notieren Sie diese, damit Sie sie nicht wieder vergessen.

Komplimente machen glücklich

Hannah möchte sich für die Einladung zum Abendessen revanchieren. Deshalb hat sie Charlotte zum Mittagessen ins Restaurant Kornhaus eingeladen. Die Tagesspezialität ist Reisring Stroganoff, dazu gibt es einen kleinen grünen Salat. Nachdem sie bestellt haben, sagt Hannah: »Das war ein geselliger Abend bei euch. Es ist sehr nett, dass ihr mich eingeladen habt, schließlich kennen wir uns ja noch nicht sehr lange.« Dann gesteht sie Charlotte, dass sie zu Beginn befürchtet hatte, Charlotte würde den anderen erzählen, wie gehemmt sie ist, und dass die sich dann über sie lustig machen würden.

Charlotte sieht Hannah perplex an. »Aber Hannah, so etwas würde ich nie tun! Und weißt du auch, warum nicht?«, fragt sie ernst. »Weil ich dieses verschupfte Hühnchen, von dem du immer sprichst, überhaupt nicht in dir sehe. Wenn ich mit dir zusammen bin, dann sehe ich eine intelligente und attraktive Frau, die höflich, hilfsbereit und zuvorkommend ist und mit der ich gerne zusammen bin.«

Doch Hannah hört Charlottes Lob gar nicht richtig, sondern meint selbstkritisch: »Ja schon, aber so unterhaltend wie Marcel bin ich halt nicht.«

»Vergleich dich doch nicht mit Marcel. Niemand ist wie Marcel. Abgesehen davon ist der Mann anstrengend. Stell dir bloß vor, wir hätten

zwei oder drei Marcels am Tisch gehabt – ich hätte den ganzen Abend in der Küche verbracht, ich schwör's dir! Also vergiss Marcel. Denk lieber an dich. Du warst eine große Bereicherung für den Abend, glaub mir. Denn du hast dich für die Anwesenden und das Gespräch interessiert. Und das ist es doch, was alle wollen: dass man sich für sie interessiert.« Sie lehnt sich über den Tisch und senkt die Stimme: »Hast du Peter beobachtet? Er hat zugehört, war ruhig und ernst. Hat er einen schlechten Eindruck auf dich gemacht?«

»Nein! Überhaupt nicht. Peter ist ein feiner Mann.«

»Siehst du, und du bist eine feine Frau!«, erwidert Charlotte in einem Ton, der keinen Widerspruch zulässt.

Hannah wird rot. Doch diesmal freut sie sich so über das Kompliment, dass sie es nicht einmal bemerkt.

Alle Menschen streben nach Anerkennung und Achtung, deshalb sind Lob und Komplimente bei den meisten Menschen ein Türöffner. Wenn der andere uns das Kompliment als ehrlich gemeint abnimmt und sich selbst für lobenswert hält, dann fühlt er sich wohl in unserer Nähe.

Wenn Sie nicht zu den Naturtalenten gehören, denen Lob und Komplimente ganz leicht über die Lippen gehen, dann können Sie sich darin üben. Dabei sollten Sie einige Punkte beachten, damit das Kompliment beim Gegenüber so ankommt, wie Sie es sich wünschen:

- Ihr Kompliment sollte »von Herzen« kommen, das heißt, es sollte ehrlich und glaubwürdig sein.
- Beziehen Sie Ihr Kompliment auf ein konkretes Merkmal, eine Eigenschaft oder ein Verhalten. So merkt der Angesprochene, dass Sie sich für ihn interessieren: »Ich bin beeindruckt, dass du Marathon läufst. Du bist sicher sehr ausdauernd und diszipliniert.«

- Am wirkungsvollsten ist es, wenn der andere für etwas gelobt wird, das ihm selber gar nicht bewusst ist.
- Halten Sie Blickkontakt, während Sie das Kompliment aussprechen.
- Wenn Sie Ihr Kompliment in Gegenwart anderer äußern, wirkt es noch stärker.

Passen Sie dabei auf, dass Sie nicht ein Verhalten loben, das aus der Sicht des Gelobten gar nicht eines Lobes wert ist. Verzichten Sie auf übertriebene oder abgedroschene Phrasen. Komplimente wie: »Bei deinem Lächeln schmelze ich wie Butter an der Sonne«, wirken eher pubertär als anziehend. Vermeiden Sie auch Komplimente, die der andere wahrscheinlich schon mehrfach gehört hat. Wenn ein Mann zu mir sagt: »Sie sollten Frau Schön heißen, nicht Frau Wüst«, habe ich dafür höchstens ein höfliches Lächeln übrig – schließlich höre ich diesen Spruch seit über 20 Jahren. Und übertreiben Sie es nicht: Überschütten Sie andere nicht mit Komplimenten.

Besonders wirkungsvoll ist ein Kompliment, wenn Sie es jemand anderem gegenüber machen. Wenn Sie beispielsweise mit Ihrer Bekannten Monica in einer Gruppe von Leuten stehen, sagen Sie zu einer dritten Person etwas Positives über Monica: »Ich bewundere Monicas Sportlichkeit. Sie geht fast jedes Wochenende in die Berge zum Klettern.« Bei einer beruflichen Veranstaltung können Sie sagen: »Monica Cornelius ist eine hervorragende Webdesignerin. Ich habe noch selten mit jemandem gearbeitet, der das Wesentliche so präzise erkannt und umgesetzt hat.« Wie bei jedem Kompliment sollten Sie auch hier darauf achten, dass diese Eigenschaft in den Augen des Gelobten auch tatsächlich eines Lobes wert ist.

Lassen Sie Ihre Freunde strahlen, indem Sie anderen etwas Bemerkenswertes über sie erzählen oder indem Sie ein Gesprächsthema anschneiden, mit dem sie auftrumpfen können.

Sie können Ihre Freunde auch auf eine andere Art strahlen lassen: indem Sie in einer Gruppe von Leuten gezielt ihr Lieblingsthema ansprechen. Worüber reden Ihre Freunde besonders gerne und kompetent? Über klassische Musik, Sportfischen, den FC Bayern München, die unberührten Naturschönheiten Islands, die anstehenden Wahlen oder die neuesten Entwicklungen in der Solarenergie? Wenn es Ihnen gelingt, das Gespräch auf dieses Thema zu bringen, können Ihre Freunde mit ihrer Begeisterung und ihrem Wissen brillieren. Ein Geschenk, das Ihre Freundschaft vertiefen wird.

Leider besteht selbst beim ehrlichsten Kompliment die Gefahr, dass es anders aufgefasst wird, als Sie es gemeint haben. So kann der andere denken, Sie wollen ihn durch Schmeicheleien manipulieren. Oder er hat generell Mühe, mit Komplimenten umzugehen, und fühlt sich peinlich berührt. Dies hat jedoch weniger mit Ihrem Kompliment als mit dem Selbstbild des anderen zu tun. Lassen Sie sich von solchen Reaktionen nicht abschrecken, sondern verteilen Sie großzügig Komplimente – der Erfolg wird Sie entschädigen.

Und wie reagieren Sie, wenn jemand Ihnen ein Kompliment macht? Winken Sie ab und spielen Sie es herunter mit Worten wie: »Ach nein, das ist doch gar nichts!«? Oder machen Sie es wie Hannah, die auf ein Kompliment gleich mit einer Selbstkritik reagiert? Vielleicht sind Sie es so gewöhnt, Anerkennung von sich zu weisen, dass Sie Ihre Reaktion nicht einmal mehr bemerken. Schade. Denn mit diesem Verhalten machen Sie nicht nur sich selber klein. Sie kränken auch die Person, die Ihnen das Kompliment macht, indem Sie ihr Urteil in Zweifel ziehen oder andeuten, sie würde ihre Standards zu wenig hoch setzen. Stoppen Sie diese schädliche automatische Reaktion.

Freuen Sie sich, wenn jemand Ihnen ein Kompliment macht, und sagen Sie einfach: »Danke!«

Lassen Sie den Funken überspringen

Beim Kaffee sagt Hannah: »Robert und du, ihr seid ein gutes Team.«

Charlotte zögert. »Ja, doch. Ich denke schon. Meistens wenigstens.« Ein müder Ausdruck kommt in ihr Gesicht.

Hannah ist hin und her gerissen: Soll sie fragen, was Charlotte genau meint? Oder würde sie ihre Freundin damit nur bedrängen? Sie nimmt allen Mut zusammen und fragt vorsichtig: »Was ist denn los? Stimmt etwas nicht?«

»Ach, weißt du, es ist ein Thema, das immer wieder auftaucht. Robert und ich haben wirklich eine gute Beziehung. Nur manchmal streiten wir uns, und danach fühle ich mich elend.«

»Worüber streitet ihr euch denn?« Hannah kommt sich vor, als laufe sie über Eier. Sie kann sich nicht erinnern, jemandem je solche intimen Fragen gestellt zu haben. Nicht einmal Tom.

»Es ist wegen der Kinder. Ich arbeite in Teilzeit, und in dieser Zeit sind die Kinder in der Kita.«

»Und Robert möchte, dass du weniger arbeitest und mehr Zeit mit den Kindern verbringst?« Das Fragen fällt Hannah immer leichter.

»Nein, das ist es nicht. Er findet es gut, dass ich arbeite. Aber ich habe manchmal ein schlechtes Gewissen den Kindern gegenüber. Und deshalb verwöhne ich sie, kaufe ihnen kleine Geschenke oder lasse sie länger fernsehen als vereinbart. Und dann gibt's Krach.«

Beide Frauen schweigen. Dann präzisiert Charlotte: »Wobei ›Krach‹ bedeutet, dass ich zuhöre und meistens kampflos klein beigebe. Robert ist wirklich kein Macho, aber irgendwie setzt er sich immer durch. Dabei will ich doch gleichberechtigt sein! Tja, da muss ich wohl noch dran arbeiten.«

Und dann stellt Charlotte die Frage, vor der Hannah sich so lange gefürchtet hat: »Kennst du das auch aus deiner Beziehung?«

An diesem Tag spricht Hannah zum ersten Mal über ihren Ex-Freund und ihre gescheiterte Beziehung.

Wenn Sie anfangen, sich regelmäßig mit einer Person zu treffen, werden die Gespräche tiefer und vertrauensvoller. Es werden zwar immer noch Anekdoten aus dem Alltag oder Ferienerlebnisse zum Besten gegeben, es werden aber auch immer mehr persönliche Themen angesprochen wie die Zufriedenheit im Job, Schwierigkeiten in der Familie oder mit einzelnen Familienmitgliedern, bis hin zu romantischen oder sexuellen Erlebnissen.

Schüchterne zögern häufig, sich zu öffnen und persönliche Dinge zu enthüllen, da sie glauben, sie räumten dem anderen dadurch Macht ein oder würden sich der Lächerlichkeit preisgeben. Diese Annahme ist jedoch falsch. Gerade die Bereitschaft, Verletzlichkeit zu zeigen, verleiht unseren Beziehungen eine besondere Tiefe. Sie erleichtert den Kontakt zu anderen Menschen, da diese dann meist auch offener und verletzlicher auftreten, wodurch eine schnellere und engere Bindung entsteht.

Vertrauensvolle Gespräche und damit auch eine vertrauensvolle Beziehung können erst entstehen, wenn beide Gesprächspartner bereit sind, etwas von sich preiszugeben. Ein vertrauensvolles Gespräch muss reziprok sein im Austausch von Gefühlen und Problemen. Beide müssen genauso bereitwillig zuhören wie über die eigenen Dinge sprechen. Indem Charlotte von ihren Problemen mit Robert erzählt, wird es auch für Hannah möglich, über ihre gescheiterte Beziehung zu sprechen.

Wenn Sie eine Beziehung vertiefen wollen, lassen Sie immer mehr vertrauliche Themen einfließen. Achten Sie dabei auf eine gute Balance von reden und zuhören.

Dabei muss eine Balance entstehen: Wenn der eine freigiebig erzählt und der andere immer nur verschlossen danebensitzt, entsteht mit der Zeit ein Ungleichgewicht, das zu Unbehagen führt: Der Erzähler kommt sich entblößt vor, während sich der Zuhörer wie eine Klagemauer fühlt.

Normalerweise spüren die Beteiligten, wie weit sie sich in heikle Themen vorwagen können, ohne dass der andere sich unwohl fühlt. Falls Sie unsicher sind, wie viel Sie erzählen dürfen, ohne dass der andere sich peinlich berührt fühlt, halten Sie sich lieber vorerst zurück und beobachten Sie Ihr Gegenüber: Über welche persönlichen Themen spricht sie? Welche Fragestellungen diskutieren wir? Ist das für mich in Ordnung? Fühle ich mich wohl dabei? Falls der Gesprächsverlauf für Sie passt, gehen Sie mit und lassen Sie ähnliche Inhalte aus Ihrem Leben einfließen.

Wenn Ihnen bestimmte Themen peinlich sind, sagen Sie es. Zeigen Sie dabei, dass Sie die Offenheit Ihrer Bekannten schätzen, dass es Ihnen jedoch zu viel wird: »Ich finde es schön, dass du mir vertraust und so persönliche Dinge mit mir besprichst. Allerdings ist mir das nun doch etwas zu intim. Ich würde gerne über etwas anderes reden. Ist das in Ordnung für dich?« Sie haben einen Punkt in der Beziehung erreicht, wo eine solche Bitte der Freundschaft keinen Abbruch tut.

Üben Sie sich in Metakommunikation: Sprechen Sie mit Ihrer Bekannten über die Art und Weise, wie Sie miteinander reden. Dadurch können Störungen im Gespräch geklärt werden.

Wenn Sie wissen, dass Sie über einen Teil Ihres privaten oder beruflichen Lebens auf keinen Fall sprechen möchten, überlegen Sie vorher, was Sie sagen werden, wenn Sie im Gespräch tatsächlich auf dieses Thema kommen sollten.

Diskretion ist Trumpf

Wo vertrauliche Angelegenheiten besprochen werden, ist Verschwiegenheit oberstes Gebot. Als vertrauenswürdige Freundin sind Sie diskret. Ihre Bekannte weiß, dass Sie niemals Dinge weitererzählen würden, die sie Ihnen unter dem Siegel der Verschwiegenheit anvertraut hat.

Reden Sie nicht über andere Leute, außer es handelt sich um Personen des öffentlichen Lebens. Beteiligen Sie sich nie an bösartigem Klatsch und stehen Sie offen zu dieser Haltung: Wenn andere negativ über Personen sprechen, die nicht anwesend sind, weisen Sie darauf hin, dass Sie das unfair finden und sich an solchem Gerede nicht beteiligen. Äußern Sie sich grundsätzlich nur positiv über andere. Wenn Sie über eine Person nichts Gutes zu berichten haben, schweigen Sie. Sie mögen dann als Spielverderber rüberkommen – die Achtung und das Vertrauen der anderen sichern Sie sich damit aber allemal.

Seien Sie diskret. Wenn überhaupt, dann sprechen Sie nur positiv über andere. Üben Sie sich in guter Nachrede. Reden Sie nie schlecht über Dritte.

Eine oberflächliche Bekanntschaft in eine vertrauensvolle Beziehung umzuwandeln, braucht Arbeit und Geduld. Schlagen Sie deshalb ein moderates Tempo an. Fordern Sie nicht zu schnell zu viel, sonst überfordern oder überfahren Sie den anderen. Überstrapazieren Sie Ihren Vertrauten nicht. Vertraut sein heißt nicht, dass Sie alle Ihre Probleme beim anderen abladen können. Ihr Vertrauter ist weder Therapeut noch Arzt. Er muss Sie nicht anhören. Seien Sie deshalb dankbar für die Zeit und Aufmerksamkeit, die er Ihnen schenkt.

Die wenigsten Menschen haben den Mut, »Stopp! Das geht mir zu schnell« zu sagen. Statt das Gespräch zu suchen und gemeinsam über die Beziehungsgestaltung zu reden, werden sie eher die Flucht ergreifen. Dies können Sie besser machen: Sprechen Sie mit Ihren neuen Bekannten über die Art und Weise, wie Sie Ihren Kontakt gestalten wollen. Wie viel Zeit können sich beide für die Beziehungspflege nehmen? Welche gemeinsamen Aktivitäten kommen in Frage? Woran haben beide Spaß?

Fragen Sie sich deshalb in Bezug auf das Gespräch und Ihren Gesprächspartner regelmäßig: Was aus meinem Leben möchte ich erzählen? Welche Erfahrungen kann ich teilen? Über welche aktuellen Probleme möchte ich sprechen? Wo setze ich die Grenzen? Über welche Themen will ich nicht oder noch nicht sprechen?

Lassen Sie niemanden im Regen stehen

Hannah hat sich mit Lisa verabredet. Sie wollen gemeinsam zur Geburtstagsfeier von Rosa gehen. »Es könnten gute Kontakte da sein«, hatte Lisa bei der letzten Chorprobe gesagt. Lisa ist ständig auf der Suche nach »Kontakten«, die sich auch zu »Beziehungen« entwickeln könnten.

Es ist kurz vor sieben. Hannah ist wie immer einige Minuten vor der verabredeten Zeit am Treffpunkt, da sie auf keinen Fall zu spät kommen möchte. Als Lisa um viertel nach sieben immer noch nicht da ist, wird Hannah unruhig. Sie schickt ihr eine SMS, erhält aber keine Antwort. Hannah fühlt sich in der Zwickmühle: Sie möchte nicht einfach weggehen, ohne es Lisa zu sagen. Außerdem ist es einfacher, mit einer anderen Person zu einer Party zu gehen als alleine. Wenn sie aber noch lange wartet, verpasst sie Rosas Begrüßungsrede. Kurz vor halb acht kommt eine SMS: Bin gleich da. Nochmals zehn Minuten später taucht Lisa auf, atemlos. Sie entschuldigt sich überschwänglich.

Als sie endlich in der Enothek ankommen, verschwindet Lisa gleich in der Menge und lässt Hannah an der Theke zurück.

Die Leute sind bereits am Häppchenessen. Hannah fühlt sich benutzt und deplatziert. Aber sie will nicht nach Hause gehen, weil sie es leid ist, allein zu sein.

Wie zuverlässig sind Sie? Können sich Ihre Freunde auf Sie verlassen? Oder lassen Sie sie gelegentlich im Regen stehen? In dem Fall sollten Sie Ihr Verhalten schleunigst ändern. Achten Sie darauf, dass Sie ein zuverlässiger Partner sind. Zeigen Sie dem anderen Ihre Wertschätzung, indem Sie Ihre Versprechen halten. Geben Sie ihm das Gefühl, dass er Ihnen wichtig ist und er sich auf Sie verlassen kann.

Seien Sie bei Verabredungen pünktlich und nehmen Sie vereinbarte Termine unbedingt wahr. Auch wenn es sich um eine private Bekanntschaft handelt: Planen Sie ein Treffen wie einen Termin, den Sie nicht absagen können.

Wenn Sie bemerken, dass Ihnen bei Verabredungen immer wieder »etwas dazwischenkommt«, hinterfragen Sie Ihren Willen, diesen Kontakt aufrechtzuerhalten: Warum gebe ich anderen Aktivitäten regelmäßig den Vorrang? Macht mir dieses Treffen keine Freude oder ist es mir unangenehm? Hat mein Verhalten etwas mit meiner Schüchternheit zu tun? Möchte ich meinen Bekannten im Grunde gerne treffen, habe aber Angst, dass ich etwas falsch mache und mich blamiere?

Hören Sie in sich hinein und seien Sie ehrlich zu sich. Es ist vollkommen in Ordnung, wenn Sie jemanden nicht treffen wollen, weil Sie die Person nicht wirklich mögen, sie nicht interessant finden oder Ihre Zeit anders verbringen möchten. Dann sollten Sie jedoch Rückgrat zeigen und künftig keine Termine mehr vereinbaren.

Bei meinen Seminaren werde ich häufig gefragt, ob eine Absage immer ehrlich begründet werden muss oder ob auch eine kleine Lüge akzeptabel sei. Fragen wir anders. Stellen Sie sich vor, Sie erhalten von einer Bekannten folgende Absage: »Ich möchte mich nicht mehr mit dir treffen. Ich mag dich nicht besonders und unsere Gespräche langweilen mich.« Wie würden Sie empfinden? Sie wären gekränkt und traurig. Und das völlig zu Recht. Denn eine solche Abfuhr ist nicht etwa offen und ehrlich, sondern schlicht rücksichtslos.

Wenn Sie jemanden nicht treffen wollen, sagen Sie es höflich und rücksichtsvoll.

Auch wenn ich der Meinung bin, dass man im gemeinsamen Miteinander ehrlich sein soll, würde ich eine Absage niemals so formulieren. Denn sie nützt niemandem, weder mir selber noch dem anderen. Ganz im Gegenteil: Ich verletze mein Gegenüber mit einer Aussage, die keinerlei Lernchance bietet. Höchstens vielleicht die Erkenntnis, dass man so unhöflichen Leuten gegenüber vorsichtig sein soll.

Deshalb rate ich Ihnen: Lassen Sie die Begründung ganz weg oder nennen Sie einen Grund, der das Gegenüber nicht verletzt. Sprechen Sie in der Ich-Form. Erfinden Sie keine Lügengeschichten, die der andere dann doch durchschaut. Die Menschen sind nicht dumm, sie merken normalerweise, was läuft. Überlegen Sie sich, mit welcher Art der Absage Sie selbst am besten umgehen könnten. Eine gute Absage wäre: »Ich möchte mich in nächster Zeit nicht mehr mit dir treffen. Meine Zeit ist so knapp, und da möchte ich lieber meine bisherigen Freundschaften pflegen.«

Was machen Sie, wenn Sie Angst vor einem Treffen haben und den Termin deswegen verschieben wollen? Es kann gut sein, dass Ihnen gerade Menschen, die Sie besonders attraktiv finden, Bauchschmerzen bereiten. In dem Fall sollten Sie sich die Übungen im Kapitel »Denken Sie sich selbstbewusst« nochmals anschauen. Lassen Sie sich eine Freundschaft nicht von Ihren irrationalen Befürchtungen verbauen! Finden Sie heraus, welche Gedanken Ihre Ängste schüren, und formulieren Sie alternative Gedanken. Und dann treffen Sie sich mit Leuten, die Sie mögen – und geben sich die Chance, zu erleben, dass Ihre Befürchtungen unbegründet waren.

In einem früheren Kapitel hatte ich Sie gebeten, Ihre Schüchternheit nicht zu erwähnen. Das gilt allerdings vor allem für oberflächliche Bekanntschaften und nicht für nahe Beziehungen. Wenn Sie Ihre neue Bekannte mögen und Ihnen etwas an ihrer Freundschaft liegt, dürfen Sie ruhig erwähnen, dass Sie unsicher sind und dass solche Treffen für Sie schwierig sind: »Ich fühle mich mit anderen Menschen immer ein bisschen unsicher und verabrede mich selten. Unser Treffen ist mir jedoch sehr wichtig.« Indem Sie Ihr Bekenntnis mit einem Kompliment verbinden, wird sich Ihre Bekannte sogar geehrt fühlen, dass Sie sich gerade mit ihr treffen.

Wenn Sie jemanden mögen und bereits eine vertraute Beziehung aufgebaut haben, können Sie erwähnen, dass Sie schüchtern sind. Fassen Sie sich dabei kurz und entschuldigen Sie sich nicht.

Wichtig: Treten Sie das Thema nicht platt, sondern fassen Sie sich kurz. Entschuldigen oder rechtfertigen Sie sich nicht. Es ist keine Schande, schüchtern zu sein. Und es braucht Mut, darüber zu sprechen. Indem Sie dem anderen Ihr Problem offenbaren, zeigen Sie, dass Sie ihm vertrauen. Diese Geste allein ist beziehungsstiftend.

Kleine Geschenke erhalten die Freundschaft

Endlich findet Hannah im Gewühl Rosa. »Hannah, wie schön, dass du da bist. Ich habe schon befürchtet, du kommst nicht mehr.«

»Es tut mir leid, dass ich so spät dran bin«, entschuldigt sich Hannah und fragt besorgt: »Habe ich deine Ansprache verpasst?«

Zu Hannahs Erleichterung sieht Rosa das jedoch ganz entspannt: »Das macht doch nichts. Hauptsache, du bist jetzt da. Ich freu mich!«

Hannah gratuliert Rosa zum Geburtstag. Sie hat ein ganz persönliches Geburtstagsgeschenk mitgebracht: eine alte Zeitung mit Rosas Geburtsdatum. »Weil du doch so gerne Zeitung liest«, sagt sie.

»Oh, das ist toll, vielen Dank!«, freut sich Rosa. »Jetzt weiß ich, was am Tag meiner Geburt so alles passiert ist.«

Kleine Geschenke erhalten die Freundschaft. Und diesmal meine ich tatsächlich Geschenke zum Anfassen. Das kann eine Postkarte oder ein Mitbringsel aus den Ferien sein, ein Marienkäfer aus Schokolade als Glücksbringer, Primeln im Frühling oder ein Weihnachtsstern im Advent, das neueste Buch der Lieblingsschriftstellerin und vieles mehr.

Eine Freundin von mir verschenkt kleine Aufmerksamkeiten, die sie selber bastelt, dekoriert oder verpackt: ein selbst gepflückter Strauß aus Wiesenblumen mit einem hübschen Band, eine hausgemachte Konfitüre, ein besonderer Tee oder eine Kerze, die sie selber dekoriert hat. Ich freue mich jedes Mal riesig über diese kleinen Aufmerksamkeiten.

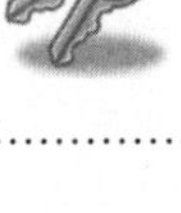

Machen Sie Ihren Freunden öfters eine Freude mit einem kleinen, persönlichen Geschenk. Dabei zählt die Geste, nicht die Brieftasche.

Was Sie beim Schenken beachten sollten: Verzichten Sie auf triviale Geschenke wie die obligate Flasche Wein. Denn das eigentliche Geschenk ist nur zweitrangig. Wichtig ist die Geste der Wertschätzung, die damit verbunden ist. Zeigen Sie, dass Sie sich mit der Person auseinandersetzen und ihr etwas ganz Persönliches schenken, was zu ihr passt und von Herzen kommt.

Beziehungen im Cyberspace

Im virtuellen Raum hat man die absolute Kontrolle über den Kommunikationsprozess: Man kann den Kontakt aufnehmen und abbrechen, wie es einem passt, man muss nicht sofort eine Antwort parat haben, sondern kann sich in Ruhe überlegen, was man sagen und wie man es formulieren will, ja man kann sogar so weit gehen, seine eigene Identität zu verschleiern und eine andere Person zu spielen.

Während wir in der realen Welt nicht den Luxus haben, fünf Minuten nach einer passenden Antwort zu suchen, können wir beim Chat in den Social Networks, über Facebook, Twitter oder per E-Mail oder SMS die Delete-Taste drücken, unsere Aussage nochmals überdenken und umformulieren. Dabei bleibt alles irgendwie unverbindlich. Die Gefahr, bei einer SMS das Gesicht zu verlieren, ist bedeutend kleiner als bei einem Telefonat oder im direkten Gespräch.

Ist der Cyberspace für Schüchterne demnach die perfekte Kommunikationsplattform? Leider nicht. Denn die sozialen Medien mögen zwar ein Fenster zur Welt da draußen öffnen, sie stillen jedoch nicht unser Bedürfnis nach Nähe und Geborgenheit.

Die Generation der Digital Natives, also Personen, die mit den digitalen Technologien aufgewachsen sind, nimmt die elektronische Beziehungspflege als etwas ganz Natürliches wahr. Sie können miteinander vertraut werden, auch wenn sie sich nur über das Internet kennen. Damit bietet das Internet Schüchternen eine wunderbare Ausrede, sich nicht in der realen Welt nach Bekannten und Freunden umsehen zu müssen: Man hat ja Freunde auf Facebook – was will man mehr?

Doch auch wenn sich die Technologie verändert: Das Bedürfnis nach Freundschaft, einer Liebesbeziehung, nach körperlicher Nähe und Intimität wird sich deswegen nicht grundlegend ändern. Damit bleibt auch der Wunsch, mit Menschen aus Fleisch und Blut zusammen zu sein. Für alle, die nicht einsam und allein vor dem Computer sitzen wollen, gibt es also nur eines: Gehen Sie raus und treffen Sie sich mit Menschen aus Fleisch und Blut.

Und wenn Sie sich mit Ihrer Bekanntschaft aus dem Internet verabreden, umso besser. So erfahren Sie auch gleich, wer sich hinter »Mäuschen123« oder »jamesbond007« tatsächlich verbirgt. Passen Sie aber auf: Gerade beim Online-Dating kommt es leicht zu Enttäuschungen. Setzen Sie Ihre Erwartungen also nicht zu hoch und seien Sie nicht traurig, wenn Sie selbst nicht jene Person sind, die sich der andere erhofft hat. In der realen Welt kommt es auf die Chemie an – und die lässt sich über das Glasfaserkabel nur schlecht transportieren.

Erliegen Sie nicht der Versuchung, Ihre Freundschaften nur noch in der virtuellen Welt zu suchen, sondern pflegen Sie den echten mitmenschlichen Kontakt.

Als Hannah mit Rosa auf ihren Geburtstag anstößt, kommt Fabio auf sie zu. Wie immer wirkt er etwas wichtigtuerisch. »Hallo Hannah. Da bist du ja endlich. Ich dachte schon, du hättest einer anderen Einladung den Vorzug gegeben.«

»Nein, natürlich nicht«, murmelt Hannah. Sie findet seine Bemerkung unpassend, schließlich steht Rosa gleich daneben.

Aber diese lacht nur und meint vielsagend: »Dann will ich mal andere Gäste begrüßen gehen. Genießt den Abend!«, und verschwindet winkend in der Menge.

Fabio hat gemerkt, dass er mit seiner Bemerkung bei Hannah abgeblitzt ist. Dabei wollte er doch betont lässig sein. Einen langen Moment stehen beide da und schauen angestrengt in ihre Gläser. Da sagt Fabio kleinlaut: »Es ist wirklich schön, dass du gekommen bist. Ich hatte schon Angst, du hättest es dir anders überlegt.«

»Warum sollte ich? Ist doch Rosas Geburtstag.«

»Ich habe mich über mich selbst geärgert, weil ich dich nicht gefragt habe, ob wir zusammen hingehen.«

Hannah ist verwirrt: »Warum sollten wir zusammen hingehen?«, fragt sie sich.

Fabio wird nervös. »Ich … weißt du, ich fühle mich etwas unsicher mit anderen Menschen. Besonders … mit Frauen. Deshalb wirke ich häufig arrogant.« Plötzlich sprudelt es aus ihm heraus: »Das bin ich aber gar nicht. Ich bin ein netter Typ. Nur ein bisschen schüchtern.«

In dem Moment taucht Lisa auf. »Hallo, ihr Turteltäubchen«, ruft sie so laut, dass Hannah das Gefühl hat, alle drehten sich nach ihnen um. »Hast du jemanden zum Reden gefunden?«, fragt sie Hannah scheinheilig und sagt zu Fabio: »Hannah hatte große Angst, dass sich heute Abend niemand mit ihr abgibt. Aber jetzt hat sie ja dich.«

Und zu Hannah gewandt sagt sie: »Es tut mir ja leid, dass ich mich nicht mehr um dich kümmern kann, Hannah. Aber ich kenne so viele Leute hier, mit denen ich reden muss.« Sie lächelt wohlwollend. »Natürlich könnte ich dich auch dem einen oder anderen vorstellen, aber ich weiß nicht, ob du das überhaupt möchtest. Du bist ja nicht so gerne mit Fremden zusammen.« Ihr Lächeln wird breiter. »Also halte dich schön an Fabio, da kann dir nichts passieren.« Mit diesen Worten lässt sie Hannah stehen und rauscht davon.

Beste falsche Freunde

Genauso wie Lob und Anerkennung uns stärken und Auftrieb geben, demütigen und verletzen uns Sticheleien und versteckte Kritik. Während wir nicht beeinflussen können, was andere Leute zu uns und über uns sagen, können wir wenigstens beeinflussen, mit wem wir unsere Zeit verbringen. Wieso sollten wir unsere Zuneigung, Zeit und Energie mit Menschen verschwenden, die nicht unser Bestes im Sinn haben? Es gibt keinen Grund. Lassen wir es einfach!

Das soziale Umfeld, in dem wir uns bewegen, bezeichne ich gerne als »Bühne«. Ob wir auf einer Bühne Erfolg haben und glänzen können, hängt nicht nur von unserem eigenen Auftritt ab, sondern auch von unserem »Publikum«, also von den Menschen, mit denen wir uns umgeben. Wir sind immer nur so gut, wie unser Publikum es uns zugesteht: Bejaht, bestärkt und ermuntert uns unser Publikum, können wir zur Höchstform auflaufen. Mäkelt es an uns herum und macht uns klein, werden wir verunsichert und können nicht das geben, wozu wir im Grunde fähig sind.

Sie können sich nur entfalten und Ihr Bestes geben, wenn Ihr Umfeld Sie bestärkt. Geben Sie sich deshalb nur mit Menschen ab, die Sie bejahen und unterstützen.

Trennen Sie sich von Menschen, die Ihnen nicht guttun und Sie klein halten. Das gilt auch für solche, die Sie mit ihren Ansprüchen erdrücken, Sie eifersüchtig beobachten und kontrollieren, Sie kritisieren, Sie für ihren eigenen Egotrip missbrauchen, immer das letzte Wort haben oder Sie gar körperlichen oder psychischen Gefahren aussetzen. Verabschieden Sie sich von Menschen, die das Thema wechseln, wenn Sie von Ihren Erfolgen berichten, die Sie mit anderen vergleichen und dabei schlecht aussehen lassen. Oder die Sie unter dem Vorwand, Ihnen offen und ehrlich Feedback geben zu wollen, rücksichtslos kritisieren und verletzen.

Wiegeln Sie meinen Rat bereits ab mit der Begründung, das Verhalten Ihres Bekannten sei sicher ein einmaliger Ausrutscher gewesen und er habe es gar nicht so gemeint? Falsch gedacht. Fiese Bemerkungen macht niemand aus Versehen. Dieses Vorgehen hat System. Und nur ein Ziel: den eigenen Stern auf Ihre Kosten heller strahlen zu lassen.

Machen Sie nicht den Fehler, aus Gewohnheit, weil Sie befürchten, dem anderen wehzutun oder nachher alleine dazustehen, eine solche Beziehung aufrechtzuerhalten. Suchen Sie sich stattdessen Freunde, die Ihr Leben bereichern und mit positiver Energie füllen.

Verabschieden Sie sich konsequent von Menschen, die Sie nicht achten oder Ihnen sogar schaden.

Da Sie sich als schüchterne Person oft selbst in ein schlechtes Licht rücken, fällt es Ihnen nicht unbedingt auf, wenn andere dies ebenfalls tun. Deshalb müssen Sie Ihre Sensibilität schulen, um herabsetzende Bemerkungen schneller zu erkennen.

Eine Hilfestellung bieten Ihnen auch hier die Somatischen Marker. Achten Sie auf emotionale oder körperliche Reaktionen, wenn Sie mit anderen zusammen sind: Welche Bemerkungen und welches Verhalten meiner Bekannten lösen bei mir ungute Gefühle oder unangenehme körperliche Reaktionen hervor? Wer treibt mir mit seinen Bemerkungen die Schamesröte ins Gesicht? Nach welchen Gesprächen fühle ich mich wie nach einer verlorenen Schlacht?

Hilfe, den mag ich nicht!

Und was passiert, wenn uns der andere unsympathisch ist? Umgangssprachlich finden wir dafür treffende bildliche Beschreibungen: »Ich kann ihn nicht riechen!«, »In seiner Gegenwart läuft es mir eiskalt den Rücken runter«. So beschreiben wir unsere Abneigung gegenüber anderen Menschen.

Diese Abneigung spüren wir körperlich über unsere Somatischen Marker, die sich blitzschnell melden. So haben wir in Kürze ein Urteil gefällt: »Dem trau ich nicht. Hände weg!« Logischerweise verhalten wir uns daraufhin distanziert und gehen dieser Person aus dem Weg. Das ist auch nicht weiter tragisch, wenn wir sie nur flüchtig im Supermarkt treffen. Wenn wir jedoch täglich mit ihr zu tun haben, lohnt es sich, unsere Einstellung zu überprüfen.

Antipathie entsteht aufgrund eigener Erfahrungen. Das heißt, wir tragen immer einen Teil dazu bei, damit eine Antipathie gegenüber einem anderen Menschen entsteht. Dies ist auch der Grund, weshalb Menschen, die wir selbst ablehnen, von anderen geschätzt und sogar bewundert werden können.

Wie entsteht Antipathie? Es kann sein, dass uns die andere Person an unsere eigenen Schwächen erinnert oder dass wir auf sie eifersüchtig sind, da wir gerne mehr so sein möchten wie sie. Vielleicht erinnert uns die Person auch an schlechte Erfahrungen, die wir mit einem anderen Menschen gemacht haben. Oder wir lehnen sie ab, weil wir das Gefühl haben, sie lehne uns ab. Die Aussage »Emotionen stecken an« gilt eben auch hier.

Wenn Sie jemanden nicht mögen, hat das auch immer etwas mit Ihnen zu tun. Hinterfragen Sie Ihr Urteil und überlegen Sie sich, ob es nicht doch einen Weg des »guten Miteinanders« gibt.

Leider senden schüchterne Menschen häufig Signale aus, die von anderen als Ablehnung oder Arroganz gedeutet werden: wegsehen, sich absondern, sich nicht an Gesprächen beteiligen. Dieses Verhalten interpretieren viele als Wichtigtuerei: »Ich bin was Besseres«, oder: »Ich will nichts mit dir zu tun haben«. Daher reagieren sie auf die vermeintliche Ablehnung ihrerseits mit Ablehnung.

Falls Sie also das Gefühl haben, jemand lehne Sie ab, fragen Sie sich, ob dies nicht eine Spiegelung Ihrer eigenen Zurückhaltung sein könnte: Sie vermitteln dem anderen den Eindruck, dass Sie ihn ablehnen. Dieser ist verletzt und reagiert ebenfalls mit Ablehnung. Sie wiederum spüren, dass sich der andere zurückzieht. Daraufhin weisen Sie ihn tatsächlich ab und halten ihn für unsympathisch. Der andere sieht sich in seiner Wahrnehmung bestätigt.

Die Psychologie nennt eine solche Rückkoppelung »selbsterfüllende Prophezeiung«. Im Grunde ist sie nichts weiter als eine Spirale heißer Luft, ein Teufelskreis, ausgelöst von einem Missverständnis. Durchschauen und stoppen Sie diesen Mechanismus!

Die Sichtweise und das Verhalten der anderen können wir nicht ändern. Aber unser eigenes schon. Wenn Ihnen also jemand unsympathisch erscheint, nehmen Sie dies nicht einfach so hin. Hinterfragen Sie Ihren Eindruck und überprüfen Sie nochmals Ihr Urteil: Könnte es sich um eine Spiegelung meiner eigenen Zurückhaltung handeln? Fragen Sie sich, was Sie tatsächlich an dieser Person stört: Was stört mich an dieser Person? Weshalb stört mich das? Was hat meine Ablehnung mit mir selber zu tun?

Jede Person hat gute Seiten. Lenken Sie Ihren Blick gezielt auf die positiven Eigenschaften und erkennen Sie diese an.

Unbeabsichtigt hat Lisa Hannah einen Gefallen getan. Ihre fiesen Bemerkungen haben Fabio so empört, dass er sich umso mehr um Hannah bemüht und versucht, ihr einen schönen Abend zu machen. Er entpuppt sich als interessierter und aufmerksamer Mann, und nachdem Hannah den ersten Schock verdaut hat, verbringen die beiden einen unterhaltsamen und recht vergnüglichen Abend zusammen. Hannah erfährt, dass Fabio als Buchhändler in einer großen Buchhandlung arbeitet und leidenschaftlich gern Kriminalromane liest. Womit die beiden Krimifans ein schier unerschöpfliches Gesprächsthema gefunden haben.

Als die beiden gerade gehen wollen, taucht Lisa wieder auf. Sie ist bester Laune. »Wollen wir gehen, Hannah? Wir können zusammen ein Taxi nehmen. Meine Wohnung liegt auf deinem Heimweg und du kannst mich bei mir zu Hause absetzen.«

Hannah schaut Lisa entgeistert an. Doch diese scheint davon nichts zu bemerken und meint wie selbstverständlich: »Ruf doch schon mal die Taxizentrale an.«

Hannah spürt Fabios Hand auf ihrem Arm. Ihre Augenbrauen ziehen sich zusammen, die Augen werden schmal und ihre Nase kräuselt sich. Als Lisa die Zeichen erkennt, ist es schon zu spät: Hannah und Fabio drehen sich wortlos um und gehen.

Öfter mal Nein sagen!

Bei intensiv gepflegten Beziehungen ist es aber auch wichtig, sich bewusst abzugrenzen. Die Tatsache, dass Ihre Bekannte bestimmte Wünsche oder Erwartungen hat, heißt nicht, dass Sie diese auch erfüllen müssen. Sie sind Herrin und Herr über Ihre Beziehungen und bestimmen, wie Sie diese gestalten und wie viel Zeit Sie dafür verwenden.

Je stärker Sie emotional auf Ihr Gegenüber eingehen, desto besser. Dies darf jedoch nie auf Kosten des eigenen Wohlbefindens gehen. Wenn Sie aus Angst vor Konflikten oder Zurückweisung lieber zu sich selber »Nein« sagen als zu jemand anderem, sollten Sie handeln.

Lernen Sie, Nein zu sagen

Lernen Sie, Nein zu sagen. Nicht zu den Menschen selbst, aber zu übertriebenen Erwartungen, unpassenden Forderungen und Wünschen, die Ihnen zuwiderlaufen. Nur so können Sie Ihr Leben nach Ihren Vorstellungen gestalten und genießen.

- Gehen Sie in Gedanken die letzten Wochen durch: Wann habe ich Ja gesagt, wo ich doch Nein gemeint habe? Warum habe ich das getan und bei wem? Finden Sie heraus, ob es bestimmte Muster gibt, weshalb Sie immer in ähnlichen Situationen oder bei ähnlichen Leuten Ja sagen.
- Werden Sie sich Ihrer eigenen Bedürfnisse und Wünsche bewusst. Bevor Sie Ja zum Wunsch eines anderen sagen, fragen Sie sich: Was möchte ich? Sagen Sie Ja zu sich selbst und gestehen Sie sich zu, dass Ihre Bedürfnisse und Wünsche genau gleich viel Gewicht haben wie die der anderen.
- Rufen Sie sich immer wieder Ihr Herzensziel in Erinnerung. Es wird Ihnen zeigen, wo Ihr Weg langgeht, und wird Ihnen helfen, mutig und bestimmt Nein zu unangemessenen Forderungen zu sagen.
- Benutzen Sie bewusst das Wort Nein, wenn Sie eine Bitte oder eine Forderung ablehnen: »Nein, ich werde nicht mit dir heimfahren.« »Nein, ich rufe die Taxizentrale nicht an.«
- Bleiben Sie dabei höflich und wertschätzend, ganz nach dem Motto: Hart in der Sache, weich zu den Menschen.

Auch wenn Sie Ihr Nein noch so freundlich verpacken, es bleibt doch ein Nein, das die Wünsche und Erwartungen der andern nicht erfüllt. Sei's drum! Bleiben Sie gelassen und machen Sie sich nicht zu viele Sorgen darüber, was der andere von Ihnen denkt. Dann werden Sie merken: Nein sagen ist gar nicht so schwer!

Genießen Sie Ihren Auftritt

Die Vorbereitungen laufen auf Hochtouren. Nicht nur für das Brautpaar selbst, sondern auch für mich. Denn Tom und Miriam haben meinen Mann und mich ebenfalls zur Hochzeit eingeladen. Mein Mann, selbst ein zurückhaltender Mensch, fühlt sich zu Beginn nicht so wohl beim Gedanken, zu einer Hochzeit mit lauter fremden Menschen zu gehen: »Wer wird denn da sein? Die kenne ich alle gar nicht.« Als er aber merkt, wie wichtig mir die Einladung ist, sagt er bereitwillig zu.

Nachdem diese erste Hürde genommen ist, stellt sich bereits das nächste Problem: Was ziehe ich an? Von Hannah habe ich erfahren, dass es ein richtig großes Fest werden soll, mit einem traumhaften, weißen Brautkleid und langer Robe für die Damen. »Das volle Programm halt«, wie Hannah es etwas abschätzig ausdrückt.

Zum Glück kenne ich eine Boutique in der Altstadt, die auf Abendkleider spezialisiert ist und deren Besitzerin, Fabiola, immer genau meinen Geschmack trifft. Als ich ihr vom anstehenden Fest erzähle, kommt sie ins Schwärmen: »Endlich wieder einmal ein richtiges Fest mit klassischer Garderobe. Das gibt es heute ja fast nicht mehr. Nichts gegen die kurzen Cocktailkleidchen, aber neben einem richtigen Abendkleid sehen die doch nach nichts aus!«

»Meinst du wirklich, dass ich in einem langen Kleid gehen muss?«, frage ich, immer noch in der leisen Hoffnung, dass es daran einen Weg vorbei gibt.

»Aber sicher!«, ruft sie entrüstet. »Wenn es heißt ›lang‹, dann trägst du lang. Du willst dich doch nicht blamieren, oder?«

»Nein, natürlich nicht«, gebe ich kleinlaut zu.

»Und außerdem«, fügt sie fachkundig hinzu, »würdest du dich den ganzen Abend schrecklich fühlen, weil du die einzige Frau in einem kurzen Kleid und damit total underdressed bist.«

Kleider machen Leute. Dieses Sprichwort klingt zwar oberflächlich und veraltet, hat aber viel Wahres. Denn durch Kleidung bringen wir nicht nur unsere Stimmung, unseren Geschmack und Stil zum Ausdruck, wir werden entsprechend unserer Aufmachung auch kategorisiert und etikettiert. Und was für Schüchterne besonders wichtig ist: Die Kleidung hat einen wesentlichen Einfluss darauf, wie selbstsicher sie sich fühlen.

Hier sprechen wir also vom viel zitierten »ersten Eindruck«, der darüber entscheiden soll, wie Sie von Ihrem Gegenüber wahrgenommen werden. Auch hier entscheidet das Unbewusste weit schneller als das Bewusstsein. Die Richtung, ob positiv oder negativ, ist meist im Bruchteil einer Sekunde festgelegt. Natürlich können wir einen ersten Eindruck auch revidieren. Dies geschieht jedoch selten, da wir die Angewohnheit haben, an einer einmal gefassten Meinung festzuhalten. Es ist deshalb umso wichtiger, sich von Anfang an richtig in Szene zu setzen.

Dress to impress

Für viele gesellschaftliche Veranstaltungen gelten fixe Vorstellungen, welche Kleidung dazu getragen werden sollte. Und dies gilt nicht nur für Hochzeiten, sondern auch für weniger formelle Anlässe wie für ein privates Abendessen bei Freunden, den Besuchstag in der Schule oder für geschäftliche Anlässe. Sogar für den Besuch einer Sportveranstaltung gelten gewisse Kleiderregeln. Wer sich nicht daran hält, fällt auf – und setzt damit Zeichen.

Was denken Sie, wenn Ihnen im ausverkauften Fußballstadion eine Frau in Minirock und High Heels begegnet? Dass Sie ein eingefleischter Fußballfan ist? Oder dass sie auf Männerfang ist? Alles, was wir tun, setzt Zeichen. Und ein besonders starkes Zeichen setzt unsere äußere Erscheinung. Unser Äußeres wirkt mehr, als wir uns oft bewusst sind. Nach der Art, wie wir uns kleiden, werden wir von anderen eingeschätzt. Denn das ist zunächst der einzige Anhaltspunkt, den die anderen haben. Vielleicht ist die besagte Dame selber eine leidenschaftliche Fußballspielerin. Aber das wissen wir in dem Moment ja noch nicht. Unser einziger Anhaltspunkt ist ihre Kleidung. Und die beschriebene Kleidung wird nach gängigen Stereotypen eher mit Männerfang gleichgesetzt als mit Sportbegeisterung.

Wie Sie sich auch immer kleiden, die anderen werden sich etwas dabei denken. Die zentrale Frage lautet: Was möchten Sie, dass die anderen über Sie denken? Möchten Sie, dass die anderen denken, Sie seien auf Männerfang? Prima, dann kleiden Sie sich entsprechend und Sie werden Ihr Ziel erreichen. Falls Sie das aber nicht möchten, wählen Sie einen anderen Kleidungsstil.

Die Bekleidung vermittelt eine Botschaft: Überlegen Sie sich, welche Botschaft Sie mit Ihrer Kleidung senden wollen und wählen Sie Ihre Garderobe entsprechend aus.

Das Modediktat ist heute zum Glück nicht mehr so streng, dass es gar keine Flexibilität erlaubt. Von superschick bis abgewrackt und von Sexbombe bis Mauerblümchen gibt es eine breite Spanne. Sie müssen nicht die gestylteste Frau oder der eleganteste Mann sein. Das überlassen Sie den Leuten, denen eine tolle Garderobe besonders wichtig ist. Wenn Sie eine Veranstaltung besuchen, achten Sie dennoch darauf, dass Sie passend angezogen sind. Wenn Sie dies nicht tun, werden Sie sich während der gesamten Zeit unsicher fühlen.

Dabei geht es nicht darum, blind den neuesten Modetrends zu folgen oder stur Dresscodes einzuhalten. Es geht vielmehr darum, dass Sie einen Stil finden, mit dem Sie einen guten Eindruck machen und der zu Ihnen passt. Schließlich wollen Sie sich nicht verkleidet fühlen und schon gar nicht verkleidet rüberkommen.

Wählen Sie eine Kleidung, die zum Anlass passt, die die richtigen Zeichen setzt, die Ihre Persönlichkeit unterstreicht und in der Sie sich selbstsicher und ausdrucksstark fühlen.

Starkes Markenzeichen

Sie können Ihren Stil zusätzlich unterstreichen, indem Sie ein Markenzeichen kreieren, ein attraktives Merkmal, das Sie in den Augen der Öffentlichkeit unverwechselbar macht. Apple-Gründer Steve Jobs trug seinen unverkennbaren schwarzen Rollkragenpullover, Lady Gaga ist für ihre schrille Kleidung und Elton John seine auffällige Brille bekannt, bei Modezar Karl Lagerfeld sehen wir gleich den weißen Pferdeschwanz vor uns. Und was ist es bei Ihnen? Vielleicht eine eigenwillige Frisur, eine Farbe, die Sie bevorzugt tragen, oder ein auffälliges Accessoire.

Wenn Ihnen ein bestimmter Lippenstift besonders gut steht, dann können Sie ihn immer wieder verwenden. Wenn Sie bunte Farben mögen, können Sie bunte Tücher mit auffallenden Drucken tragen. Markenzeichen haben oft mit unerwarteten Details, mit sogenannten »Stilbrüchen« zu tun. Wenn Sie als Mann einen dreiteiligen Anzug mutig zu halblangen Haaren tragen, ist das ein solcher Stilbruch.

Mein persönliches Markenzeichen ist die Farbe rot. Bei mir ist alles rot: Homepage, Flyer, Laptop, die Hülle meines Mobiltelefons, meine Handtaschen, meine Uhr und natürlich auch immer etwas an meiner Kleidung. Das Interessante dabei: Wenn ich meiner Linie einmal untreu bin, bemerkt mein Umfeld es sofort und weist mich darauf hin. Achten Sie also darauf, dass Sie ein Markenzeichen wählen, das Sie auch wirklich über längere Zeit gerne und häufig tragen.

Markenzeichen wirken und schaffen Wiedererkennung. Finden Sie ein persönliches Markenzeichen, das untrennbar mit Ihrer Persönlichkeit verknüpft ist, und achten Sie darauf, dass es jederzeit sichtbar ist.

Nachdem wir die Frage nach der Saumlänge geklärt haben, führt mich Fabiola in den oberen Stock, wo die Abendkleider ausgestellt sind. Hier gibt es Kleider in allen Farben und Formen: eng, gebauscht, mit Rüschen oder Pailletten, mit Ärmeln, feinen Trägern oder schulterfrei. Ich bin überwältigt. Doch Fabiola steuert, ohne zu zögern, direkt in den hinteren Bereich des Ladens, wo die roten Kleider hängen. »Rot ist deine Farbe«, sagt sie mit Kennerblick. Und natürlich auch, weil sie weiß, dass ich das gerne trage.

Sie überreicht mir ein Kleid: »Das ist es. Probier's mal an.«

Das Kleid ist eng, aber irgendwie gelingt es mir, mich hineinzuzwängen. Als ich mich im Spiegel betrachte, fällt mir die Kinnlade runter. Es ist ein Traum; sehr lang, sehr eng und sehr rot.

Fabiola schaut mich zufrieden an. »Gefällt es dir?«, fragt sie erwartungsvoll.

Ich nicke heftig, immer noch erstaunt, was so ein Kleid bewirken kann. »Nur... es ist so lang und eng. Wie soll ich denn darin laufen, ohne auf den Saum zu treten?«

»Du musst halt hohe Absätze tragen, dann passiert schon nichts.«

»Und wenn ich etwas esse? Es gibt sicher eine Hochzeitstorte, und auf die will ich auf keinen Fall verzichten!«

»Immer diese praktisch denkenden Frauen!« Fabiola verzieht das Gesicht. »Petra, das ist ein Abendkleid, kein Kartoffelsack. Wenn es dir ungewohnt vorkommt, musst du es eben vorher eintragen. Zieh das Kleid ein paarmal bei dir zu Hause an, so gewöhnst du dich daran.« Süffisant fügt sie hinzu: »Dein Mann hat da sicher nichts dagegen.«

Dies ist ein bestechendes Argument. Und so verlasse ich wenig später beschwingt den Laden mit meinem neuen, roten Abendkleid.

Finden Sie Ihren Kleiderstil

Ihre Kleidung hat einen Einfluss darauf, wie selbstsicher Sie sich fühlen. Eine starke Ausstrahlung haben Sie dann, wenn Sie sich rundum wohlfühlen – und zwar in der momentanen Situation wie auch in Ihrer Haut.

Tragen Sie nur Kleidung, in der Sie sich attraktiv, stark und gleichzeitig behaglich fühlen.

Falls Sie Ihren Stil noch nicht gefunden haben oder unschlüssig sind, ob er wirklich zu Ihnen passt, beantworten Sie folgende Fragen:

- Was mag ich besonders an mir? Wie möchte ich das betonen?
- Welchen Kleidungsstil bevorzuge ich? In welchen Kleidern fühle ich mich wohl?
- Welche Botschaft will ich mit meinem Kleidungsstil vermitteln? Was sollen die anderen denken, wenn sie mich sehen?
- Welche Frisur, welches Make-up und welche Accessoires muss ich wählen, damit meine Persönlichkeit optimal zur Geltung kommt?

- Gibt es etwas, das ich zu meinem Markenzeichen machen könnte? Eine bestimmte Art von Kleidungsstück, eine Farbe, ein Accessoire?

Wenn Sie unsicher sind, was Ihnen gut stehen könnte, hören Sie auf Komplimente: Mit Aussagen wie: »Du hast eine tolle Frisur«, oder: »Diese Farbe steht dir sehr gut«, signalisieren Freunde und Familie, was ihnen gefällt. Wenn Sie sich sehr unsicher fühlen, engagieren Sie eine Stilberaterin, die Ihnen hilft, die richtigen Kleider für Ihren Typ auszuwählen.

Achten Sie darauf, dass der Gesamteindruck stimmt und dass auch Frisur, Make-up und Fingernägel sowie Accessoires zum Gesamtbild passen. Die teuersten Kleider wirken schäbig, wenn Sie eine ausgewaschene Dauerwelle tragen, abgekaute Fingernägel haben, zertretene Schuhe tragen.

Geben Sie alles weg, was nicht zu Ihnen passt oder was Sie verkleidet oder sich sehr unsicher fühlen lässt. Passen Sie aber auf: Kleidung hat viel mit Gewohnheit zu tun. Es kann gut sein, dass es Ihnen so geht wie mir mit meinem neuen Abendkleid – dass Sie sich in einem neuen Kleid oder einem neuen Anzug im ersten Moment unwohl fühlen, weil es ungewohnt ist. Das soll aber nicht heißen, dass Sie es gleich wegwerfen müssen oder dass Sie es auf keinen Fall kaufen dürfen. Wenn es gut mit Ihrem Stil harmoniert, geben Sie ihm eine Chance: Halten Sie sich an Fabiolas Rat und tragen Sie es ein paarmal bei sich zu Hause. So werden Sie sich daran gewöhnen und den Mut finden, es auch außerhalb Ihrer eigenen vier Wände zu tragen.

Ganz generell sollten Sie es sich zur Gewohnheit machen, neue und ungewohnte Kleidung immer zuerst einzutragen. So gewöhnen Sie sich an Ihr neues Outfit, machen es zu Ihrer zweiten Haut. Laufen Sie in Ihren neuen Pumps einige Runden im Haus umher, dann die Straße rauf und runter. So drücken die Schuhe nicht und Sie fühlen sich trittsicher. Eine gute Voraussetzung, um bei jeder Gelegenheit eine gute Figur zu machen.

Eine starke Ausstrahlung hat nur, wer sich in seiner Haut wohlfühlt. Tragen Sie ungewohnte Kleidung deshalb immer zuerst bei sich zu Hause ein.

Frauen achten bei einem Mann sehr darauf, ob er gepflegt ist oder nicht. Ungepflegte Männer haben bei Frauen schlechte Karten. Es ist deshalb sicher nicht verkehrt, wenn Sie sich als Mann auch einmal Gedanken über die Themen Körperpflege und Kosmetik machen.

Treten Sie auf!

»Erzähl mir doch nochmals, wer alles da sein wird«, fordert mich mein Mann auf. Wir sind auf der Fahrt zum Bodensee, wo das Hochzeitsfest stattfindet.

»So genau weiß ich das auch nicht. Hannah ist sicher da. Und natürlich Tom und Miriam, das Brautpaar. Sonst kenne ich niemanden. Es kann sein, dass Tom noch ein paar ehemalige Arbeitskollegen eingeladen hat, die ich auch kenne. Das weiß ich aber nicht.«

»Und wie viele Leute werden das etwa sein?«

»Hannah hat von rund 80 Personen gesprochen. Warum fragst du?«

»Weil ich gerne vorbereitet bin. 80 Leute, und ich kenne keinen, das ist schon anstrengend.«

»Da hast du recht«, pflichte ich ihm bei. »Aber wir sind ja zusammen. Das hilft. Viel schwieriger finde ich es, wenn man ganz alleine zu einer solchen Veranstaltung geht.«

Philipp kauft mir das nicht so richtig ab: »Nun tu bloß nicht so! Bei den vielen Veranstaltungen, die du besuchst, bist du das doch gewohnt.

Du wirkst auch immer souverän, als ob es für dich nichts Schöneres gäbe als einen Saal voller fremder Leute.«

Sein Kompliment schmeichelt mir. Allerdings möchte ich doch klarstellen: »Ja, heute ist das so. Ich musste das aber auch zuerst lernen.« Vor meinem geistigen Auge erscheinen all die unbehaglichen Momente, die ich bei solchen Veranstaltungen schon durchlebt habe. »Der schlimmste Augenblick war für mich immer der, wenn ich einen Raum betrat und auf einen Haufen fremder Menschen traf. Alle waren am schwatzen und schienen viele Leute zu kennen. Nur ich nicht. Da fühlte ich mich immer völlig fehl am Platz und wäre am liebsten auf der Stelle umgekehrt.«

»Und warum ist das heute anders?«, fragt Philipp.

»In erster Linie, weil ich mich nicht davor gedrückt habe. Ich bin immer hingegangen, obwohl mir dabei unwohl war. Und ich habe mir einige Tricks angeeignet, die mir geholfen haben. Wie der Trick mit dem Phantomfreund.«

»Phantomfreund? Muss ich da eifersüchtig werden?«

»Nein, nein«, lache ich. »Mein Phantomfreund ist reine Einbildung. Wenn ich einen Raum betrete, stelle ich mir vor, jemand, den ich kenne, stehe am anderen Ende des Saals. Wenn ich ihn ›erspähe‹, schenke ich ihm mein schönstes Lächeln und gehe langsam und mit geradem Rücken auf ihn zu. Beim Vorbeigehen grüße ich dann die Leute, die mich anschauen. Sobald jemand meinen Gruß erwidert, beginne ich ein Gespräch mit ihm. So schaffe ich es so gut wie nie, bei meinem unsichtbaren Freund anzukommen.«

Vielleicht kommt Ihnen mein »Phantomfreund« seltsam vor. Er ist aber ein ausgezeichneter Begleiter, um selbstsicher einen Raum zu betreten. Und so geht›s:

Wenn Sie einen vollen Saal betreten, halten Sie zunächst inne und schauen Sie sich in Ruhe um. Lassen Sie Ihren Blick entspannt durch den Raum schweifen: Ist jemand da, den ich kenne? Wo sind die Gastgeber? Steht jemand alleine da, den ich ansprechen will? Gibt es ein Büfett, wo ich mir ein Getränk holen kann? Wo will ich mich dazustellen?

Betreten Sie den Raum dann mit einer gewissen Dynamik. Schleichen Sie nicht links die Wand entlang, sondern gehen Sie geradewegs durch die Türmitte. Halten Sie Rücken und Schultern gerade – ein leicht nach vorne gebeugter Oberkörper signalisiert Unterwürfigkeit.

Jetzt kommt der Trick mit dem Phantomfreund: Wenn Sie sich durch die Menschenmenge bewegen, richten Sie Ihren Blick auf den »Horizont«, das heißt auf einen Punkt an der Wand, der auf Ihrer Augenhöhe liegt. Gehen Sie selbstbewusst und bestimmt auf diesen Punkt zu. Wenn Sie mutig sind und noch einen draufsetzen wollen, lächeln Sie ein breites Lächeln, ganz so, als ob Sie in der Menge ein bekanntes Gesicht gesehen hätten und auf dieses zugehen würden.

Sie brauchen nicht zu befürchten, dass jemand diesen kleinen Schwindel bemerkt. Wenn Sie nicht gerade ein prominenter Partygast wie Prinz Harry sind, interessiert sich niemand dafür, wen Sie auf der anderen Seite des Raumes erspäht haben.

Wenn Sie sich durch den Raum bewegen, lächeln Sie die Leute an. Nicken Sie einzelnen zum Gruß zu, auch wenn Sie sie nicht kennen. Sie werden sofort merken, ob Ihr Gruß willkommen ist oder nicht. Wenn Sie merken, dass der andere sich über Ihre Geste freut, können Sie auf ihn zugehen und ein Gespräch beginnen.

Reden Sie sich zum Erfolg

Als wir im Schlosshotel ankommen, ist Hannah schon da. Neben ihr steht ein junger Mann, den ich noch nie gesehen habe. Vielleicht ein Cousin?

Hannah und ich küssen uns zur Begrüßung, und ich stelle ihr meinen Mann vor: »Hannah, das ist Philipp.«

»Das freut mich«, meint sie strahlend und zeigt auf ihren Begleiter. »Und das ist Fabio.«

Hannah, Fabio, Philipp und ich sitzen an einem festlich geschmückten Tisch. Die Kellner haben soeben die Vorspeisenteller weggeräumt und der Moment, wo Hannah ihre Rede halten wird, rückt näher. Entsprechend nervös ist Hannah auch. Und ich offen gesagt ebenfalls. Sie hatte Tom gebeten, die Rede vor Miriams Bruder halten zu dürfen, da sie nicht das Gefühl haben wollte, gegen ihn »antreten« zu müssen. Das war eine weise Entscheidung, denn Miriams Bruder ist ein ausgesprochen selbstbewusster Mann.

Ich staune immer noch, dass Hannah Fabio zur Hochzeit ihres Bruders eingeladen hat. »Ich wollte dich damit überraschen«, sagt sie kokett – was ihr auch gelungen ist.

Ich mustere Fabio im Geheimen. Er scheint nett zu sein. Er kümmert sich aufmerksam um Hannah und versucht sie von ihrer Aufregung wegen der bevorstehende Rede abzulenken.

Hannah und ich hatten die Rede gemeinsam vorbereitet und intensiv geprobt, mit Videoanalyse und Nachbesprechung. Hannah hat in der Zeit große Fortschritte gemacht. Auf ihre kleinen Stichwortzettel wollte sie dann aber doch nicht verzichten. Einige Tage vor dem großen Event schließlich meinte sie optimistisch: »Zu sagen, dass ich mich auf die Rede freue, wäre übertrieben – aber gespannt, wie's dann läuft, bin ich schon.«

Jetzt ist der Moment gekommen. Hannah steht auf und geht in Richtung Bühne zum Mikrofon. Die Band spielt einen Tusch und es wird ganz still im Saal. Alle schauen gespannt nach vorne. Ich halte den Atem an.

Früher oder später kommt jeder in die Situation, vor einer Gruppe sprechen zu müssen. Wenn Sie angefragt werden, eine Rede zu halten – sei dies nun für einen privaten oder beruflichen Anlass –, freuen Sie sich! Eine Rede bietet eine wunderbare Plattform, auf sich aufmerksam zu machen und sich und seine Kompetenzen zu zeigen. Nutzen Sie sie.

Öffentliches Sprechen birgt die Gefahr, etwas falsch zu machen und sich zu blamieren. Und davor haben viele Angst. Sogar die Profis von Bühne und Fernsehen geben zu, dass sie vor ihren Auftritten Lampenfieber haben. Und das hat auch sein Gutes: Denn Stress macht in der richtigen Dosis wach und konzentriert. Wo hingegen das Adrenalin fehlt, wird die Rede zur Schlaftablette.

Wenn es Ihnen gelingt, Ihr Lampenfieber auf ein gesundes Maß zu reduzieren, werden Sie nicht nur Ihren verdienten Applaus ernten, sondern können Ihren Auftritt sogar genießen.

Dance the Warm-up!

Können Sie sich vorstellen, dass ein Schauspieler vor die Kamera tritt, ohne seinen Part intensiv einstudiert und geübt zu haben? Oder dass eine Primadonna auf die Bühne tritt, ohne ihre Muskeln vorher aufgewärmt zu haben? Sicher nicht. Und deshalb brauchen Sie ebenfalls ein solches Warm-up.

Wann immer Sie eine Rede halten, sollten Sie sich gewissenhaft darauf vorbereiten, denn dadurch erhöhen Sie Ihre Chancen auf Erfolg. Wenn Sie hingegen ohne Vorbereitung vor ein Publikum treten, überlassen Sie es dem Zufall, ob Sie gut ankommen oder nicht. Außerdem zeigt eine nicht ausreichende Vorbereitung einen Mangel an Wertschätzung dem Publikum gegenüber. Die Leute nehmen sich Zeit, Ihnen zuzuhören. Geben Sie deshalb Ihr Bestes – und das beginnt bei der gewissenhaften Vorbereitung.

Wärmen Sie sich auf

Die erste und wichtigste Regel bei Referaten lautet: Es kommt weniger auf Sie selber an als auf Ihr Publikum. Die meisten Menschen gehen von sich selber aus, wenn sie eine Rede vorbreiten: Worüber möchte ich sprechen? Was möchte ich erzählen? Dabei spielt dies eine untergeordnete Rolle. Was zählt, ist einzig und allein das Interesse des Publikums. Reden Sie an den Interessen des Publikums vorbei, wird Ihnen niemand zuhören. In einer packenden und erfolgreichen Rede geht es also viel mehr um den anderen als um einen selbst.

Stellen Sie sich vor jedem Referat folgende Fragen bezogen auf das Publikum:

- Wer sitzt bei meiner Rede im Publikum?
- Was interessiert mein Publikum? Welche Bedürfnisse und Interessen haben meine Zuhörer?
- Was erwartet das Publikum von meinem Vortrag und von mir?
- Wie ist der Wissensstand des Publikums in Bezug auf das Thema?
- Wie viele Leute werden kommen?
- Welche Einwände und Kritik könnten vorgebracht werden?

In einem zweiten Schritt legen Sie Ihre eigenen Ziele fest und bestimmen, wie Sie als Referentin beziehungsweise Referent wirken wollen:

- Welches Ziel verfolge ich mit meiner Rede? Was will ich mit meinem Vortrag erreichen? Welche Botschaft muss unbedingt bei den Zuhörern ankommen?
- Wie möchte ich wahrgenommen werden? Welchen Eindruck möchte ich beim Publikum hinterlassen?
- Was ist mein »Markenzeichen« als Vortragende?
- Welche technischen Hilfsmittel wie Stichwortzettel, PowerPoint, Flipchart etc. passen zu mir und meinem Vortragsstil?

Machen Sie sich auch Gedanken zur Einbettung Ihres Referats in die Veranstaltung. Gibt es noch andere Redner? Werden die sogar gegen meine Meinung argumentieren? Worauf muss ich achten, dass meine Rede gut zur Geltung kommt?

Nach der Vorbereitung auf dem Papier sollten Sie Ihre Rede ein paarmal üben, bevor Sie vor Ihr Publikum treten: Gehen Sie Ihre Rede zuerst in Gedanken und danach laut gesprochen einige Male durch. Dabei können Sie sich selbst im Spiegel beobachten oder sich selber auf Video oder Tonband aufnehmen. Sie können auch Ihren kollegialen Coach bitten, sich Ihre Rede anzuhören und Ihnen Feedback zu geben. Wenn es sich um eine sehr wichtige Rede handelt oder wenn Sie sehr unsicher sind, absolvieren Sie ein Präsentationstraining bei einem Profi. Dort werden Sie wertvolle Tipps erhalten, die Ihnen ein Leben lang dienlich sind.

»Sich aufwärmen« bedeutet auch, dass Sie so viele Gelegenheiten wie möglich nutzen, um vor Publikum zu sprechen. Unangenehmen Dingen gehen wir gerne aus dem Weg. Und dazu zählt für viele Menschen das Halten einer Rede. Wenn Sie sich jedoch jedes Mal davor drücken, werden Sie nie die notwendige Routine haben, um eine Präsentation souverän zu bestreiten. Und Routine ist bei einem öffentlichen Auftritt neben der profunden Vorbereitung das Allerwichtigste!

Warten Sie nicht, bis die alles entscheidende Rede ansteht. Üben Sie bereits bei kleineren, weniger bedeutsamen Gelegenheiten, wo ein Misserfolg nicht allzu schwer wiegt.

Lustvoll gegen Lampenfieber

Wenn Sie diese Ratschläge befolgen, haben Sie nicht nur eine gute Chance auf Erfolg, sondern Sie werden im entscheidenden Moment auch weniger nervös sein – denn Sie sind gut vorbereitet.

Falls Sie zusätzlich etwas gegen Ihr Lampenfieber unternehmen wollen, müssen Sie zunächst herausfinden, was Ihnen vor und während einer Rede hilft, die Situation zu meistern. Da die Mittelchen gegen Lampenfieber sehr individuell sind, kann ich Ihnen nicht den Allerweltstrick verraten, der Ihnen garantiert jedes Lampenfieber nehmen wird. Sie müssen vielmehr selber Verschiedenes ausprobieren und schauen, was ihnen guttut. Hier einige Anregungen:

Ich persönlich finde es hilfreich, vor einer Rede das Terrain zu »erkunden«. Wenn ich im Saal bin, bevor die Zuschauer eintreffen, gehe ich kurz auf die Bühne, um zu erleben, wie das Gefühl dort oben ist. Dann spreche ich ein paar Sätze mit lauter Stimme, damit ich höre, wie meine Stimme im Saal klingt. Dann gehe ich ganz nach hinten in den Zuschauerraum und schaue von dort aus auf die Bühne. So erlebe ich die Perspektive des Zuschauers. Der Raum sieht nämlich von hinten viel kleiner aus als von vorne. Das ist besonders hilfreich in steilen Hörsälen, wo die anderen auf einem runterschauen und wo man sich als Referent wie in einer Arena fühlt.

Finden Sie Ihre persönlichen kleinen Tricks gegen Lampenfieber. Alles ist erlaubt, solange es Ihnen Motivation und Kraft gibt.

Viele Leute arbeiten mit Affirmationen: »Ich betrete jede Bühne stark und selbstbewusst«, oder: »Ich begeistere das Publikum«, oder sie wenden bestimmte Atem- oder Entspannungstechniken an.

Einige stellen sich vor, sie würden vor einer Gruppe wohlwollender Freunde reden oder der Zuschauerraum wäre heller beleuchtet als die Bühne.

Andere vertrauen auf einen Glücksbringer, den sie bei sich tragen, oder auf ein bestimmtes Ritual, das sie vorher aufführen. Vielleicht hilft es Ihnen, wenn Sie einen kurzen Spaziergang machen, um sich mental auf den Auftritt vorzubereiten, oder wenn Sie zu Hause ein paar Minuten wild zu Ihrer Lieblingsmusik tanzen, um Energie ab- oder aufzubauen. Erlaubt ist, was hilft. Und wenn es Spaß macht: umso besser. Sie können auch Hermes, den Gott der Redekunst, um Unterstützung bitten. Nur eines sollten Sie nicht: Alkohol trinken, um Ihre Angst zu betäuben.

Und falls doch einmal etwas schiefgeht? Nehmen Sie es nicht zu schwer. Der Redner empfindet eine Panne meist dramatischer als die Zuschauer. Ich erlebte einmal einen 17-jährigen Schüler als Redner. Während des Vortrags warf er aus Versehen das Wasserglas zu Boden. »Wie peinlich!«, denken da wohl die meisten. Nicht so dieser junge Mann: Er schaute kurz zu Boden und sprach seelenruhig weiter – als ob nichts passiert wäre. Das nenne ich einen souveränen Redner!

Sollten Sie plötzlich den Faden verlieren, gilt: locker bleiben und sich nicht aus der Ruhe bringen lassen. Das kann sogar durchaus sympathisch wirken. Denn die Leute wollen keine perfekten Redner, sondern Menschen »wie du und ich«.

Ein Vortrag muss nicht perfekt sein! Bleiben Sie ruhig, wenn während Ihrer Rede etwas schiefgeht, und gehen Sie ohne Aufheben darüber hinweg.

Halten Sie es auch hier mit der goldenen Regel: Machen Sie sich nicht selber schlecht. Weisen Sie nie auf Schwächen Ihres Vortrags hin: nicht auf mangelnde Vorbereitung, zu klein geschriebene Folien, zu lange oder zu kurze Redezeiten, eine schwache Stimme oder darauf, dass Sie sich unsicher fühlen oder nervös sind. Treffen Sie lieber Vorkehrungen, damit die Präsentation gelingt: Bereiten Sie sich angemessen vor, überprüfen Sie, ob die Folien auch von der hintersten Reihe aus lesbar sind, stellen Sie sicher, dass Sie die Redezeit einhalten. So haben Sie die größte Gewähr, dass Sie selbstbewusst auftreten und Ihr Referat ein Erfolg wird.

Wecken Sie Emotionen

Hannah sieht wunderschön aus in ihrem hellblauen Kleid und den kleinen weißen Rosen, die gekonnt das Dekolleté verdecken. »Klug gewählt«, geht es mir durch den Kopf. So verdeckt das Kleid wunderbar die roten Flecken, die Hannah am Dekolleté bekommt, wenn Sie nervös ist.

Im Saal ist es ganz still. Einen Moment lang befürchte ich, der Druck könnte für Hannah zu viel sein. Da beginnt sie zu sprechen. Ihre Stimme klingt leise, aber das Mikrofon hilft darüber hinweg.

Es ist eine sehr persönliche und bewegende Rede. Sie beschreibt die gemeinsame Kindheit mit Tom, die Hochs und Tiefs, durch die sie einander begleitet haben. Sie spricht über das enge Band, das sie verbindet, und über all die kleinen Dinge, die ihn so besonders und wertvoll machen. Und wie sie sich darüber freut, dass Tom seine große Liebe gefunden hat und dass Miriam auch für sie eine wunderbare Freundin ist.

Je mehr sie in ihre Erinnerungen eintaucht, desto kräftiger wird ihre Stimme. Irgendwann vergisst sie sogar den Zettel mit den Stichworten, den sie vorsichtshalber mitgenommen hat.

Dann ist es auch schon vorbei. Keine fünf Minuten hat die Rede gedauert. Nachdem Hannah fertig gesprochen hat, herrscht für einen Augenblick komplette Stille. Dann beginnen die Leute zu applaudieren.

Was macht eine Rede zu einer packenden Rede? Was müssen Sie tun, um frenetischen Applaus zu ernten? Genau das, was Hannah gemacht hat: Sie müssen Gefühle wecken. Und je stärker die Gefühle sind, desto begeisterter ist Ihr Publikum.

Die Gefühle, die wir auslösen, entscheiden darüber, ob wir überhaupt beachtet werden: Menschen, die mit ihren Botschaften beim Gegenüber keine Emotionen auslösen, werden nicht wahrgenommen; Menschen dagegen, die Gefühle wecken, werden gesehen und finden Beachtung.

Verwenden Sie eine emotionale, bildliche und symbolhafte Sprache, die zu Herzen geht, und nutzen Sie Analogien, Metaphern und Geschichten, um Ihre Aussagen auf den Punkt zu bringen.

Die Stimme transportiert Gefühle auf direktem Weg. Ob Sie euphorisch sind oder bedrückt, verärgert oder erfreut, selbstsicher oder gehemmt erkennen Ihre Zuhörerinnen und Zuhörer untrüglich an Ihrer Stimme. Ähnlich wie die Mimik hat auch die paraverbale Sprache, also Ausdruck und Klang der Stimme, einen deutlich größeren Einfluss auf Ihre Faszination und Glaubwürdigkeit als Redner denn Ihre Worte.

Nutzen Sie Ihre Stimme bewusst, um beim Publikum Gefühle zu wecken: Wenn Sie Menschen für sich und Ihre Anliegen gewinnen wollen, sprechen Sie mit Enthusiasmus und Freude. Denn weshalb sollte sich jemand für Ihr Thema interessieren, wenn Sie selber sich nicht richtig dafür erwärmen können? Wenn Sie Ihr Publikum betroffen machen möchten, wenn Sie es aufrütteln möchten, sprechen Sie mit betroffener Stimme.

Strukturieren Sie Ihr Referat mit Ihrer Stimme: Sprechen Sie nicht monoton, als ob Sie einen Einkaufszettel herunterlesen würden, sondern betonen Sie wichtige Wörter bewusst. Sie können Schlüsselwörter oder kurze Schlüsselsätze auch wiederholen, um ihnen mehr Gewicht zu geben.

Legen Sie Gefühl in Ihre Stimme, und Sie werden die Zuhörer damit anstecken.

Und schließlich: Reden Sie laut und deutlich. Der Sinn des Sprechens besteht darin, verstanden zu werden. Wenn Ihr Publikum Sie akustisch nicht versteht, können Sie das Reden im Grunde gleich bleiben lassen. Und das wäre sehr, sehr schade. Denn Sie haben etwas Wichtiges zu sagen. Sagen Sie es! Und zwar so, dass die ganze Welt es hört. Das sind Sie sich schuldig.

Ausstrahlung bedeutet, auf andere zu wirken. Ein starker Auftritt gelingt dank des Zusammenspiels von mentaler und physischer Haltung: Ein positives Lebensgefühl, verbunden mit einer ausdrucksstarken Haltung, Gestik, Mimik und Stimme, unterstreicht die Persönlichkeit, hebt sie auf erfrischende Art und Weise ab und beeindruckt.

Hannah und Tom liegen sich in den Armen. »Das war eine wunderbare Rede, vielen Dank!« Tom und Miriam sind sichtlich gerührt.

Hannah sieht ebenfalls sehr glücklich aus. Sie hat ganz rosige Wangen – doch diesmal nicht aus Scham, sondern vor Stolz. »Ich hab's geschafft, ich hab's geschafft«, sagt sie immer wieder und lacht fröhlich. Fabio hat vertraut seinen Arm um sie gelegt.

»Komm, lass uns tanzen«, flüstert mir mein Mann ins Ohr.

»Oh ja!«, erwidere ich und wir begeben uns zur Tanzfläche.

Epilog

Ein mediterraner Duft liegt in der Luft. Das liebe ich so an diesem Restaurant - man fühlt sich wie in den Ferien. Vor uns auf dem Tisch stehen leckere Crostini mit Thunfisch, Olivenpaste und Tomaten.

Während der Wirt des Ristorante Da Gianni die Proseccogläser füllt, schaue ich mich in unserer Runde um. Hannah sitzt neben mir. Ein Blick genügt, um zu sehen, dass es ihr gut geht. Gerade lacht sie über eines von Giannis Späßchen und sieht dabei sehr natürlich und hübsch aus. Auch Fabio scheint entspannter als bei unserem letzten Treffen, wo er noch versucht hatte, betont locker zu sein.

Hannah wollte auf keinen Fall verraten, worum es bei unserer kleinen Party heute Abend geht. »Lass dich überraschen«, sagte sie jedes Mal, wenn ich versuchte, etwas herauszufinden.

Neben Hannah, Fabio, Philipp und mir sitzen auch noch Charlotte und Robert sowie Tom und Miriam um den weiß gedeckten Tisch.

»Ähmmm«, räuspert sich Hannah, und Fabio klopft mit der Gabel gegen sein Glas. »Zuerst möchte ich euch danken, dass ihr heute Abend hierhergekommen seid, obwohl ich euch nicht verraten hatte, worum es geht.« Während sie das sagt, werden ihre Wangen rosig. »Ich habe euch eingeladen, um für eure Unterstützung in den letzten Monaten zu danken. Seit Tommy den Stein ins Rollen gebracht hat, ist in meinem Leben viel passiert. Ich gehe häufiger aus, habe neue Leute kennengelernt, habe im Geschäft hilfreiche Kontakte geknüpft und sogar eine Rede vor einer ganzen Hochzeitsgesellschaft gehalten. Und heute Abend schließlich«, sie

lächelt und macht eine vielsagende Pause, »erfülle ich mir einen Herzenswunsch: Ich schmeiße eine Party! Das wollte ich schon mein ganzes Leben lang machen, allerdings fehlte mir bisher immer der Mut – und die Freunde, die ich dazu hätte einladen können. Dank euch habe ich beides gefunden«.

Wir applaudieren so laut, dass die anderen Gäste sich nach uns umdrehen. Doch das stört Hannah nicht.

»Als kleines Dankeschön habe ich jedem von euch ein Geschenk an den Platz gelegt.«

»Ich möchte meines so gerne öffnen«, ruft Miriam dazwischen, »darf ich?«

»Ja klar. Ich hoffe, ihr habt Freude dran.«

Gespannt packen wir unsere Geschenke aus. Hannah hat für jeden etwas Persönliches eingepackt: Tom erhält ein Büchlein mit dem Titel: »100 Vater-Sohn-Spiele für schlechtes Wetter«, Charlotte eine DVD mit dem Film über die streitbare Anwaltsgehilfin Erin Brockovich und ich einen Schlüsselanhänger in Form einer Quaste aus rotem Leder.

Nachdem wir einander die Geschenke präsentiert haben, überrascht uns Hannah mit einer weiteren Nachricht: »Es gibt noch einen weiteren Grund, warum wir heute zusammen feiern …«

Jetzt bin ich aber gespannt, was da noch kommt. Etwas mit Fabio?

Doch Hannah hat andere Pläne. »Ich bin vor zehn Tagen befördert worden«, sagt sie strahlend. »Meine Chefin meinte, ich hätte mich in den letzten Monaten so toll entwickelt, dass ich jetzt ein Team führen kann.«

»Na, das sind ja Neuigkeiten. Meine Schwester macht Karriere!«, sagt Tom stolz und hebt das Glas. »Darauf müssen wir anstoßen. Auf Hannah!«

»Auf Hannah«, rufen wir alle und lassen die Gläser klirren.

Feiern Sie sich selbst

Danke schön, liebe Leserinnen und liebe Leser, dass Sie sich mit mir auf den Weg gemacht haben, Ihre Schüchternheit abzulegen und in Ihr neues, selbstbewusstes Leben zu starten. Dabei haben Sie erst einen Teil Ihrer Reise zurückgelegt, denn die Arbeit an sich selbst ist ein Abenteuer, das nie zu Ende geht. Immer wieder gibt es Unbekanntes zu entdecken und Neues zu lernen. Genießen Sie die Erkenntnisse, die Sie dabei gewinnen, und feiern Sie die kleinen und großen Erfolge, die Sie erzielen. Sie haben es sich verdient! Ich wünsche Ihnen viel Freude dabei.

Falls Sie auf Ihrem Weg zu mehr Ausstrahlung und Selbstvertrauen Unterstützung brauchen oder sich mit mir wegen Gedanken zum Buch austauschen möchten, erreichen Sie mich unter www.wuest-consulting.ch. Ich freue mich auf Sie!

Mein großer Dank gilt ebenfalls den Menschen, die mich bei diesem Buchprojekt unterstützt haben. Allen voran meinen Kundinnen und Kunden, die mir täglich ihr Vertrauen schenken und mich an ihren Erfahrungen und Fragestellungen teilhaben lassen. Ihre offene und engagierte Zusammenarbeit hat dieses Buch erst ermöglicht. Ebenfalls ein großes Dankeschön gilt Esther Hürlimann für ihre konstruktiven Hinweise und das sorgfältige Lektorat sowie Madlaina Bundi und Monika Eginger vom Orell Füssli Verlag für die professionelle Zusammenarbeit. Ebenso danke ich meiner Familie und meinen Freundinnen und Freunden für ihre vielfältigen und inspirierenden Vorschläge sowie meinem Partner, Philipp Sutter, der mich auch bei diesem Buch wieder mit Rat, Tat und einer wohltuenden Prise Humor unterstützt hat. Merci.

Lesen Sie weiter

Ancowitz, Nancy: Self-Promotion for Introverts: The Quiet Guide to Getting Ahead. McGraw-Hill, 2010.

Bandelow, Borwin: Das Buch für Schüchterne. Wege aus der Selbstblockade. Rowohlt, 2008.

Bassett, Lucinda: Angstfrei leben. Das erfolgreiche Selbsthilfeprogramm gegen Stress und Panik. Beltz, 2011.

Butler, Gillian: Schüchtern – na und? Selbstsicherheit gewinnen. Hans Huber, 2006.

Deissler, Nina: Flirten. Wie wirke ich? Was kann ich sagen? Wie spiele ich meine Stärken aus? Humboldt, 2010.

Ferrazzi, Keith: Geh nie alleine essen! Und andere Geheimnisse rund um Networking und Erfolg. Börsenmedien, 2009.

Knigge, Werner: Die Magie der guten Ausstrahlung. Souverän und überzeugend auftreten. Charme und Charisma entfalten. Humboldt, 2011.

Krause, Frank und Storch, Maja: Selbstmanagement – ressourcenorientiert. Grundlagen und Trainingsmanual für die Arbeit mit dem Zürcher Ressourcen Modell (ZRM). Hans Huber, 2007.

Molcho, Samy: Umarme mich, aber rühr mich nicht an. Die Körpersprache der Beziehungen. Von Nähe und Distanz. Ariston, 2009.

Rohr, Patrick: Reden wie ein Profi. Selbstsicher auftreten – im Beruf, privat, in der Öffentlichkeit. Beobachter, 2010.

Scheurl-Defersdorf, Mechthild R.: In der Sprache liegt die Kraft! Klar reden, besser leben. Herder, 2012.
Schönberger, Birgit: Wie entsteht ein gutes Gespräch? In: Psychologie Heute, Oktober 2009, S. 30–35.
Storch, Maja: Machen Sie doch, was Sie wollen! Wie ein Strudelwurm den Weg zu Zufriedenheit und Freiheit zeigt. Hans Huber, 2009.
Trömpel-Plötz, Senta: Frauensprache: Sprache für Veränderung. Frauenoffensive, 2007.
Ury, William: The Power of a Positive No. How to Say No and Still Get to Yes. Bantam, 2007.
Wilken, Beate: Methoden der Kognitiven Umstrukturierung. Ein Leitfaden für die psychotherapeutische Praxis. Kohlhammer, 2010.
Wüst, Petra: Gezielt einmalig. 22 Tipps für eine überzeugende Selbst-PR. Orell Füssli, 2009.
Wüst, Petra: Profil macht Karriere. Mit Self Branding zum beruflichen Erfolg. Orell Füssli, 2010.
www.schuechtern.net. Das Infoportal für schüchterne Menschen.